兒童少年保護

社會工作實務手冊

鄭麗珍●主編

Social Work
Practice
with
Protection of
Children
and Youth

臺灣社會工作
專業人員協會

巨流圖書公司印行

國家圖書館出版品預行編目(CIP)資料

兒童少年保護社會工作實務手冊 / 鄭麗珍主編. --
初版. -- 高雄市：巨流, 2015.11
　　面；公分
　　ISBN　978-957-732-510-5（平裝）

1.兒童保護 2.少年福利

548.13　　　　　　　　　　　　　　104021663

兒童少年保護
社會工作實務手冊

主　　　　　編　鄭麗珍
責 任 編 輯　張如芷
封 面 設 計　Lucas

發　行　人　楊曉華
總　編　輯　蔡國彬

出　　　版　巨流圖書股份有限公司
　　　　　　802019高雄市苓雅區五福一路 57 號 2 樓之 2
　　　　　　電話：07-2265267
　　　　　　傳真：07-2264697
　　　　　　e-mail：chuliu@liwen. com. tw
　　　　　　網址：http://www.liwen.com.tw

編　輯　部　100003臺北市中正區重慶南路一段57 號10 樓之12
　　　　　　電話：02-29222396
　　　　　　傳真：02-29220464

劃 撥 帳 號　01002323巨流圖書股份有限公司
購 書 專 線　07-2265267 轉 236

法 律 顧 問　林廷隆律師
　　　　　　電話：02-29658212

出 版 登 記 證　局版台業字第 1045 號

ISBN　978-957-732-510-5（平裝）
初版一刷・2015年11月
初版五刷・2024年03月

定價：400 元

■ 作者簡介（依章次排列）

- 鄭麗珍——國立臺灣大學社會工作學系教授
- 游美貴——國立臺灣師範大學社會工作學研究所副教授
- 賴月蜜——慈濟大學社會工作學系助理教授
- 徐雅嵐——臺北市家庭暴力暨性侵害防治中心社工師
- 廖美蓮——東吳大學社會工作學系副教授
- 郭明珠——臺中市南區家庭扶助中心社工督導
- 林惠娟——臺北市家庭暴力暨性侵害防治中心社工師
- 葉明昇——臺北市家庭暴力暨性侵害防治中心社工師
- 周大堯——新北市家庭扶助中心主任
- 周雅萍——自由執業社工師
- 金　融——臺北市、新北市家庭暴力暨性侵害防治中心諮商師

■ 實務諮詢委員群

- 王芯婷——花蓮家庭扶助中心社工師
- 紀欣誼——臺中市南區家扶中心社工師
- 陳怡芳——天主教善牧社會福利基金會專業領域區督導
- 黃薇靜——新北市政府家庭暴力暨性侵害防治中心組長
- 葉玉傑——高雄市政府家庭暴力及性侵害防治中心兒少保護組組長
- 蕭佩珊——桃園縣政府家庭暴力暨性侵害防治中心社工督導

目錄 Contents

前言

　　幾年前，我遇到一位社工人員，他很高興地感謝我協助校閱的一本有關兒童保護社會工作的譯著，他是一位新進的兒少保社工人員，在完全沒有任何兒童保護的圖像下，這本書提供了他對於兒少保護工作的初步理解和想像，他說：「雖然這本書的應用情境是美國的社會，但對我多少還是有參考性的。」我一方面欽佩這位社工人員的自勵自學的精神，另一方面也汗顏自己無法提供更本土的實務工作原則來協助努力工作的社工人員。

　　在民國99年，臺灣社工專業人員協會接受政府的委託進行一項有關兒少保護和高風險家庭的教材開發和書寫計畫。我當時正好擔任該協會的理事長，就召集了二十幾位社會工作和心理諮商方面的專家學者，來參與這項計畫的進行和書寫。當時，我就希望這些參與書寫者能夠從臺灣本土的兒少保護經驗和脈絡切入，一方面導入目前臺灣的兒少保護制度，另一方面提供本土的實務工作原則和案例，甚至一些實務上可以參考使用的表格。由於當時探討的主題範圍較大，終版的書寫份量也較為厚實，對於第一線社工人員的閱讀和使用上也許不是太友善，但畢竟是本土的經驗談。不過，這本教材手冊後來因故並未出版，還是沒有達成我寫一本有關實務工作原則的書的夢想。

　　自此，我經常想著另外編撰一本貼近兒少保社工人員的工作場域和實務經驗的兒少保護手冊，讓第一線的兒少保護社工人員容易閱讀、立即可用的實務知識和工作原則。基於這樣的動機，就在去年我向協會的理監事會提出兒少保護社工實務手冊的書寫計畫，並獲得他們的同意這項出版計畫。

　　這一次，我邀請的書寫者大多都是在兒少保護領域工作多年的資深社工員或督導，再搭配幾位社工學者和心理諮商師一起合作。我向這些作者表達這本書的訴求對象為實務工作者，書寫的內容應該盡可能的貼近社工人員的實際工

作實境，書寫的重點應該著重在實際的工作經驗，建議的工作原則應該盡可能符合實際的實務場域。例如聲請保護令，讀者可以從第3章的相關法令應用的說明中，很快找到你需要應用的條文和工作的原則；又如，在第4章，讀者可以很容易的從案例討論、相關辦法、工作模式等，找到兒少保護個案工作流程的各個步驟及工作原則。

　　總之，出版本書的構想，是想要提供一本書籍能友善於從事兒童少保工作的第一線人員，希望他們從作者的實務經驗和工作原則中能夠立刻進入兒少保的工作實境中，並發揮一定的角色功能。

鄭麗珍
寫於民國104年9月

推薦序

一群人共同信念的實踐

　　《兒童少年保護社會工作實務手冊》，是由鄭麗珍教授與一群投入兒童少年保護工作的老師、實務工作者共同完成，是一本兼具學理基礎與實務經驗的工作手冊。我國的兒童少年保護工作在1990年代開始，就在民間團體、實務工作者、學者專家、政府部門努力下積極展開，並且已經建置一套完整的服務輸送系統與工作方法。不過，關心與從事兒童少年保護工作者至今還是會不斷思考，如何使兒童少年保護工作可以更加完善、工作經驗與方法可以被建置，使遭受到他人不當對待的兒童少年，可以獲得適當的保護與照顧。《兒童少年保護社會工作實務手冊》的作者群，雖來自不同的工作場域與專業，但卻本著這樣的共同信念，在繁忙的工作與生活中，願意挪出時間來整理與分享兒童少年保護工作重要的概念、基礎知識、工作方法與原則，令人感佩，並且感受到一群人實踐信念的力量。

　　《兒童少年保護社會工作實務手冊》一書，章節結構完整，含括兒童少年保護工作重要的工作議題，並且章節順序安排符合兒童少年保護工作的步驟，也就是從兒童少年保護的歷史發展脈絡和重要精神、相關法令、與兒童少年及其家庭的工作步驟和方法，一直談到重要的倫理議題和工作挑戰。另外，每一章節的內容都有其重要性。首先，在第一章中，鄭麗珍老師提綱挈領帶出兒童少年保護工作重要的精神與架構。第二章中，游美貴老師詳述了不當對待事件的成因與影響，並且特別討論照顧有心理健康問題的兒童少年之於親職的挑戰，也就是造成不當對待事件的重要原因之一，但是過去較少被討論。第三章中，賴月蜜老師有系統地整理相關重要法令，讓讀者清楚了解如何於實務現場運用法令。第四章到第九章中則是很縝密地陳述實務現場的工作方法與內涵，如徐雅嵐社工師、廖美蓮老師具體化兒童少年保護個案工作每一個步驟的工作

項目；郭明珠社工督導、鄭麗珍老師提醒許多與兒童少年及其家庭會談的原則；林惠娟和葉明昇社工師介紹不同評估工具的使用，協助實務者可以做出較適切的決定；周大堯主任與周雅萍督導，則分別陳述家庭維繫處遇與家庭重聚服務之重要服務策略、處遇服務要素等；金融諮商師則進一步說明施虐者及其家庭之特質，過去甚少提及的亂倫家庭之樣貌，以及如何與非自願性案家工作的原則。在最後兩章是討論倫理困境與工作挑戰，此兩個議題正是使兒童少年保護工作一直進步的動力，廖美蓮老師透過案例帶出在兒童少年保護工作現場可能的倫理困境，並具體指出思考原則；徐雅嵐社工師則從實務工作者的角度，提出兒童少年保護工作面臨的挑戰與因應，尤其提醒工作者必須自我照顧，才能讓自己有持續的工作能量。

國立屏東科技大學　社會工作系
趙善如

Chapter 1

兒童少年保護制度的歷史發展

鄭麗珍

前言 Foreword

　　近年來，隨著社會及家庭環境結構之變遷，家庭的照顧功能也逐漸縮小，有些家長在回應兒童少年的成長需求上力有未逮，有些家長的親職行為甚至危害了兒童少年的身心健康福祉，提高了兒童少年們在家庭中生活的風險。由於兒童少年的生理與心智發展未臻成熟，各國政府經常透過立法的過程來回應他們的成長和發展上的需求，並在必要時取代家長扮演法定代理人與親權執行者的角色，以保護兒童少年免於遭受不當的對待。本文將先介紹美國兒童保護制度的發展軌跡與實施內涵，接著介紹臺灣兒童保護制度的發展軌跡及實施內涵，以了解兒童保護制度的發展緣起。

壹、美國兒童少年保護制度發展的軌跡及精神內涵

　　臺灣的兒童保護制度之發展，一方面借鏡美國的兒童保護制度，另一方面回應本土民間團體的倡議，制度上有其類似之處，也有其相異之處。

一、美國兒童少年保護制度的立法發展軌跡

　　兒童少年保護制度的緣起肇因於兒童少年不當對待所引發的兒童保護運動，而兒童少年的不當對待之判準則，取決於各個社會及當時代的成人對於「童年」的概念（Munro，2008）。例如原始部落社會因著「優生」的考量只保留強壯的嬰孩以延續命脈，中國農村社會因「重男輕女」的勞動價值觀而溺死女嬰，顯示兒童生命掌握在成人所主導的社會規範中（余漢儀，1995）。根據Munro（2008）的說法，「童年」這個概念出現於工業化時期，指涉個體因需要特別照顧才得以生存的發展期間，一旦他們獨立就會加入成人的世界，一起工作，一起玩耍；而「童年」的具體年齡上限在人類早期歷史可以低到6到

10歲，此一年齡的上限隨著社會的演進逐漸提高，因為成人世界的任務越來越沉重，需要更長時期的「童年」來發展完全，今天大多數社會訂定兒童少年約為18歲左右。

在美國的歷史中，第一波兒童保護的運動緣起於一位小女孩Mary Ellen Wilson遭到其養父母的身體虐待事件，經媒體大幅報導，在「美國預防動物虐待協會」及民間人士的倡導下，紐約州在1874年通過《保護服務法》（Protective Services Act）和《虐待兒童法》（Cruelty to Children Act）來保護兒童，是美國的第一部兒童保護法案，引發美國政府後續介入兒童福利領域，透過法院的命令提供資源給需要的家庭來保護照顧其未成年子女，例如定期召開兒童福利會議、成立兒童局、在1935年通過的《社會安全法》（Social Security Act，簡稱SSA）中加入「依賴兒童家庭扶助方案」（Aid to Families with Dependent Children，簡稱AFDC）（鄭麗珍編譯，2011）。接著，在1962年，小兒放射科醫生Kempe先生發表一篇有關受虐兒童骨骼長成的X光片之期刊論文，引起媒體高度關注，引發第二波的兒童保護運動；在1966年，兒童福利專業人員及醫療人員合作之下，提出「兒童虐待症候群」的概念，終於促起美國有四十九州的州政府通過責任通報制，在1974年，美國國會終於認定兒童虐待事件為嚴重的社會問題，於當年通過第93-247號公法的《兒童虐待防治法》（the Child Abuse Prevention and Treatment Act，簡稱CAPTA），要求聯邦政府提供經費給州政府進行有關通報系統及家外安置等服務系統的示範計畫（鄭麗珍編譯，2013）。

除了CAPTA外，有關保護兒童的其他福利服務則大多規範在SSA的第IV-E（家外安置）和IV-B（兒童及家庭服務）的條款內，但隨著不同時期的兒童少年保護之需要，美國國會在不同的時間訂定相關立法來補充SSA法條的不足（引自Child Welfare Information Gateway網站，2014/09/18），逐漸建制完成今日的兒童保護制度。例如在1980年，基於《兒童虐待防治法》過於強調家外安置，國會通過《收養援助兒童福利法》（The Adoption Assistance and Child Welfare Act），強調州政府應發展預防性服務、家庭維繫與重整方案，並對一些無法在一段合理時間內改善或恢復照顧家庭的功能，進行父母親權停

止的範訂，以保障兒童少年的長久安置需要。在1993年，國會通過《家庭維繫暨支持法》（Family Preservation and Support Services Programs），要求兒童保護工作員在保障兒童安全的前提下，盡量讓兒童少年留在原生家庭，降低家外安置的比例。為了協助家外安置兒童順利返回安全的家庭，國會又於1997年通過《收養與安全家庭法案》（Adoption and Safe Families Act），一方面避免兒童返回不安全的家庭，另一方面幫兒童找到永久的家庭，透過「長遠規劃」（permanency planning）的機制訂定合理的返家或安置時程。在1999年，國會通過《寄養照顧獨立法》（Foster Care Independence Act），提供經費要求州政府規劃獨立生活方案，以協助在安置中的18到21歲少年從倚賴安置，逐漸步上自給自足的獨立生活。

從立法的精神來看，美國的聯邦政府和州政府的職能分工相當清楚，美國國會負責通過的各項兒童保護立法規範與經費的配置，聯邦政府的行政單位依法訂定執行程序的各項法規及服務方案的專款專用配置，以便州政府前來申請各項經費的補助（鄭麗珍譯，2010）。在執行面上，主要提供兒童保護相關的福利服務則是州政府的責任，各州政府必須訂定自己的法令和行政程序來回應當地需要保護的兒童少年及其家庭的需求，而為了獲得聯邦政府有關兒童保護經費的挹注，各州政府的兒童保護作為必須遵守聯邦政府所制訂的各項法規，並以此作為底線，也可以依據聯邦立法精神來進行創新性的服務或方案。若州政府的兒童保護作為未達到國會所通過立法之標準，或其執行的成效不佳，則該州政府不僅會受到聯邦政府在經費上的限縮或終止，還會受到國會立法機關和司法機關的監督和究責，使得兒童保護的專業服務責信較能貫徹（鄭麗珍、林子倫、陳昱志、張玉薇，2010）。

二、美國兒童少年保護制度的實施內涵

在定義上，CAPTA定義「兒童虐待和疏忽事件」為「因家長或照顧者的作為或不作為導致18歲以下的未成年人死亡、嚴重身體或精神上的傷害、性侵害或剝削，抑或他們的作為或不作為可能導致立即的傷害結果。」兒童少年的虐待事件之認定是從傷害的結果來分類，大致分成死亡、身體上的傷害、精神

上的傷害、性侵害相關的傷害，疏忽事件的類型主要指的是「不作為」的部分，亦即家長或照顧者未善竟應盡的保護之責。但這項定義只是一般性原則，作為各州的法規定義之參考，更具體的兒童虐待與疏忽事件定義，大約可以在州政府的三種法規中找到，例如各州政府的「責任通報法規」（mandatory child maltreatment reporting statues, civil law），內容規範各責任通報人應該通報的兒童不當對待事件；「刑事法規」（criminal statutes），規範的是一些傷害兒童的各種犯罪行為應得的處罰或刑期；「少年法庭管轄法規」（juvenile court jurisdiction statues），指的是若法院發現少年遭受不當對待，且不適合居住原生家庭中，法院可以依此證據取得監護管轄權，並進行少年所需的各項處遇服務（Goldman and Salus, 2003）。

　　依據法規，美國的兒童不當對待類型大致分成四個類型，分別是身體虐待、性侵害、疏忽、精神虐待，各州政府以列舉不當對待行為的方式作為兒保社工的評估依據（Goldman and Salus，2003）。依據法規，兒童保護的處遇歷程大致依循下列四項具有時間序列的處遇程序。第一步，兒保人員首先須確認兒童少年是否有明顯的危險情況足以傷害其身心發展，若有則應逕行「緊急安置」，但只有少數的個案需要採取此種作法；第二步，大多數需要兒童保護服務的個案會先以「家庭維繫方案」的處遇來進行，每位社工員負責兩到三個家庭，進行四到六週的密集服務，每天二十四小時、每週七天整合案家所需的各項資源，藉以降低家庭壓力事件的衝擊、提升親職技巧、增進家庭功能、改善兒少行為等，最終能確保兒童的人身安全（Hurley, Griffith, Ingram, Bolivar, Mason, and Trout, 2012）。當案家在「家庭維繫方案」的時程內並未達到上述目標時，顯示兒童少年生活的家庭對其身心發展並不安全，主責單位就會依法將其進行「家外安置」，並同時啟動「家庭重整方案」，一方面協助兒童少年適應家外安置的安排及生活，一方面協助提升原生家庭功能、增進家長親職技巧、降低家庭壓力等，並安排親子會面以維繫親子關係，以待來日的家庭重聚；若家庭功能無法在「家庭重整方案」的期限內有所提升，則主責單位應在十八到二十四個月內進行「長遠安置」的處遇流程，協助兒童少年尋找長久安置的家庭（出養）或場所（機構），避免兒童少年在安置中流蕩無所依歸。

由上可知，美國的兒童保護制度的建立是緣起於關注不同時代的「童年」定義，隨著社會上重大兒童少年虐待事件的發生，兩波的兒童保護運動的推波助瀾，立法部門才開始積極訂定相關立法，要求行政部門負起保障兒童少年人身安全與身心發展等基本權利的責任。如今兒童保護的立法建制仍然方興未艾，但兒童保護體系的實施已成為各國政府仿效的典範。

貳、臺灣兒童少年保護制度的立法發展軌跡與精神內涵

一、臺灣兒童少年保護制度的立法發展軌跡

臺灣的兒童保護制度主要是依附在兒童或少年福利法每次的修法或更動而逐漸建制。因時空背景的不同，政府介入家庭照顧兒童及少年的立法歷史大致可以分為四個階段來說。一是民國62年訂定的《兒童福利法》，二是民國78年訂定的《少年福利法》和民國82年修訂的《兒童福利法》，三是民國92年5月28日通過合併兩個法為《兒童及少年福利法》，民國100年11月30日更名為《兒童及少年福利與權益保障法》（以下簡稱《兒少權法》），歷次的立法大都與民間團體的倡議有關，並不特別為了因應某些兒童保護事件的發生。

首先，根據蔡文輝和張笠雲（1985）的說法，民國62年《兒童福利法》的訂定其實是政府因應當時聯合國國際兒童緊急基金的補助，可以說是國內有關社會福利最早訂定的一個法規。然而，該法僅有三十條條文，主要的精神是強調「家庭應負保育兒童責任」，「兒童應生長於親生家庭」之特色，但對於不幸失依兒童仍明訂有家庭寄養、機構安養與社會救助等項目，偏重事後補救式的兒童福利措施，對於當時零星發生的兒虐事件之介入相當猶豫（余漢儀，1996；曾平鎮，2003）。

第二階段，民國82年《兒童福利法》的條文則擴大為六章五十四條，首次將兒童不當對待及兒童保護行動正式入法。其修訂的來源主要來自三股社會運

動力量的激勵，形塑臺灣的兒童福利走向積極而多元的介入取向。這三股社會運動分別為：一是民國76年「中華兒童福利基金會」開始蒐集報章刊載兒童虐待事件的資訊，隨即於民國77年與東海大學所舉辦的「兒童保護研討會」，宣告該會對於本土兒虐事件的深度關懷；二是民國70年代婦女團體聯合推動的「反雛妓運動」，批判政府防制兒童性虐事件的行動不足或偏頗，敦促政府採行更積極的立法作為與防制作為；三是聯合國於民國78年通過聯合國《兒童權利公約》，對於促進兒童權益有更廣泛且明確的規範，確立「兒童最佳利益」為處理兒童福利事務之最高原則（余漢儀，1996；曾平鎮，2003）。

接著，基於兒童及少年受虐或遭受遺棄的情形仍然層出不窮，又少年非行類型趨於多樣化，以及福利處遇的方案多因兒童屆齡少年而斷裂，在民間兒童福利團體的倡導下，立法院於民國92年進行兒童及少年福利法的合併工程，將有關兒童及少年的福利條文再度擴大為七章七十五條，大幅增加有關兒童及少年不當對待的保護措施，授權主管機關以各種方式支持、輔導，甚至強制父母或照顧者善盡保護與教養兒童及少年之責，對於父母固有的親權行使構成諸多的限制（雷文玫，2003）。其中，在兒童及少年的保護措施方面，大幅增加有關兒童緊急安置、家庭處遇、追蹤輔導、父母責任與媒體限制等方面的規範（雷文玫，2003），說明如下。

首先，過去「非立即給予保護、安置或為其他處置，其生命、身體或自由有立即危險」（原法第15條），其主管機關才可介入進行緊急安置，但新法第36條認為「有危險之虞」就可進行「緊急安置」，賦予主管機關緊急安置更大的裁量空間。其次，新法也擴大所謂的「保護個案」指的不只是舊法（第30、36條）中受虐或遺棄的兒童少年，新法第43條還納入目睹家庭暴力之兒童少年，要求主管機關對這些「保護個案」提出「家庭處遇計畫」，並範定執行家庭處遇計畫的內容及配合人選。第三，過去經主管機關安置的兒童保護個案在安置原因消滅後即獲准返家，新法則增加主管機關對於返家保護個案應進行「追蹤輔導」（第38、41、44、45條），建立個案資料（第44條），並追蹤輔導一年（第38、41條）。另外，新法加重了父母管教兒童及少年非行行為之責任，並擴大非行行為至不當多媒體出版品及危險方式駕車行為（第26條），新

法更具體的規範透過三種預防與矯治方式來增強親職義務，例如主管機關得以協調適當機構協助輔導與安置，以「補充」父母或監護人無力教養或監督之責（第33條），主管機關得以針對未能克盡親職之父母提高罰鍰（第55～59條）、公告姓名（第57條）、強制其接受親職教育（第65條），情節嚴重者甚至停止其親權或監護權（第48條），主管機關也課予第三人協力預防義務，以防制第三人或多媒體參與兒童及少年不當對待情事（第26～29、31條）。最後，在保障言論自由的前提下，新法仍然要求出版品、電腦軟體、電腦網路應予分級（第46條），列為限制級者應禁止兒童及少年觀看（第55條）。

第四階段，茲因社會變遷快速，家庭支持功能不足、兒童家外安置的規劃不彰、媒體網路傳播普及，民間團體再次推促政府修法，以增強家庭的照顧責任及社區的通報責任，政府乃於100年時再次修法，將原來《兒童及少年福利法》更名為《兒童及少年福利與權益保障法》（賴月蜜，2013）。該法共有七章一百一十八條，在第四章的「保護措施」中再度增列有關有害兒童身心發展的媒體網路傳播的管制（第45、46、69條），增加村里幹事和大廈管理人員在「保護個案」和「高風險家庭」的通報（第53、54條），訂定安置兒童少年超過兩年長期輔導計畫（第65條），以及增加觸犯《少年事件法》的兒童少年復歸社區之輔導（第73、74條），最後，為了回應民國101年發生的王昊兒童慘遭虐待事件，再增加第54-1條：「兒童之父母、監護人或其他實際照顧兒童之人，有違反毒品危害防制條例者，於受通緝、羈押、觀察、勒戒、強制戒治或入獄服刑時，司法警察官、司法警察、檢察官、法院就前項情形進行查訪，知悉兒童有第五十三條第一項各款情形及第五十四條之情事者，應依各該條規定通報直轄市、縣（市）主管機關。」

相對照來看，臺灣的《兒少權法》在兒童保護的措施上強調的是「兒童福利」的觀點，除非家長逾越「管教不當」的紅線，才會以兒童保護的規格介入，但該法在所謂的管教紅線或介入的界定，仍有待第一線人員的判斷，在法上並無明確的規範；從行政角度來看，由於兒童保護和兒童福利是等同的概念，主管機關在面對需要保護兒童少年事件發生所提供的服務取向，是兼具有公權力干預和福利給付的雙面性格，有時互為助益，有時則相互扞格，第一線

人員難以案之周全（劉有志，2005）。

二、臺灣兒童及少年保護制度的實施內涵

　　大致來說，兒童少年保護工作的流程步驟均立基於《兒少權法》的規範，相當系統化、步驟性。例如定義上，《兒少權法》對於兒童少年虐待事件之定義散落在不同的法條中，大致是用「條列式」的方式列舉不適宜兒童少年的行為舉止，規範家長或照顧者有責任禁止這些不適宜行為發生（第43、47、48條）；抑或家長或照顧者不應作為的規定，例如第49、51、55、56條，都是有關身體上、照顧上不足以確保兒童少年健康的身心發展。以上如有這些事件的發生，都是政府可以依法介入予以糾正或改善。在臨床上，兒童虐待與疏忽的類型大致可以分為四大類，和美國的兒童虐待事件的分類類似，即身體虐待、精神虐待、性侵害、疏忽。

　　在工作流程上，《兒少權法》針對兒童保護工作流程做了詳細的規範，大致可以分為兩個階段。第一個階段為確認兒童少年保護事件是否發生，危害兒童少年的人身安全有多嚴重，這個階段包括兩個流程，第一是接受兒童少年虐待事件的「通報」（第53和54條），第二則是成案的「調查評估」，目的在確認接受通報的案件是否成為未來需要列管的兒童少年「保護個案者」（第64條）。如果通報的案件經過調查評估獲得「不成案」的結果，即可轉介社區中的兒童與家庭福利機構進行服務，例如「高風險家庭」的服務方案。如果通報案件經過調查評估，未來確實會有可能再度受虐的風險，就會獲得「成案」的結果，則該案件就列為兒童少年「保護個案者」，進入第二階段的服務流程。為了規範此一階段的工作流程，中央政府主管機關訂定「兒童及少年保護通報及處理辦法」，作為社工員進行通報與調查工作之參考，詳見附錄一。

　　第二階段為後續處遇流程，服務的目的在協助兒童少年「保護個案」的危機解除和生活重建，兒保人員大致可以在下列幾類服務模式中，選擇合適的處遇取向：

• 緊急安置：經評估，兒童少年有明顯的危險情況足以傷害其身心發展，依據《兒少權法》的第56條進行緊急安置的法定程序。

- 家庭維繫方案：經評估，兒童少年住在家中暫時沒有立即的身心危險，父母也有配合的意願，依《兒少權法》第64條提出家庭處遇計畫，發展處遇目標以保持家庭的完整性及功能性為主。
- 家庭重整方案：經評估，兒童少年留在家中對其身心發展並不安全，必須暫時予以家外安置，在進行合適的家外安置後，並同時啟動協助其原生家庭進行家庭重整的準備，或協助兒童少年尋找長期安置的規劃。
- 長期安置處遇方案：兒童少年在家庭確實不安全，施虐者也不可能改善或父母也無意願改變，評估兒童少年已經不適宜返家了，就可以依據《兒少權法》的第65條，經由主管機關向法院聲請停止監護權或親權，將兒童少年進行長期安置的處遇，具體措施包括轉介出養、長期寄養照顧（至18歲止）、長期機構安置（至18歲止）。
- 結合其他機關提供必要協助：經評估，兒童少年的家庭遭遇經濟、教養、婚姻、醫療等問題，以致有未獲適當照顧之虞，可結合相關機關或社區中合適的家庭或兒童福利服務機構來提供所需協助。

參、結語

　　相對照來看，臺灣的《兒少權法》對於兒童少年的虐待和疏忽事件之定義，大致採列舉式的取向，不當對待的行為規範在不同的法條之中，必須依賴中央政府主管機關另外訂定行政的判定標準來作決定。即使中央政府訂有判定標準，社工員仍需隨時臨場研判，面對複雜的人類行為，有時判準難以周全。在處遇介入方面，《兒少權法》規範「兒童少年保護個案」一旦確立，社工員可以選擇的處遇模式包括緊急安置、家庭處遇、長期安置等，大致和美國的兒童少年保護服務提供的類型類似。只是美國兒童保護制度中的各項處遇，是一套依據時間序列的流程來進行，每一步驟要求家庭配合的程度不同，但都需要

法院的確認才開始進行。而臺灣的兒童保護制度對於「兒童少年保護個案」的處遇介入，則是依據兒保人員臨場的判斷、某些風險評估工具、督導的諮詢來做決定，是一種基於行政裁量的處遇類別選擇，並非法院的確認，以致行政主管機關及社工員成為社會要求責信的主要對象。

參考文獻

一、中文部分

余漢儀（1995）。《兒童虐待：現象檢視與問題反思》。臺北：巨流。

余漢儀（1996）。〈婦運對兒童保護之影響〉。《婦女與兩性學刊》，第七期。

曾平鎮（2003）。〈淺說兒童及少年福利法〉。《兒童福利期刊》，第五期。

雷文玫（2003）。〈國家、父母與兒童少年權益間的拉鋸——兒童及少年福利法修法評析〉。《月旦法學雜誌》，第102期。

蔡文輝、張笠雲（1985）。〈政治、意識型態與社會福利：社會福利批判檢討〉。《社會學刊》。

賴月蜜（2013）。〈「兒童及少年福利與權益保障法」重點解析〉。《空中學訊》，483，兒童少年福利補充教材，第68-75頁。

劉有志（2005）。〈我國兒童及少年保護安置制度之研究——以兒童及少年最佳利益原則為中心〉（碩士論文）。國立中正大學法律研究所，嘉義縣。

鄭麗珍（總校閱）（2011）。《兒少保護社會工作》。臺北：洪葉。

鄭麗珍、林子倫、陳昱志、張玉薇（2010）。〈兒少保護體系的政府職能分工：美英台三國編述〉。《兒童及少年福利期刊》，第17期，第95-118頁。

二、英文部分

Child Welfare Information Gateway. Retrieved from https://www.childwelfare.gov/

DePanfilis, D. and Salus, M. (2003) *Child Protective Services: A Guide for Caseworkers.* Children's Bureau, USA.

Goldman, J. and Salus, M. (2003) *A Coordinated Respons to Child Abuse and*

Neglct: The Foundation for Practice. Children's Bureau, USA.

Hurley, K. D., Griffith, A., Ingram, S., Bolivar, C., Mason, W. A., & Trout, A. (2012). An approach to examining the proximal and intermediate outcomes of an intensive family preservation program, *Journal of Child and Family Studies, 21*, 1003-1017.

Munro, E. (2008) *Effective Child Protection*. Sage Publications Ltd. Thousand Oaks, CA.

Chapter 2

從兒童身心發展解析
不當對待事件的成因與影響

游美貴

前言 Foreword

　　了解兒童少年的發展歷程，是從事兒童少年保護工作的基本工作。每位兒童少年的成長歷程都是獨特的，其所表現的個別發展能力是以一個循序漸進的發展經驗所累積而成，並非一蹴即成。很多兒童少年保護案件的發生，可能是因為父母或主要照顧者對於兒童少年發展的表現不夠了解，因此在照顧的過程可能對兒童少年有不當的期待，或者是在照顧的壓力下產生對兒童少年不當的對待，協助家長或主要照顧者了解每位兒童少年獨特的發展階段和合理表現就變得特別重要。本章將介紹兒童少年身心發展的理論，說明正常發展任務可能帶來的親職壓力，並描述照顧發展障礙兒童少年可能面對的挑戰，最後探討不當對待可能對兒童少年的發展帶來的影響。

壹、兒童少年發展的理論

　　目前有關兒童少年的發展歷程大致採用的理論觀點有下列三種論述，大致說明兒童少年的發展層面和各階段應有的發展表現，分述如下。

一、生理發展的階段論

　　每位兒童少年的生理發展是隨著年齡而成長，除了身高與體重逐漸增加外，身體構造與各部位的自我控制均由頭部開始，其次是軀幹，最後才是下肢體，而大腦、知覺能力及動作技巧也隨年齡增長而成熟，發展的層面包括粗動作和精細動作（詳見附錄二），藉此觀察孩子是否在生理的部分有能力了解照顧者要其做到的部分（邱琇琳譯，2011；鄒國蘇，2011）：

（一）粗動作

　　大動作技巧，包括軀幹與四肢，可自由控制。如手可以伸向玩具、抓放自

如、翻身、坐、爬、站、走、跑、跳、平衡等等。

（二）精細動作

是指手部及手眼協調的情形，如眼珠會跟著移動中的物品而移動；可用手掌、手指尖拿小東西；兩手可以互換以操作東西；會拿筆從隨便塗鴉，到畫直線、圓圈及各種圖形；寫字、畫畫、拼積木、用剪刀、扣扣子、繫鞋帶等。

二、Piaget認知發展理論

在認知發展理論的階段上，Piaget將其細分四個階段，且每個階段都是循序發展而來的，認知發展需經歷此四個階段（如表2-1），在每個新的階段時，先前階段能力並沒有喪失，因為每個階段都是以前一個階段發展為基礎（郭靜晃、吳幸玲譯，1994；張宏哲、林哲立編譯，2003；邱琇琳譯，2011）：

（一）感覺運動期

0至2歲間的嬰兒透過感覺和動作來學習，此時的認知都來自於生理的反應，以及和環境互動產生，最明顯的行為就是看到孩子將所有可以觸及的事物放入嘴中。

（二）前運思期

2至7歲間兒童較以自我為中心，但兒童已經可以透過語言、模仿和遊戲，使用符號來指示人、事、物。

（三）具體運思期

7至12歲間兒童已經具有邏輯思考，但是只能面對當下情境，對於長遠的思考仍不足。

（四）形式運思期

12歲以上青少年，可以抽象思考假設情境，具有邏輯推理能力。

表2-1　Piaget認知發展理論的各階段發展特質

認知階段	年齡	方式	學習內容
感覺運動期	0至2歲間	透過感覺器官所接受到的訊息，以及動作反應相結合。	以嘴巴吸吮或手抓取東西，來取得經驗。
前運思期	2至7歲間	以語言、模仿、意象、象徵遊戲和繪畫，或裝扮遊戲等等，了解他人的真實感受。	此時期以自我為中心，單向的思考模式，但有物體恆存概念。
具體運思期	7至12歲間	能夠大量使用思考範疇、分類系統和等級，以達到邏輯的理解。	具有保留概念，以及了解邏輯的可逆性。
形式運思期	12歲以上	能把許多同時相互作用的變量概念化，並對透過想像過程及事件操作，具有邏輯的推理能力。	具有抽象思維，能按形式邏輯的規則思維問題。

資料來源：作者整理自郭靜晃、吳幸玲譯，1994；張宏哲、林哲立編譯，2003；邱琇琳譯，2011。

三、Erikson心理社會發展理論

　　Erikson心理社會發展理論認為，人類發展是個體（心理）需求和能力與社會期望和要求之間相互作用的產物，每個發展階段都有所需發展的任務，若發展任務未達成，就可能產生心理社會危機（詳見表2-2），以下僅就兒童少年時期的心理社會發展階段予以說明（郭靜晃、吳幸玲譯，1994；張宏哲、林哲立編譯，2003；邱琇琳譯，2011）：

（一）信任vs.不信任（出生至2歲）

　　此時發展的速度甚快，嬰兒透過與照顧者互動發展出安全感和信任關係。

（二）自主vs.羞愧懷疑（2至3歲間）

　　此時期兒童開始學習自主性，這時期的孩子開始有主見，最常聽見孩子回答「不要」，兒童透過模仿學習，動作發展、大小便訓練及口語溝通能力。

（三）積極主動vs.退縮內疚（3至6歲）

幼童開始學習基本照顧能力，並且以自我為中心及具有想像力，互動的人範圍增加，包括同齡的幼兒、幼兒園老師或家中成人，是學習互動和社會化非常重要的階段。

（四）勤勉vs.自卑（6至12歲）

此階段進入了開始不同於家庭和幼兒園的學校場域，互動的同學增加，學校的規範也是兒童很重要的道德發展，透過教育學習不同的知能和運動技巧，此時與同性別同儕者進行最多社交互動，逐漸發展自我概念。

（五）認同vs.認同混淆（12至18歲）

這是生理發展第二個快速階段，因應生理的變化，增加對於自我的關注，自我認同和性別認同發展極具重要。此階段青少年對於性感到好奇，並透過與同儕的人際關係，成就自我與重視自我的獨立空間，也可能形成與父母的緊張等等。

表2-2　Erikson的八階段心理社會發展

生活階段	發展任務vs.危機	重要學習任務	重要互動者或環境
嬰兒期（出生至2歲）	信任vs.不信任	照顧者的依附關係	父母或主要照顧者
嬰幼兒期（2至3歲間）	自主vs.羞愧懷疑	模仿	父母或主要照顧者
幼兒期（3至6歲）	積極主動vs.退縮內疚	對於學習對象的認同	家庭
學齡兒童期（6至12歲）	勤勉vs.自卑	接受教育	學校
青少年期（12至18歲）	認同vs.認同混淆	角色認同和同輩相處	同輩團體
成年期（18至40歲）	親密vs.孤立	親密關係建立和自組家庭	配偶、朋友

生活階段	發展任務 vs.危機	重要學習任務	重要互動者 或環境
中年期（40至65歲）	生產vs.停滯	開創事業和創造力	工作場所、 社區、家庭
老年期（65歲以上）	自我統整vs.絕望	回溯生命和反省	人類

資料來源： 作者整理自郭靜晃、吳幸玲譯，1994；張宏哲、林哲立編譯，2003；邱琇琳譯，2011。

　　總之，兒童少年發展可分為生理與心理發展兩大部分，各部分的發展都有一定的順序，當生理發展及心理發展相互影響的情況下，任何階段都有出錯的可能，也就會形成各種問題（翁毓秀，2013）。除了上述的主要發展理論外，兒少保護社工員也可以參照相關照顧兒童少年親職知能，扮演資源提供者的角色，協助父母或照顧者了解兒童少年正常發展階段應有的表現，使他們以安全的方式回應兒童少年的發展需要，以紓解或強化其親職能力，降低不當對待兒童少年的風險。

貳、兒童少年發展歷程對 父母或照顧者的親職挑戰

　　依據衛生福利部保護服務司（2013）的統計資料顯示，2012年服務的兒童少年保護個案，受虐原因是聚焦於兒童少年本身因素，依序為偏差行為、身心障礙、在不被期望下出生及過動，而引起父母的不當管教。由此可見對於兒童少年本身無論是先天或後天發展障礙的情形，似乎皆使父母和照顧者面臨極大的挑戰。本節主要探討家長或照顧者照顧以下三類兒童少年可能遭遇的親職挑戰，即一般兒童少年、發展障礙的兒童少年、有心理障礙的兒童少年，期望兒少保護人員能夠理解父母或照顧者的親職困境，在他們面臨照顧的挑戰時，提供更適切的支持和服務。

一、照顧一般兒童少年的親職挑戰

以下舉例是父母或照顧者在照顧兒童少年較常見的親職壓力，如下：

（一）幼兒健康的問題

在孩子年幼時，許多父母或照顧者因為擔心孩子的健康，或因為無法理解孩子的反應而焦慮，例如孩子哭泣不止、孩子半夜體溫上升、孩子容易半夜驚醒哭泣、孩子必須久抱才能入眠、孩子消化不良、食慾不佳等。父母或照顧者幾乎長期處在備戰狀態，長期睡眠不足，甚至已經產生憂鬱的情緒。倘若家中無人可以支援，更有可能因為照顧的挫折，而有自認不是好父母、擔心會失去孩子等的複雜心情，產生情緒失控時有所見，這特別發生在家有新生兒的父母上。所以，政府近年來重視新生兒的保護宣導，期待能將兒童保護預防的概念，從出生即展開，透過新生兒童保護宣導手冊的編印，提供有新生兒的家庭，減少新生兒父母或主要照顧者對於新生兒的不當照顧情事（內政部兒童局，2009）。

（二）餵食幼兒的親職緊張

有些家長或照顧者對於餵食幼兒經常頭痛不已，因為怕孩子營養攝取不足，有時不得不強迫孩子進食，進而引起親子關係的緊張與衝突。早期研究即指出，餵食是一般父母或照顧者普遍常見的親子衝突，引發下列四種不同的餵食緊張型態，例如強勢焦慮不耐煩、疏忽混亂漠不關心、憤怒敵意、堅定誘導但焦慮等（Browne & Herbert, 1997）。兒少保護社工員可以引進餵食幼兒的幼保專家，提供家長或照顧者合適的餵食建議，以降低他們餵食孩子所產生的困擾和焦慮，進一步減少他們因焦慮產生的不當對待事件。

（三）如廁訓練的挑戰

兒童學習獨立如廁的歷程，是父母或照顧者必經的養育過程，也是幼兒期非常重要的發展任務。孩子學習利用括約肌於白天控制大小便的能力，在2歲前才有可能完備，而夜間膀胱控制則要數年才能完成，這些都與孩子的生理發展有關。過早開始訓練會增加孩子的壓力，無形中也造成親子衝突（邱琇琳譯，2011）。現在的幼兒園，多數要求家長在家將如廁訓練完成，才接受孩子

就讀，無形中也增加家長的壓力。兒少保護社工員協助家長或照顧者理解每位幼兒在如廁訓練上是有自己的步調，以耐心陪伴子女順利走過如廁訓練的發展任務。

（四）不當行為矯正的壓力

為了能夠在社會中生存，兒童少年接受社會規範的社會化是必然的歷程，當兒童少年的行為舉止不符社會期待時，就有可能挑戰家長或照顧者的親職容忍限度，而逕行管教矯正。若家長或照顧者無法有效的處理，或忽略這些行為問題，這些問題隨著年紀增長而形成固定的行為型態，家長或照顧者想要再處理時，往往都需要耗費更多的心力，而事倍功半。所以，兒少保護社工員需要與家長或照顧者討論更好的方法來處理孩子的不當行為，提供合適的技巧或原則，必要時引進專家資源教導有關合適的處理策略，以減少家長或照顧者的壓力。例如曾佩菁（2013）建議，協助矯正孩子不當行為，可以使用糾正、明確、合作、協商、一致等所謂5C原則。每個C都代表和孩子訂定規則時的過程，引導孩子遵守規則，並且符合你的期待。說明如下：

1. 糾正（correct）：指出孩子的行為需要規範，你必須把焦點放在行為本身，不是孩子身上。
2. 明確（clear）：溝通內容盡量簡單，要求孩子再說明一遍，以確認他真的了解你的意思。
3. 合作（cooperation）：修正孩子不當行為是與孩子互動，尋求他的參與和協助，並且舉例以往他願意合作的經驗，讓孩子覺得你對他有信心，提高孩子參與的動機。
4. 協商（consult）：規定若有討論空間，那麼就協商出父母和孩子都滿意的作法。
5. 一致（consistent）：父母說話算話，孩子喜歡父母的一致性，因為他們能預測行為的後果。

二、照顧發展障礙兒童少年的親職挑戰

　　發展障礙的兒童少年有較高的受虐待風險，原因是照顧者尚在適應發展障礙兒童的特殊需求，以及養育發展障礙兒童少年的照顧責任繁重，例如照顧者必須同時面對自己的情緒反應、重大的醫療處遇決策、繁瑣的照顧任務等，都有可能增加他們蠟燭兩頭燒的照顧壓力，提高不當對待的風險（邱琇琳譯，2011）。

（一）照顧發展遲緩兒童的親職挑戰

　　「發展遲緩兒童」係指認知發展、生理發展、語言及溝通發展、心理社會發展或生活自理技能等異常，或可預期會有發展異常之未滿6歲的特殊兒童。「早期療育」指提供0至6歲學齡前兒童，針對其發展上的問題，來改善發展狀況，恢復其應有功能，或是使其障礙狀況減至最低的服務工作（游美貴，2012a）。

　　每位家長都期待新生命健康的到來，兒童的發展遲緩經常是不被期待的，家長充滿失望和挫折是可以想見的，當要面對來自家庭中其他成員、幼兒園老師等的質疑和要求時，親職角色的壓力更是難以言語，特別是家庭中父母的情緒表現及親子互動關係，都會影響兒童的療育成效（鍾燕宜、潘雨辰、陳右振與郭煌宗，2010）。對於有發展遲緩兒童的家庭來說，兒少保護社工員應協助父母與主要照顧者取得早期療育的資源，以及協助其了解兒童發展歷程的成長任務與需求，紓解其照顧壓力及獲得相關經濟補助等等（鄭翠娟，2004）。

（二）照顧智能發展障礙兒童少年的親職挑戰

　　一般智力功能損傷指的是個人的智力IQ分數在70以下；但其實智能發展範圍廣泛，舉凡五官功能、語言理解及表達、注意力、思考、推理、文字圖畫、數字、空間概念、反應速度、社會人際關係的理解和反應，解決困難的能力等等，都屬於智能發展的範疇（鄒國蘇，2011）。

　　家有智能障礙的子女，家長或照顧者的親職壓力是長期性的，隨著子女不同發展時期所呈現的需求有別，如學齡前主要壓力來自早期療育和醫療照顧需求；學齡期則尋求特殊教育資源與穩定受教權益的保障；青春期則有子女性教

育的教導壓力，以及防範受到性侵害的照顧壓力；成年期則是自我照顧與獨立技巧的訓練，以及父母或照顧者體力不勝負荷的壓力等等。相關的研究指出，家中有智能障礙兒童，家長所承受壓力，會影響到他們的生活及與子女的關係（鍾燕宜、潘雨辰、陳右振與郭煌宗，2010）。因此，智能發展障礙的兒童少年家庭隨著家庭變遷、家庭結構、功能不同的改變，造成親職角色的沉重負擔，亟需社會資源的支持（何志鴻與黃惠璣，2007）。

三、照顧有心理健康問題兒童少年的親職挑戰

若兒童少年有心理健康的問題，家長或照顧者的親職壓力挑戰也不小，這些議題包括泛自閉症（Autism Spectrum Disorder，簡稱ASD）中的自閉症（autism disorder or autism）和亞斯伯格症（Asperger's disorder）、注意力缺損過動症（Attention Deficit hyperactivity disorder，簡稱ADHD）、憂鬱症及焦慮症等等。以下討論父母或照顧者，在照顧這些兒童少年的挑戰。

（一）泛自閉症兒童少年的照顧

在最新版的《精神疾病診斷與統計手冊第五版》（簡稱DSM-5），有關對於泛自閉症的診斷，已經將很多症狀整合為單一病症，在兩個分類核心下分成不同層次的症狀嚴重程度。ASD涵蓋過去所稱的自閉症外，還包括亞斯伯格症、兒童期崩解症（childhood disintegrative disorder）[1]、待分類的廣泛性發展障礙（pervasive developmental disorder not otherwise specified）。ASD會有兩個核心的症狀，第一類的障礙特性，是指社會溝通和社會互動的障礙；第二類障礙特性，則是出現有限和重複的行為、興趣、活動（RRBs）。ASD的診斷需要包含兩個核心症狀，是一種光譜上不同程度的表現，有些表現的較為輕微，有些表現的較為嚴重。另外，DSM有另一類的障礙診斷，稱之為社會溝通障礙（Communication Disorders），很像ASD的第一類核心症狀，但這類的障礙

---

1. 資料來源：http://hospital.kingnet.com.tw/library/diagnose.html?lid=8078&engchar=C
   兒童期崩解症是在兒童時期出現的一種廣泛性發展障礙。大部分的小孩是在3到6歲之間發作。類似雷特症候群（Rett Syndrome）的患者，小孩發病後逐漸喪失已習得的各式技巧，起先是失去情緒的控制，對環境良失興趣，出現明顯的社交退縮行為。

通常不會和第二類核心特性同時出現，不易錯診（American Psychiatric Association, 2013）[2]。在傳統上，有兩種泛自閉症兒少類型讓照顧者面臨很大的親職挑戰，說明如下：

1. 照顧自閉症的孩子

自閉症孩子從出生起便有自己獨特的想法，任何人（即使是家長或主要照顧者）對他而言有可能是視而不見的；就算學會說話也會有不斷覆述，但不一定了解話語意義的情形。自閉症的孩子沉溺在自己的世界中而不管外界的一切，發生原因仍不是很清楚，就目前所知主要為腦部功能失常引起（游美貴，2012a）。

目前自閉症沒有特殊藥物或任何治療可使其痊癒，主要的治療方法是對患者的能力缺陷與異常行為進行療育及矯治；如果自閉症合併發生過動症或焦慮症，則可以針對其症狀輔以藥物緩解。治療內容包含語言治療、職能治療、行為治療、社交技巧訓練、情緒行為治療等。自閉症的預後效果會受其本身能力、療育介入、社會支持系統等因素影響（翁菁菁，2010）。面對家有泛自閉症的孩子，家長或照顧者必須很有耐心及堅持不斷地協助其適應生活。

2. 照顧亞斯伯格症的孩子

亞斯伯格症兒童少年的主要問題是社會互動能力有限，因此影響人際關係。在社會互動能力方面，亞斯伯格症兒童少年是具有能力和有興趣參與，但因為他們的社會直覺和一般人有差異，如他們對感興趣的事會有「冗長的對談」，就是不管對方有沒有興趣，會和對方一直談同一件事情，此舉容易引起對方的反感，進而影響到其人際關係的互動；較常見在人際互動上產生的困難有與人溝通不良、被當作怪胎、不能理解他人情緒、太過誠實而招致同儕反感，這些都是在雙方互相不能理解的狀況下，而產生的人際困難（梁碧明、連允香，2012；江秋樺、許秋賢、陳振明，2010）。

因此，亞斯伯格症兒童少年要如何適應社會，以及他人要如何看待他們，成為協助這類兒童少年很重要的課題。教養亞斯伯格症兒童少年，照顧者需要

---

2. 資料來源http://www.psychiatry.org/practice/dsm

給予較多的接納和營造尊重的教養技巧。而這些孩子最多人際互動則是在學校，此時照顧者可以跟老師溝通，讓老師協助亞斯伯格症學童的同儕，了解其障礙特性及相處互動的方式，以避免這些孩子在學校受到同儕的欺壓或戲弄等等。

（二）注意力缺損過動症（ADHD）孩子的照顧

有關注意力的發展，5歲以下幼童的注意力大多受到外在刺激的影響，5到7歲的兒童則慢慢可以自我控制，可以具備選擇性注意力的能力，而12歲之前兒童對於特定事物形成動機、持續注意力可達四十到五十分鐘，並且有良好的衝動控制反應等。然而，ADHD的兒童通常會有過動和焦躁不安的情形，無法控制衝動，容易暴怒與攻擊。許多ADHD的孩子被認為從小就容易闖禍，常遭受大人的責罵與處罰，家長或照顧者對於孩子的行為表現，多數認為孩子是調皮，容易施行行為約束，若無充分的照顧知能，則容易出現管教不當的情形（邱琇琳譯，2011；翁菁菁，2010）。若未能及時診斷出孩子有ADHD的情形，孩子很容易被家長或老師認為是有行為問題的孩子；若不好好處理，孩子長大容易產生行為偏差問題，如說謊、偷竊、打架、翹課、翹家等。所以，兒少保護社工員可以先協助家長或照顧者進行ADHD的診斷，以便做後續計畫。

ADHD的治療部分則應先從行為治療開始，除非是兒童有嚴重的攻擊行為、干擾上課或合併情緒行為問題，才考慮給予藥物治療。目前對於疑似ADHD或已經確定是ADHD的學齡前兒童，除了醫療的診斷外，我們還要注意到孩子是否有其他語言發展問題、情緒行為或學習障礙的問題。孩子一旦確診有ADHD問題，家長或照顧者應該調整教養的態度，早日採用行為治療的策略，例如增加孩子好行為的動機，找出孩子在從事哪些活動時可以靜下來，可以作為注意力訓練的開始，建立其自信心。因此，家長或照顧者在面對過動的兒童時，應先了解他們的特質，接納他們，再以溫和堅定和一致性態度處理其行為問題，讓兒童有機會接受自己，並且得到家人的支持（翁菁菁，2010）。

照顧有ADHD的兒童少年需要專業的支援，兒少保護人員應找尋相關專業資訊或諮詢，提供家長或照顧者參考[3]，也可以協助家長或主要照顧者找出有

---

3. 譬如ADHD的網頁http://www.adhd.club.tw/，有針對ADHD的相關資源與組織、迷思與常見問題，為針對父母、照顧者與老師的實務觀察與照顧手冊。

關親子互動過程中令其困擾的問題，以發展出較有效的親職原則，降低親子間的緊張關係。

（三）患有憂鬱症孩子的照顧

患有憂鬱症的兒童少年的個人情緒、專注力、睡眠、活動力、食慾、社交行為等，都會受到影響，患有重度憂鬱症者甚至無法維持原有的生活功能，需要精神醫療的介入（邱琇琳譯，2011）。

兒童少年經常出現的憂鬱徵狀（Signs of Depression Frequently Seen in Youth）[4]：

1. 易怒或暴躁不安情緒。
2. 對運動、電腦遊戲感到無聊、失去興趣；或是放棄自己最喜歡的活動。
3. 在青春期時，當體重過低時增重失敗，或暴飲暴食和體重過度增加。
4. 改變睡眠習慣、太晚入睡、不願起床上學、半夜醒來等等。
5. 對於持續坐著、行走感到困難或移動非常緩慢。
6. 一直覺得疲倦和感覺懶惰。
7. 自我批評、對於事情無法控制感到自責，如「沒有人像我這樣」、「每個人都恨我」、「覺得自己是笨蛋」。
8. 因為缺乏學習動機和注意力無法集中，在學校成績低落；長期缺課。
9. 常常想到和談論死亡、書寫有關死亡、將自己心愛的玩具或物品贈送給別人等等。

然而，要家長或照顧者接受自己的孩子罹患憂鬱症確實不是一件容易的事，但若他們不能及時協助孩子就醫，孩子可能出現自殺行為，危及生命安全。因此，兒少保護社工應協助家長或照顧者認識憂鬱症的病症資訊，並提供就醫資訊，支持家長或照顧者抒發照顧所產生的情緒壓力。

---

4. 資料來源：http://www.parentsmedguide.org/
   The American Psychiatric Association和American Academy of Child and Adolescent Psychiatry發展兩個醫療指引：*ADHD Parents Medication Guide*及*The Use of Medication in Treating Childhood and Adolescent Depression: Information for Patients and Families.*網址：http://www.parentsmedguide.org/。

（四）患有焦慮症孩子的照顧

　　患有焦慮症的兒童少年對於某些正常情境感到極度害怕、痛苦、擔心，會導致其就學不穩定、低自尊、社交技巧不足、酒精濫用及適應困難等問題；行為表現上，兒童少年最常抱怨的是頭痛、胃痛或做惡夢等身心症狀（邱琇琳譯，2011）。

　　家長或照顧者可能不理解兒童少年所產生的焦慮症症狀，認為是孩子害羞、逃避課業壓力或是看恐怖片過度反應而已，一段時間就會恢復正常；如此一來，兒童少年的需求無法被知曉，反而容易被誤解，得到更多的指責，進而影響心理健康。因此，兒少保護社工員可以提醒家長或照顧者認識兒童少年的焦慮類型和症狀，尋求心理衛生單位的協助，減少家長或照顧者不回應兒童少年的焦慮情緒。

　　總之，發展障礙兒童少年會有特殊的照顧需求，家長或照顧者需要更多有關照顧該類發展障礙的專業知識，並增強其照顧技巧的學習與教養能力的培育。具體的作法是，兒少保護社工員應該協助這些家長或照顧者對該類發展障礙有初步的認識，有必要時協助尋求相關的醫療和照顧專業的支援；為了降低不當對待的風險，兒少保護社工員也可以提供家長或照顧者所需的支持性資源，來增強他們的照顧能量，例如學習調適與因應照顧的壓力、經濟補助、醫療訊息、社會支持網絡等。

參、兒童少年遭受不當對待
對其發展所產生的影響

　　大致來說，兒童少年遭受虐待或疏忽對其發展會有短期和長遠的影響，這些影響可能會表現在兒童少年不同層面的發展任務上，也會表現在不同發展時期的任務完成上，這些影響的後果可能包含身心上的輕微傷害、人際互動上的困難，嚴重時甚會有嚴重腦傷或死亡（Goldman and Salus, 2003）。

一、兒童少年遭受不當對待的影響層面

多位學者專家都提及，兒童少年受到虐待不僅僅影響生理上的發展，還包括心理、社會、情緒和行為方面的發展，對其日後在生理、心理社會及行為等面向的成長，均有負向影響（沈瓊桃，2013；Barnett, Miller-Perrin & Perrin, 1997；Browne & Herbert, 1997；English, Graham, Litrownik, Everson & Bangdiwala, 2005；Goldman and Salus, 2003； Sprang, Clark & Bass, 2005）。說明如下：

（一）生理健康方面

成人的不當對待帶給兒童少年的立即性傷害有身上的淤輕傷、燒燙傷、撕裂傷、多重骨折等，長期的傷害包括腦部重創、臟器出血、肢體殘障、營養不良（疏忽）、眼神呆滯等，甚至致死。例如嬰兒搖晃症候群（Shaken Baby Syndrome）可能造成嬰兒腦部的瘀血、出血和腫脹，引發嬰兒腦部發展上不可磨滅的長期性傷害。如果嬰兒遭到嚴重疏忽，體重身高會嚴重低於標準值，其日後的發展也呈現發展遲滯，認知和心理的成長受限，衝動行為控制較低等問題。不論是身體虐待或疏忽，兒童少年的腦部受創的負向影響所及特別深遠，例如未來的認知和學習能力都受到限制，心理情緒行為方面的穩定性也會受損。當兒童少年受到性侵害時，很容易感染性病，而未來的性器官發展也可能會有後遺症，甚至終身面對此疾病帶來的後果。

（二）情緒、心理、行為的發展方面

經觀察，遭受不當對待的兒童少年所呈現心理和行為反應，從壓抑、退縮到過份主動、攻擊性都有，在情緒和心理上顯現的問題有自尊心受損或負向思考、憂鬱或焦慮、創傷後症候群、依附問題、不當飲食行為、同儕人際關係不佳、自傷或自殺傾向等，而引發各種不良的情緒發展，例如悲傷、憤怒、恐懼、壓抑、絕望、沮喪等；在行為方面可能有攻擊、反抗、對人施暴（欺負同學、欺負手足、對父母施暴等）、衝動控制問題、非行和暴力犯罪行為、退化行為（如尿床、大小便失禁）等等。甚至有研究追蹤這些遭受不當對待的兒童少年到成年，發現曾經有兒童保護開案記錄的青少年或成年人都有較高比例的觸法行為，而童年遭受身體虐待者較遭受疏忽者容易觸犯重刑法規。

（三）復原力的引發

也有研究顯示，不是每位遭受不當對待的兒童少年都會受到負面影響的干擾，有些保護因子發揮了緩衝的效果，啟動這些兒童少年從人生的底谷向上爬升，之中包括兩類保護因子，一是兒童少年個人的特質，例如樂觀、高自尊、高IQ、高EQ等；二是社會支持網絡，亦即這些兒童少年的生命裡出現願意協助他們脫離困境的貴人，例如未施虐的家長、親戚家人、專業人員等。

二、不當對待對於兒童少年各人生發展階段的影響

從長遠來看，不當對待的經驗對兒童少年的發展是有影響的，但影響大小則取決於遭受不當對待的發展階段、時間的長短、持續性期間長短，通常不當對待在年紀越小、時間越長、持續期間越長的情況下，對兒童少年的行為及情緒發展影響越大（周怡宏，2006；邱琇琳譯，2011；紀琍琍、紀櫻珍與吳振龍，2007；Barnett, Miller-Perrin & Perrin, 1997；Browne & Herbert, 1997；English, Graham, Litrownik, Everson & Bangdiwala, 2005；Sprang, Clark & Bass, 2005）。表2-3引自Barnett, Miller-Perrin & Perrin（1997），摘述不當對待對兒童少年的各階段之影響，提供兒少保護社工員在提供服務時參考，以下僅就常見的問題簡單說明。

表2-3　受虐兒童少年在人生發展階段可能產生的影響

	可能影響的方面
兒童時期	醫療併發症：瘀傷、腦傷、胸腔傷害、腹部受傷、燒燙傷或骨折等等。 認知困難：智力和認知功能降低、語言和記憶能力損傷、口語和感覺運動技巧損傷、閱讀和運算能力降低、學業成就低落、增加特殊教育的需求等等。 行為問題：攻擊、打鬥、不服從、抵抗、挑釁、偷竊和犯罪等等。 社會情感缺陷：遊戲能力遲緩、嬰兒期依附關係問題、社會互動技巧差、與同儕相處能力不足、迴避與大人相處、與人交友障礙、缺乏正向社會行為、無助、憂鬱、低自尊。

	可能影響的方面
青少年時期	反社會行為：暴力的人際關係、非行行為、物質濫用、青少年犯罪、暴力犯罪等等。 其他問題：注意力集中問題、擔憂學業表現、情緒壓力漸增、低自尊等等。
成人時期	犯罪和暴力行為：犯罪受逮、社會脫序行為、犯罪行為、暴力犯罪、約會暴力、家庭暴力、虐待兒童等等。 物質濫用：酒癮、藥癮等等其他物質濫用。 社會情感問題：自我解離行為、自傷和傷人、憂鬱、焦慮、敵視、無現實感想法、人際關係問題等等。

（一）嬰兒期

若孩子出生前，母親有吸菸、吸毒、酒癮等物質濫用的情形，將影響孩子的中樞神經和腦部發展，更有可能導致後來在青少年期有情緒控制的問題。若上述的情形發生在懷孕期，出生時恐有早產、體重不足、發展遲緩或身障缺陷等等疑慮，也加深了照顧的困難度。

若在嬰兒期遭受不當對待（如未定期接種疫苗等），嬰兒在生理方面可能產生發展不全的問題，像是營養不良、嬰兒搖晃症候群等，嚴重的話則可能有致命的危險。嬰兒期遭受不當對待應該可以從孩子的外觀看到，如明顯的外傷（例如頭部外傷、燒燙傷、胸腹部創傷等）、比同齡孩子矮小或發育不良；另外，受虐的嬰兒很容易用哭泣表達，活動力的多寡也是重要表徵（例如異常嗜睡的嬰兒可能是生病，也可能是受虐）。

（二）幼兒期

幼兒期的兒童開始學習自主性，透過大小便的訓練，建立自己對身體的掌控性；藉由與他人遊戲的過程，學習分享和建立人際關係，學習社會性規範；此時也學習與照顧者建立依附關係，隨成人的情緒起伏學習安全感的建立；若於此時遭受不當對待，影響最大的是其心理層面，包括認知和行為的表現。例如兒童會有尿床、大小便失禁或恐懼施虐者的出現；兒童會有脫序哭鬧行為或攻擊行為以滿足其慾望；可能會滿口髒話或用攻擊性言語來表達不滿；或者是

獨處不安、懼怕一人如廁和獨占父母的情緒，無法忍受主要照顧者離開片刻等情形。若加上兒童本身就有發展遲緩問題，家長或照顧者未能提供妥善的照顧，甚至不當的對待，會明顯看到此時期孩子的認知功能受損，並且擴大損傷範疇，甚至提供早期療育服務，使得孩子的進步有限。

（三）學齡期及青春期

學齡期和青春期的少年，因處於義務教育期間，若遭受不當虐待，其在學校的表現往往形成一個重要觀察和評量的指標。常見的問題可以分成幾個部分說明：

1. 認知方面的問題

遭受不當對待的少年在認知部分，可能有專注力不足、低認知能力、低問題解決能力等問題，導致學業成績低落、學校成就感不足，甚至會出現被留級和重讀等情形。

2. 社會情感方面的問題

遭受不當對待的少年可能產生精神上和情緒上的問題，例如焦慮、低自尊、害羞、憂鬱、自殺傾向、退化行為、壓力／創傷反應、失落感、悲傷、混淆、自責等問題，影響所及是少年的自我認同混淆、性別認同混淆、社會技巧不足、人際關係不良，甚至懼學或拒學等。

3. 外在行為方面問題

遭受不當對待的少年在行為上最容易出現攻擊行為、反社會性行為、中輟和青少年犯罪等。明顯行為有觸犯校規、霸凌或欺負同儕、物質濫用、非行行為，甚至是觸法行為等。

雖然上述這些都是遭受不當對待兒童少年常見的發展問題，我們仍然可以在實務個案發現，有兒童少年即使在家庭內受到不當對待，但是在學校卻表現正常，也不乏成績優秀者，甚而成年期也沒有明顯的影響，此即凸顯每個兒童少年有個別差異和天生氣質的獨特性，以及社會環境可能對於受虐兒童少年的正向影響等。因此，在介入提供虐待兒童少年的家長或照顧者的親職教育輔導時，往往也要考量個別兒童少年及其家庭的特質，才能真正達到幫助家長或照顧者改善教養方式，以提升教養品質。

參考文獻

一、中文部分

內政部兒童局（2005）。《兒童及少年保護工作指南》。

內政部兒童局（2009）。《新生兒童保護宣導手冊》。

台灣兒童暨家庭扶助基金會（2006）。《監護權調查訪視工作手冊》。臺中：台灣兒童暨家庭扶助基金會。

江秋樺，許秋賢、陳振明（2010）。〈接納可以緩解衝突：亞斯伯格理論與輔導實務〉。《雲嘉特教》，11：5-15。

余漢儀（1996）。《兒童虐待：現象檢視與問題反思》。臺北：巨流。

沈瓊桃（2013）。〈虐待對兒童的身心發展影響〉，衛生福利部保護服務司，摘自http://www.mohw.gov.tw/cht/DOPS/DM1_P.aspx?f_list_no=145&fod_list_no=1512&doc_no=3583。

何志鴻、黃惠璣（2007）。〈影響身心障礙兒童家庭照顧者憂鬱之因素〉。《身心障礙研究》，5：41-50。

林惠雅（2008）。〈家庭互動型態、子女性別與幼兒社會能力之探討〉。《中華心理衛生學刊》，21(4)：351-377。

周怡宏（2006）。〈兒童虐待與疏忽的兒科醫師觀點〉。《護理導航》，7(2)：11-27。

邱琇琳譯（2011）。〈兒童發展〉。收錄於鄭麗珍總校閱，《兒童少年保護社會工作》（原著C. R. Brittain & D. E. Hunt, editions, *Helping in child protective service: a competency-based casework handbook*, 2nd ed.）。臺北：洪葉（原著出版年：2004）。

紀琍琍、紀櫻珍、吳振龍（2007）。〈兒童虐待及防治〉。《北市醫學雜誌》，4(7)：531-540。

翁菁菁（2010）。〈學齡前ADHD兒童的醫療診斷與早期介入〉，臺北市立聯合醫院婦幼院區早期療育評估中心，摘自http://www.tpech.gov.tw/public/Data/062111595471.pdf。

翁菁菁（2010）。〈認識自閉症與相關之發展障礙〉，臺北市立聯合醫院婦幼院區早期療育評估中心，摘自http://www.tpech.gov.tw/public/Data/062111575271.pdf。

翁毓秀（2013）。〈及早發現子女問題克服子女發展障礙搬開阻礙成長的石頭〉，衛生福利部保護服務司，摘自http://www.mohw.gov.tw/cht/DOPS/DM1_P.aspx?f_list_no=145&fod_list_no=1512&doc_no=3589。

張宏哲、林哲立編譯（2013）。《人類行為與社會環境》（原著者：J.B. Ashford, C.W Lecroy, & K.L. Lortie）。臺北：雙葉。

曾佩菁（2013）。〈親職教養技巧5C原則〉，臺北市立聯合醫院婦幼院區早期療育評估中心，摘自http://www.tpech.gov.tw/public/Data/38215354671.pdf。

彭淑華等譯（1999）。《家庭暴力》（原著Kamp, A.）。臺北：洪葉。

郭靜晃、吳幸玲譯（1994）。《發展心理學》。（原著者：R. Philip, & N. Barbara）。臺北：揚智（原著出版年：1975）。

梁碧明、連允香（2012）。〈從亞斯伯格症學生特質探討校園霸凌事件〉。《特教論壇》，13：1-12。

游美貴（2012a）。〈發展遲緩兒童早期療育政策與法令〉。於游美貴、李文懿著，《幼兒教保政策與法令》，第五版。臺北：華騰。

游美貴（2012b）。〈兒童保護政策與法令〉。於游美貴、李文懿著，《幼兒教保政策與法令》，第五版。臺北：華騰。

游美貴、畢國蓮、郭貴蘭（2010）。〈兒童少年保護工作概論〉。於鄭麗珍主編，《兒童少年保護工作教材》，內政部兒童局委託。

黃靄雯、廖華芳、謝仟鑫、潘懿玲（2009）。〈「國際健康功能與身心障礙分類系統──兒童及青少年版」及其環境因素之簡介〉。《FJPT》，34(6)：4-409。

鄒國蘇（2011）。〈如何幫助早產兒的動作與智能發展〉。臺北市立聯合醫院婦幼院區早期療育評估中心，摘自http://www.tpech.gov.tw/public/Data/12231502971.pdf。

衛生福利部保護服務司（2013）。〈101年兒童少年保護執行概況表〉。摘自 http://www.mohw.gov.tw/cht/DOPS/DM1.aspx?f_list_no=157&fod_list_no=1090。

鄭瑞隆（2006）。《兒童虐待與少年偏差》。臺北：心理出版社。

鄭翠娟（2004）。〈早期療育與兒童參與〉。於許天威主編，《早期療育概論》。新北市：群英。

鍾燕宜、潘雨辰、陳右振、郭煌宗（2010）。〈發展遲緩兒童母親親職壓力之初探〉。《身心障礙研究》，8(2)：83-98。

二、英文部分

American Psychiatric Association (2013). *Highlights of Changes from DSM-IV-TR to DSM-5*. Retrieved from http://www.psychiatry.org/practice/dsm.

Barnett, O. W., Miller-Perrin, C. L., and Perrin, R. D. (1997) *Family Violence Across the Lifespan: An Introduction*, Thousand Oaks, CA: Sage.

Browne, K., and Herbert, M.(1997) *Preventing Family Violence*, Chichester: John Wiley and Sons.

Department of Health (2000) *Framework for the Assessment of Children in need and their Families,* London:Department of Health.

English, D. J., Graham, J. C., Litrownik, A. J., Everson, M., & Bangdiwala, S. I. (2005). Defining maltreatment chronicity: Are there differences in child outcome. *Child Abuse & Neglect, 29,* 575-595.

Goldman, J. and Salus, M. (2003) *A Coordinated Respons to Child Abuse and Neglct: The Foundation for Practice.* Children's Bureau, USA.

HM Government (2006) *Working Together to Safeguard Children: A Guide to Inter-agency Working to Safeguard and Promote the Welfare of Children.* London: The Stationery Office.

Laposata, M. E., Laposata, M. (2005). Children with signs of abuse: when is it not child abuse? *American Journal of Clinical Pathology,* 123, 119-24.

Sprang, G., Clark, J. J., & Bass, S. (2005). Factors that contribute to child maltreatment severity: A multi-method and multidimensional investigation. *Child Abuse & Neglect,* 29(4), 335-350 .

Chapter 3

兒童少年保護
相關法令之應用

賴月蜜

　　「家」是孕育兒少成長的搖籃，也是兒童少年最佳的避風港，而父母是兒童少年最適合的照顧者，教養培育兒童少年健康茁壯，也保護他們免於受傷害。惟父母因故不能或無法再照顧兒童少年，或因其消極不作為有害於兒童少年發展，或甚至故意傷害兒童少年時，基於兒童少年的最佳利益，政府即有義務和責任，以「公權力」強行入家門保護兒少，協助父母或甚至「代替」父母以滿足兒童少年健康發展的各項需求，發揮其「國家親權」的角色，必要時亦需限制或禁止父母之親權行使。惟上述作為，在保護兒童少年權益的同時，也相對限制兒童少年成長於原生家庭及父母親權行使之權益，故社工行政作為之專業判斷與界線拿捏，應符合正當性、專業性及合法性，必須依賴法律作為強而有力的後盾。兒少保護社工員雖非法律人，但在執行主管機關所託付的兒少保護職責下，法律即賦予社會工作一個「依法有據」的角色，法律提供社工員工作決策上的構架與權威（Cull & Roche, 2001）。故本章節探討兒少保護社工員在執行兒少保護工作中，可能會面臨的司法程序和應擔負的司法職責。

壹、聲請兒少保護案件相關的司法裁定

　　依據《兒少權法》的規範，兒少保護社工員一旦調查評估接獲的通報個案確有不當對待的情事發生，就會有介入家庭親權執行（限制或禁止）的需要，如上所述，社工員的行政裁量可能是限制兒童少年在家居住的自由，也可能是限制或停止父母親權行使，這些行政行為必須依法有據，也必須經過法院的裁定為憑，故此時可能向法院聲請的司法程序，例如家外安置、保護令、停止親權等裁定。以往，這些變更親權的聲請屬於民事訴訟的案件，在民事庭審理，但《家事事件法》於2012年開始實施後，上述案件改為家事非訟事件，在家事

法庭審理。兒少保護案件相關的司法訴訟流程之規定列舉如下：

一、聲請七十二小時「緊急安置」

兒童少年不當對待事件一經通報，兒少保護社工員就會進行調查評估以確定兒童少年所處環境的危險程度，若警覺兒童少年的人身安全會遭受到立即性的危險，可以先行緊急安置兒童少年，但仍應隨即具狀向法院陳報。這個程序是依據《兒少權法》第56條，「非立即給予保護、安置或為其他處置，其生命、身體或自由有立即之危險或有危險之虞者，則應為緊急保護、安置或為其他必要之處置。」舉凡牽涉限制人身自由之處分，原則都應先經司法裁定，惟緊急安置，係屬「行政先行，司法後審」，為的是保護兒童少年的人身安全，特別給予兒少保護社工員的行政裁量權，惟畢竟屬於限制人身自由，依《兒少權法》第57條：「直轄市、縣（市）主管機關依前條規定緊急安置時，應即通報當地地方法院及警察機關，並通知兒童及少年之父母、監護人。」

然而，兒少保護社工員執行公權力過程，最主要的專業評估——行政裁量，依《行政程序法》第7條行政行為之比例原則：「行政行為，應依下列原則為之：一、採取之方法應有助於目的之達成。二、有多種同樣能達成目的之方法時，應選擇對人民權益損害最少者。三、採取之方法所造成之損害不得與欲達成目的之利益顯失均衡。」在眾多可選擇的方法中，社工員是如何做其專業判斷，應有評估處遇、論事說理、清楚合邏輯的說明（《行政執行法施行細則》第3條）。行政行為也應符合誠信原則（《行政程序法》第8條）及公平合理之原則，兼顧公共利益與人民權益之維護，以適當之方法為之，不得逾達成執行目的之必要限度（《行政執行法》第3條）。

緊急安置因具有急迫性與強制性，除就學兒童，社工員常採取直接到學校強制執行外，社工員執行實務工作時，例如家訪或有緊急安置執行之必要時，基於個案可能有抗拒行為及社工員人身安全等議題，在《行政執行法》第6條規定：「執行機關遇有下列情形之一者，得於必要時請求其他機關協助之：一、須在管轄區域外執行者。二、無適當之執行人員者。三、執行時有遭遇抗拒之虞者。四、執行目的有難於實現之虞者。五、執行事項涉及其他機關者。

被請求協助機關非有正當理由，不得拒絕；其不能協助者，應附理由即時通知請求機關。被請求協助機關因協助執行所支出之費用，由請求機關負擔之。」除《行政程序法》、社會福利法規有橫向聯繫協力之規定外，《兒少權法》第56條第3項，「直轄市、縣（市）主管機關為前項緊急保護、安置或為其他必要之處置時，得請求檢察官或當地警察機關協助之。」在警政之協力部分，《家庭暴力防治法》第49條亦規定：「醫事人員、社會工作人員、教育人員及保育人員為防治家庭暴力行為或保護家庭暴力被害人之權益，有受到身體或精神上不法侵害之虞者，得請求警察機關提供必要之協助。」

二、聲請「繼續安置」與「延長安置」保護

　　兒童少年因故經家外安置後，兒少保護社工員提供服務以降低兒童少年再度遭受不當對待的風險，但經再度調查評估後，發現兒童少年再度受虐的風險仍高，兒少保護社工員可以向法院聲請繼續安置或延長安置，以確保兒童少年的人身安全。這個程序依據的是《兒少權法》第57條第2項，「緊急安置不得超過七十二小時，非七十二小時以上之安置不足以保護兒童及少年者，得聲請法院裁定繼續安置。繼續安置以三個月為限；必要時，得聲請法院裁定延長之，每次得聲請延長三個月。」和同條第3項，「繼續安置之聲請，得以電訊傳真或其他科技設備為之。」特別值得注意的是，聲請繼續安置與延長安置保護，都需「事先」為之，除第一次繼續安置聲請可與緊急安置陳報法院同時為之外，其餘的延長安置聲請都應在安置期滿前兩週，即向法院遞狀聲請，讓法院得以在安置期滿前，即為延長安置之裁定，以避免繼續或延長安置成為非法的強制行為。

　　在聲請繼續或延長安置保護的程序中，除備妥繼續或延長安置的家事聲請狀外，應準備一份繼續或延長安置的法庭報告書，內容應清楚說明讓法院了解主管機關（社政單位）對安置兒童少年的調查評估結果，為什麼非安置不可？在家可能對孩子的自由、身體及生命造成如何的傷害與不利？例如家庭處遇進行狀況、繼續安置必要性的理由等，並另外檢附相關證物（例如戶籍謄本、警察筆錄、診斷證明書、照片證據等），請參考《家事事件法》第75條有關「聲

請」或「陳述」的重點內容。由於這些程序皆屬法律訴訟的專業程序，建議未來縣市主管機關能評估是否委聘律師協助，或自聘律師來協助兒少保護社工員，使分工更能有各自專業上的展現。

依據2012年6月開始實行的《家事事件法》，兒童少年或身心障礙者的保護安置案件係屬《家事事件法》第3條丁類事件，屬當事人無處分權之非訟事件。所謂的「非訟事件」是在處理人民私法上的權益，因其不具訟爭性，法律上的權益關係明確，故不須透過訴訟的進行及法官審理，以書面送審其處分以法官之裁定行之。由於《家事事件法》強調專業法院的審理、專業人員的參與，以專業化實踐家事事件的審理，其中運用新制的程序監理人、社工員陪同、家事調查官等專業人員來補充法官裁判所需的資料，以確保未成年子女在家事事件審理程序之權益（蕭胤瑮，2012；楊熾光，2013），這項精神亦展現在《家事事件法審理細則》第十三章保護安置事件。例如在聲請有關繼續或延長安置的事件（請參考第149條），法院會在乎保護安置事件之被安置人，於保護安置事件有程序能力。如其無意思能力者，法院應依職權為其選任程序監理人（第150條）。在第152條中，「法院為保護安置之裁定前，應依本法第108條之規定，使被安置人有表達意願或陳述意見之機會。」亦即針對7歲以下兒童被安置，應選任程序監理人，7歲以上兒童被安置時，即應給予陳述之機會。再者，依第153條，「被安置人陳述意見或表達意願，法院認為有必要時，得適用本法第11條之規定，通知直轄市、縣（市）主管機關指派社會工作人員或其他適當人員陪同。」總之，兒少保護社工員必須了解聲請繼續或延長安置的各項規定外，以及被安置兒童少年在司法審理過程中所擁有的權益，例如意思能力的表達、陪同出庭或程序監理人等。

三、聲請停止親權或監護權

在保護安置的工作中，兒少保護社工員一方面家外安置兒童少年以確保其人身安全，另一方面進行家庭處遇，提供各項家庭所需的服務促使家庭發生正向改變，讓兒童少年確實得以返家。惟當社工員透過種種努力，經調查評估，家庭仍無法呈現照顧的意願或照顧的能力時，為孩子尋求長期穩定的生活，兒

少保護社工員依法必須提出「長期輔導計畫」，例如《兒少權法》第65條規定，「依本法安置兩年以上之兒童及少年，經直轄市、縣（市）主管機關評估其家庭功能不全或無法返家者，應提出長期輔導計畫。」此處所指的「長期輔導計畫」，可能包括長期安置、停止親權、出養安排等。其中，有關停止親權，兒少保護社工員可以依據《兒少權法》第71條規定，「父母或監護人對兒童及少年疏於保護、照顧情節嚴重，或有第49條、第56條第1項各款行為，或未禁止兒童及少年施用毒品、非法施用管制藥品者，兒童及少年或其最近尊親屬、直轄市、縣（市）主管機關、兒童及少年福利機構或其他利害關係人，得請求法院宣告停止其親權或監護權之全部或一部，或得另行聲請選定或改定監護人；對於養父母，並得請求法院宣告終止其收養關係。」在法院方面，依據《民法》第1090條規定，「父母之一方濫用其對於子女之權利時，法院得依他方、未成年子女、主管機關、社會福利機構或其他利害關係人之請求或依職權，為子女之利益，宣告停止其權利之全部或一部。」

然而，停止親權的宣告對於兒童少年及其家庭來說，是相當重大的決定，主管機關或社會福利機構都應該慎重評估和討論，建議先行召開個案研討會議，參採各方面的專業意見後，再決定是否停止親權。如果主管機關或社會福利機構認為非停止親權無法確保兒童少年的最佳利益時，再委聘律師協助，向法院聲請。兒少保護社工員最主要的工作是備妥法庭報告書，向法院清楚報告整個家庭處遇，做過哪些種種的努力，但父母仍是沒有意願也沒有能力照顧子女，及整個停止親權社政決策的過程，並檢具相關證物（戶籍謄本、筆錄、診斷證明書、照片、延長安置裁定書、社工家庭處遇個案報告、社政相關個案研討、停止親權會議記錄等）。

目前家事案件，以調解為優先，期待對薄公堂之前有一調解機制，故宣告停止親權或監護權係屬《家事事件法》第3條所歸類的戊類事件，屬當事人有某程度處分權之非訟事件。於請求法院裁判前，應經法院調解（《家事事件法》第23條）。倘調解不成，即視為起訴，「法院為審酌子女之最佳利益，得徵詢主管機關或社會福利機構之意見、請其進行訪視或調查，並提出報告及建議。」（《家事事件法》第106條）。

四、保護令聲請

在兒少保護案例，倘父母對於子女之施暴，父母子女為直系血親之關係，符合《家庭暴力防治法》第3條第1項第3款所保護的對象[1]，經社工員調查評估有聲請保護令之必要者，得依《家庭暴力防治法》第14條聲請保護令[2]，並就事件之嚴重急迫性，聲請緊急、暫時或通常保護令。

《家庭暴力防治法》之主要精神：1.讓被害人安居家中；2.為加害人及被害人建立特別醫療及輔導制度；3.保護未成年子女之安全；4.公權力積極介入家庭（高鳳仙，1998）。此外，為因應日漸增多受虐婦女帶孩子逃離家園後，子女就學及擔心相對人跟蹤的問題，2007年3月《家庭暴力防治法》修訂第14條保護令的內容，增加第12款的規定：「禁止相對人查閱被害人及受其暫時監

---

1. 《家庭暴力防治法》保護的對象（第3條）
   - 現在的配偶或是以前的配偶（如已離婚者）。
   - 現有或曾有同居關係、家長家屬或家屬間關係者（96.03修訂）。
   - 現為或曾為直系血親或直系姻親（曾為直系血親如收養之原生父母，或終止收養後之養父母；直系姻親如公婆、媳婦、女婿）。
   - 現為或曾為四親等以內的旁系血親或旁系姻親（如堂兄妹、妯娌、叔伯、姑嫂等）。
2. 保護令內容（《家庭暴力防治法》第14條）
   1. 禁止相對人對於被害人、目睹家庭暴力兒童及少年或其特定家庭成員實施家庭暴力。
   2. 禁止相對人對於被害人、目睹家庭暴力兒童及少年或其特定家庭成員為騷擾、接觸、跟蹤、通話、通信或其他非必要之聯絡行為。
   3. 命相對人遷出被害人、目睹家庭暴力兒童及少年或其特定家庭成員之住居所；必要時，並得禁止相對人就該不動產為使用、收益或處分行為。
   4. 命相對人遠離下列場所特定距離：被害人、目睹家庭暴力兒童及少年或其特定家庭成員之住居所、學校、工作場所或其他經常出入之特定場所。
   5. 定汽車、機車及其他個人生活上、職業上或教育上必需品之使用權；必要時，並得命交付之。
   6. 定暫時對未成年子女權利義務之行使或負擔，由當事人之一方或雙方共同任之、行使或負擔之內容及方法；必要時，並得命交付子女。
   7. 定相對人對未成年子女會面交往之時間、地點及方式；必要時，並得禁止會面交往。
   8. 命相對人給付被害人住居所之租金或被害人及其未成年子女之扶養費。
   9. 命相對人交付被害人或特定家庭成員之醫療、輔導、庇護所或財物損害等費用。
   10. 命相對人完成加害人處遇計畫。
   11. 命相對人負擔相當之律師費用。
   12. 禁止相對人查閱被害人及受其暫時監護之未成年子女戶籍、學籍、所得來源相關資訊。
   13. 命其他保護被害人、目睹家庭暴力兒童及少年或其特定家庭成員之必要命令。

護之未成年子女戶籍、學籍、所得來源相關資訊。」另外，此法也新增訂對於義務人不依保護令交付未成年子女時，權利人得聲請強制執行（第24條）；取得暫時對未成年子女權利義務之行使或負擔者之保護令核發，得持保護令逕向戶政機關申請未成年子女戶籍遷徙登記（第26條）。為免未成年子女處於家庭暴力及監護權爭奪的影響，《家庭暴力防治法》第43條規範監護權的不利推定原則，原則推定加害人行使監護權對未成年子女不利，也可因暴力的發生，聲請改定監護人或會面交往方式（第44條），而加害人與未成年子女會面交往時應遵守相關命令（第45條）。未成年子女會面監督的服務，也因家庭暴力及監護權爭議的案件逐漸增多的情況，而益顯其重要。兒少保護社工員應善用《家庭暴力防治法》的保護機制，確保兒童少年安全及共續親情之目的。

貳、兒少保護案件有關的司法訴訟程序

一、刑事訴訟程序

　　當發生兒童少年遭到不當對待時，除了牽涉《家事事件法》的管轄案件外，有些案件會牽涉到違反《刑法》所規範的犯罪條例，需要進入刑事訴訟的司法程序去審理。刑事訴訟程序包括偵查、起訴、審判、執行四部分，「偵查」程序檢察官可以因告訴、告發、自首或其他情事知有犯罪嫌疑就發動偵查權。檢察官偵查的結果包括起訴、不起訴或緩起訴，倘為「起訴」則進入法院審判程序。「審判」程序，分地方法院、高等法院、最高法院之三級三審制。

　　雖然，刑事案件的司法程序主要的偵查或起訴職責應該屬於檢察官或警察單位的體系，兒少保護社工員仍擔負告發、告訴、協助警訊、偵訊、陪庭或證人等司法角色，特別要注意該兒少保護案件是否屬於告訴乃論的案件，倘決定採取司法追訴，則不可錯過告訴乃論六個月提起告訴的期間限制。故兒少保護

社工員在處理兒童少年虐待案件時，應注意案件性質及傷害程度，倘係屬兒童少年性侵害事件，除「兩小無猜」的案件外，皆為公訴案件，而公訴即是檢察官代表國家對被告向法院提起刑事訴訟的程序；再者，倘為身體虐待，則應依醫生診斷證明為據，判斷係否構成重傷[3]，茲因《刑法》第277條普通傷害罪[4]與《刑法》第278條重傷罪[5]有其不同的法律效果，普通傷害罪屬告訴乃論之罪（《刑法》第287條），而重傷罪則為公訴，非告訴乃論之罪。

因告訴乃論之罪者，即需有告訴權人提起告訴，而所謂告訴權人基本上有被害人（刑訴第232條）、被害人之法定代理人或配偶（刑訴第233條第1項），又告訴乃論之罪，其告訴應自得為告訴之人知悉犯人之時起，於六個月內為之（刑訴第237條第1項）。惟在兒少保護的案件中，被害人多係兒童，難以自行提起告訴，有時施虐者為其父母一方或雙方，另一方父母也多不會有法律上之主張，故2003年《兒童及少年福利法》之修訂，特別規定對於兒童及少年犯罪者，主管機關得獨立告訴（現《兒少權法》第112條第2項）。

二、民事訴訟程序

原則採三審三級制，其中第一、二審為事實審，第三審為法律審。依當事人（包括原告、被告及訴訟參加人）的請求，就民事糾紛事件（如婚姻、收養、繼承等），透過法院民事法庭（包括民事庭、家事庭、簡易庭），運用國家權力強制解決的程序。上述兒少保護安置事件已因《家事事件法》的施行，

---

3. 重傷定義依《刑法》第10條第4項：「稱重傷者，謂下列傷害：一、毀敗或嚴重減損一目或二目之視能。二、毀敗或嚴重減損一耳或二耳之聽能。三、毀敗或嚴重減損語能、味能或嗅能。四、毀敗或嚴重減損一肢以上之機能。五、毀敗或嚴重減損生殖之機能。六、其他於身體或健康，有重大不治或難治之傷害。」
4. 《刑法》第277條（普通傷害罪）
   傷害人之身體或健康者，處三年以下有期徒刑、拘役或一千元以下罰金。
   犯前項之罪因而致人於死者，處無期徒刑或七年以上有期徒刑；致重傷者，處三年以上十年以下有期徒刑。
5. 《刑法》第278條（重傷罪）
   使人受重傷者，處五年以上十二年以下有期徒刑。
   犯前項之罪因而致人於死者，處無期徒刑或七年以上有期徒刑。
   第一項之未遂犯罰之。

從民事庭移轉到家事庭審理。惟在兒少保護案件，還是有可能在一般民事庭審理的情況，例如家庭以外之人對兒童的侵害，在刑事司法追訴同時，也可提起刑事附帶民事損害賠償，依《民事訴訟法》進行權利之主張。

三、行政訴訟程序

對於社會主管機關的行政裁定，被處分人之行政救濟有《訴願法》、《行政訴訟法》及《國家賠償法》。行政訴訟「三級二審」新制，已自2012年起施行，於地方法院設立行政訴訟庭審理簡易訴訟程序。在兒少保護事件，主管機關依《兒少權法》裁處父母、主要照顧者等人「罰鍰」或「親職教育輔導」，應秉持《行政法》基本原則，依法行政、平等、誠信及比例原則，故兒少保護社工員在回應相關行政訴訟程序時，應備齊處遇過程之個案記錄、行政會議及個案研討會議等資料，證明其行政作為之歷程皆透過層層的專業評估，而其行政處分係為執行公權力、善盡兒少保護所「必要」之行政裁定。

參、《兒少權法》與兒少保護流程── 兒少保護社工員的專業責信

《兒少權法》對於兒少保護工作的流程和步驟規範的很詳細，一方面提供兒少保護社工員工作架構和準則，另一方面也據此檢視兒少保護社工員的專業行為與責信要求。這些流程與步驟執行的適用之法規略述如下：

一、兒少保護的即時作為

（一）責任通報時間──依據，兒少保護社工員在執行業務過程中知悉兒童少年有《兒少權法》第53條第1項[6]情事者，必須在二十四小時內通報，否則將接受《兒少權法》第100條的罰鍰。

（二）提出調查報告時間──直轄市、縣（市）主管機關於知悉或接獲

《兒少權法》第53條通報時，應立即進行分級分類處理，至遲不得超過二十四小時。直轄市、縣（市）主管機關受理第1項第5款案件（《兒少權法》第56條第1項各款之情形）後，應於四日內提出調查報告；受理第1項其他各款案件（施用毒品、非法施用管制藥品或其他有害身心健康之物質；充當第47條第1項場所之侍應；遭受第49條各款之行為；有第51條之情形）後，應於三十日內提出調查報告。

　　（三）安置期限——緊急安置是七十二小時為限，繼續安置是三個月為限；必要時，經由法院裁定每次得延長三個月，次數不限（《兒少權法》第56、57條）。

　　（四）追蹤輔導期限——第59條直轄市、縣（市）主管機關對於安置期間期滿或依前項撤銷安置之兒童及少年，應續予追蹤輔導至少一年。

　　（五）寄養期限——第65條依本法安置兩年以上之兒童及少年，經直轄市、縣（市）主管機關評估其家庭功能不全或無法返家者，應提出長期輔導計畫。

二、兒少保護社工員的專業作為

　　當兒童少年有非立即給予保護、安置或為其他處置，其生命、身體或自由有立即之危險者或有危險之虞者，即應給予緊急保護：未受適當之養育或照顧；有立即接受診治之必要，但未就醫者；遭遺棄、虐待、押賣，被強迫或引

6　《兒少權法》第53條

　　醫事人員、社會工作人員、教育人員、保育人員、教保服務人員、警察、司法人員、移民業務人員、戶政人員、村（里）幹事及其他執行兒童及少年福利業務人員，於執行業務時知悉兒童及少年有下列情形之一者，應立即向直轄市、縣（市）主管機關通報，至遲不得超過二十四小時：

　　一、施用毒品、非法施用管制藥品或其他有害身心健康之物質。
　　二、充當第四十七條第一項場所之侍應。
　　三、遭受第四十九條各款之行為。
　　四、有第五十一條之情形。
　　五、有第五十六條第一項各款之情形。
　　六、遭受其他傷害之情形。

誘從事不正當之行為或工作者；兒童少年遭受其他迫害，非立即安置難以有效保護者。

　　故依法賦予社工員得以緊急安置之權限，惟當一收到通報訊息，如何經由通報單電話詢問、家訪、校訪、當面訪視兒童少年等方式，繼而做出讓兒童少年繼續在家居住或必須立即由社政監護照顧等決定，攸關兒童少年安全及未來家庭處遇之可能，再再考驗兒少保護社工員及其團隊之專業判斷。簡言之，不當的強制安置，可能導致家庭破碎，兒童少年難以再返家；未及時安置，也可能導致兒童少年死於家中，故在如此時間短促、高壓的情況下所做的重大決定，關乎兒少保護社工員的專業訓練、督導系統，及網絡支援的協力。

　　倘通報案件經兒少保護社工員調查評估，依其危機程度診斷、兒童少年身心狀況、家庭環境狀況、父母特質狀況、醫療與採證、內外資源加以判斷，而為緊急安置後，後續應注意之事項有：

1. 安置順序——親屬家庭、寄養家庭、機構（《兒少權法施行細則》第10條）。

2. 安置期間行使、負擔權利義務之人——主管機關、受安置之機構或寄養家庭（《兒少權法》第60條）。

3. 安置期間對兒童及少年的訪談、偵訊、訊問或身體檢查，應由社工員陪同，保護其隱私（《兒少權法》第61條）。

4. 追蹤輔導——安置結束，兒童及少年返家後，直轄市、縣（市）主管機關續予追蹤輔導至少一年（《兒少權法》第62條）。

5. 擬定家庭處遇計畫——家庭功能評估、兒童及少年安全與安置評估、親職教育、心理輔導、精神治療、戒癮治療或其他與維護兒童及少年或其他家庭正常功能有關之協助及福利服務方案（《兒少權法》第64條第2項）。處遇計畫之實施，兒童及少年本人、父母、監護人、實際照顧兒童及少年之人或其他有關之人應予配合（《兒少權法》第64條第3項）。

6. 親職教育之輔導——四至五十個小時（《兒少權法》第102條）。

7. 安置費用之收取——得向扶養義務人收取（《兒少權法》第63條）；

扶養義務人未支付，由主管機關先行支付（《兒少權法》第114條）。

8. 司法處遇——對兒童及少年故意犯罪，加重其刑至二分之一（《兒少權法》第112條第1項）；主管機關得為兒童及少年，獨立提起告訴（《兒少權法》第112條第2項）；停止親權或監護權（《兒少權法》第71條）。

肆、兒少保護社工員上法庭——角色和職責

社工員在兒少保護業務上涉入的司法程序有刑事訴訟、家事訴訟、民事訴訟及行政訴訟等。社工員上法庭時，應先確認其在法庭上之身分為何？是陪庭的輔助人角色，或是證人身分？或是社工員自己是原被告的身分？或是聲請人角色？

一、陪同兒少出庭者

依《家事事件法》第11條規定，未成年人、受監護或輔助宣告之人，表達意願或陳述意見時，必要者，法院應通知直轄市、縣（市）主管機關指派社會工作人員或其他適當人員陪同在場，並得陳述意見。所謂社工員陪同，直轄市、縣（市）主管機關可審酌後指派社會工作人員或其他適當人員陪同，而其他適當人員，亦得由未成年人、受監護或輔助宣告人之親屬或學校老師等為之（《家事事件審理細則》第18條）。因法庭席位沒有社工席，故社工員在陪同時，常不知該坐在何處是好，故《家事事件審理細則》第18條亦明文，陪同人得坐於被陪同人之側。而針對社工員陪庭的人身安全，《家事事件審理細則》第19條規定，陪同未成年人、受監護或輔助宣告人陳述意見或表達意願之社會工作人員，得於報到簽名時，以其所屬機關、機構、工作證號或代號代替。

因此，在兒少保護案件，陪同出庭者之社工可能是主管機關的主責社工員，但也有可能是安置機構社工員或是法院家暴聯合服務處社工員，甚至也有

可能是從事陪同兒童少年出庭的民間單位社工員，例如善牧小羊之家（賴月蜜，2011）。惟在兒少保護案件之繼續安置、延長安置、停止親權等案件，主責社工員實係代表主管機關之聲請人角色，然而實務上基於人力考量，聲請案件社工員常常自行擔任陪庭社工員的角色。

二、聲請人／告訴人

在兒少保護業務上，係由社工員代表主管機關為兒童少年聲請安置、延長安置、停止親權等，則社工員身分為聲請人，故社工員係基於公權力在執行國家保護兒童少年之職責，故社工員上法庭主要係陳明發生之事證，兒虐相關事證、驗傷採證、訪視報告及家庭處遇報告等。在刑事案件中，主管機關取得告訴人角色有保障兒童權益的重要地位。於地檢署偵查階段，依《刑事訴訟法》第256條第1項規定，告訴人接受不起訴或緩起訴處分書時，得於七日內敘明理由，聲請再議。針對後續法院判決不服時，得依《刑事訴訟法》第344條第3項，告訴人或被害人對於下級法院之判決有不服者，亦得具備理由，請求檢察官提起上訴，以保護兒童少年權益。建議未來在主管機關主動發動訴訟之案件，皆應委由律師為訴訟代理人在法庭上為兒童少年權益訴訟，而社工員的角色可以單純化，從社工員專業的角度，提供事證，以及陪庭服務等。

三、證人

依一般證人規定，除法律另有規定者外，不問何人，於他人之案件，有為證人之義務（《刑事訴訟法》第176-1條）。證人到庭，也有先完成各別訊問之必要（《刑事訴訟法》第185條）。故當社工員基於兒少保護被傳換證人時，得否拒絕證言？依《刑事訴訟法》第182條[7]，社工員並未被列舉於得因業務關係而拒絕證言之行業別，故即社工員以證人身分被傳喚時，則難以主張相關個人資訊以代號為之，惟倘在開庭過程中，社工員被檢察官或法官要求由陪

---

7. 《刑事訴訟法》第182條（拒絕證言——業務關係）
   證人為醫師、藥師、助產士、宗教師、律師、辯護人、公證人、會計師或其業務上佐理人或曾任此等職務之人，就其因業務所知悉有關他人秘密之事項受訊問者，除經本人允許者外，得拒絕證言。

庭輔助人改以證人身分應訊時，在場也有當事人或對造時，社工員可應變請求隔離訊問或下次開庭應訊等。而社工員在以證人身分出庭或甚至是被告身分出庭時，最好都要先諮詢律師，謹慎應訊。

四、被告

兒少保護工作，有時也會遇到家長告社工的情況，訴訟的罪名包括誣告、偽造文書、妨害名譽、瀆職等，因公涉訟，也成為兒少保護社工員的工作風險（張簡怡芬，2015），依《公務人員保障法》第22條：「公務人員依法執行職務涉訟時，其服務機關應延聘律師為其辯護及提供法律上之協助」[8]，故兒少保護社工員依法執行職務而涉訟時，主管機關應協助訴訟程序應訊之準備，延聘律師或律師費用之核發。

伍、社工員陪同兒童少年出庭之實質功能

兒童少年出現在法院的情況可能有：1.陪同大人前往開庭：因大人要出庭，兒童少年無人可照顧。2.兒童少年本身即為被害者。3.兒童少年以證人身分出庭，證明自己對訴訟爭議事件的所見所聞，例如在父母間保護令聲請或傷害告訴等。4.兒童少年以關係人身分出庭，當事件本身涉及兒童少年權益時，例如規定對於未成年子女權利義務之行使負擔事件。5.兒童少年本身為聲請人，即涉及兒童少年身分權益事項者，兒童少年也可以自己為聲請人向法院請求，例如否認生父推定之訴或強制認領案件等。6.兒童少年不慎觸法，兒童少

---

8. 《公務人員因公涉訟輔助辦法》第7條
   公務人員依法執行職務涉訟，其服務機關應為該公務人員延聘律師，其人選應先徵得該公務人員之同意。但因故無法徵得其同意者，不在此限。
   公務人員不同意機關依前項規定為其延聘律師或延聘律師之人選，得由該公務人員自行延聘，並檢具事證以書面向服務機關申請核發費用。

年以犯罪被告身分出庭者（賴月蜜，2009）。上述第一種情況，強調的是法院應有適合的兒童托育、遊戲空間及人員配置，其他情況當兒童少年必須上法庭時，不論其係以何身分上法庭，其法律上權益的主張，都應該由兒童少年之訴訟代理人或程序監理人為之（賴月蜜，2013），社工員一方面應協助律師或程序監理人為兒童少年提出有利之法律事證，另一方面則是善盡陪庭的功能。

　　兒童少年出庭，重點在於讓兒童少年自己有發聲陳述表意的機會，法庭的參與也是公民社會的行為，惟法庭也有其負向影響性，諸多研究顯示，兒童少年出庭一事對兒童少年有極大的壓力，故社工員陪同兒童少年出庭，有穩定兒童少年情緒、陪伴及協助兒童少年庭前準備、法庭環境解說、擬訂安全計畫、協助兒童少年與法官的溝通、幫助法官了解兒童少年狀況、陳述意見、協助轉介社政資源等功能。兒童少年出庭的保護措施主要可以分為庭前準備、庭中陪伴、庭後輔導，社工員可協助兒童少年進入法庭前之準備，評估兒童少年的狀況及可承受之壓力強度，使用兒童少年能理解之語言，教導法庭知識、說明法律程序及告知權益[9]，教導減輕焦慮之方法，協助兒少如何自我照顧，例如簡單的呼吸練習降低緊張，練習講話的音量是別人可以聽得到的，還有在回答問題之前先複誦一次問題，減少法庭壓力及可能帶來的創傷。法庭訊問前準備，社工員可協助法庭環境的介紹，最好法庭有專屬兒童少年之等候室，兒童可有陪伴物較有自主感，訊問場地以會談室或圓桌等會談方式較適宜。社工員也可運用法庭的增權服務，包含提供團體或個人為基礎的服務，具體措施如：小冊子、法庭模型、角色扮演等，讓兒童有機會扮演法官、律師、證人或其他法院的職員，以幫助兒童了解法庭中的主要人物及其角色所在。書寫或是繪畫也可以幫助兒童少年表達即將出庭的感受，以減輕焦慮（賴月蜜，2009；2012）。

　　兒童少年出庭應訊過程中，社工員可陪同出庭，在兒童少年身旁予以情緒支持，並適時協助為法官與兒少間之溝通，有必要者，可事先請求法院為安全

---

9. 重傷定義依《刑法》第10條第4項：「稱重傷者，謂下列傷害：一、毀敗或嚴重減損一目或二目之視能。二、毀敗或嚴重減損一耳或二耳之聽能。三、毀敗或嚴重減損語能、味能或嗅能。四、毀敗或嚴重減損一肢以上之機能。五、毀敗或嚴重減損生殖之機能。六、其他於身體或健康，有重大不治或難治之傷害。」

計畫及保護措施，如雙向電視、錄影帶訪談，隔離訊問或祕密安全走道等。兒童少年出庭後之協助，社工員可協助兒童少年心理調適及討論可能的判決結果，協助兒童少年家人之情緒，以減少對兒童少年的負向影響，與家人討論與兒童少年互動的情況，多給予正向支持、接納、不批判（賴月蜜，2011）。

　　關於兒童少年常擔心處於父母忠誠間，而難以表達意見或意願，《家事事件審理細則》第19條亦規定，未成年人之意見或意願，涉及當事人或第三人隱私或陪同人、被陪同人之安全者，除法律規定應提示當事人為辯論者外，得不揭示於當事人或關係人。為免兒童出庭常要向學校請假，《家事事件審理細則》第16條也進一步規範，法院訊問未成年人、受監護或輔助宣告人，於必要時，得定於學校非上學時間、夜間或休息日。陪同社工員應熟捻家事事件程序相關規定，在適當時機，善用法律規範，以維護兒童少年的權益。

參考文獻

一、中文部分

高鳳仙（1998）。《家庭暴力防治法規專論》。臺北：五南圖書。

張簡怡芬（2015）。〈兒少保社工員因公涉訟之司法經驗初探〉（碩士論文）。國立臺灣師範大學社會工作學研究所，臺北市。

楊熾光（2013）。〈家事調解之實質發展與專業整合——臺灣高等法院臺中分院102年度研究發展報告〉。臺中：臺灣高等法院臺中分院。

賴月蜜（2013）。〈「程序監理人」——兒童司法權保護的天使與尖兵〉。《全國律師月刊》，2013年05月號，18-28。

賴月蜜（2012）。〈從家事事件法談兒童法庭權益之保護〉。《法律扶助》，37：19-24。

賴月蜜（2011）。〈「I AM READY 目睹暴力兒童證人法庭服務成效評估研究」〉。財團法人天主教善牧社會福利基金會。內政部家庭暴力及性侵害防治委員會公益彩券回饋金補助。（編號：992H023）

賴月蜜（2009）。〈小娃兒進衙門——談司法與社工在「兒童出庭」的保

護〉。《社區發展季刊》，128：86-98。

蕭胤瑮（2012）。〈以家事事件法為中心——落實未成年人參與家事事件程序之保障〉。《法律扶助》，37：10-16。

二、英文部分

Cull, L. A. & Roche, J. (2001). The law and social work- working together? In L. A. Cull & J. Roche (eds.) *The Law and Social Work- Contemporary Issue for Practice.* NY: The Open University.

Chapter 4

兒童少年保護的
個案工作流程

徐雅嵐、廖美蓮

　　依據每年日益增加的通報數據，兒童少年遭受不當對待的事件幾乎每天都在發生。基於《兒少權法》的規定，政府須指定專責的主管機關負責介入任何疑似不當對待兒童少年的事件，主管機關因此聘任社工員運用專業的工作方法調查兒童少年保護案件之通報是否真實，一旦屬實，社工員就依法提供特定的介入性服務，以降低不當對待再度發生的風險，並結合家庭及社區網絡的資源，致力於提供兒童少年安全的成長環境（鄭麗珍等譯，2011：47-48）。本章節將介紹兒童少年保護工作的任務準則及流程步驟的實務原則，並探討權威運用與助人專業的平衡議題。

壹、兒童少年保護工作的任務與準則

　　個案工作是運用社會工作方法來協助個人或家庭解決適應的問題，增進個人或家庭發揮其應有的社會生活功能，這樣的協助方法是立基於專業關係的建立和一套工作流程步驟完成的（林萬億、徐震，1996）。基於專業責信的要求，從事個案工作的社工員有一定的專業知識和勝任技巧的要求，社工員應時時配備和增進自己的工作知能，以發揮其角色功能。

　　從《兒少權法》的規範來看，兒童少年保護工作的核心使命目標如下：

　　1. 評估兒童少年是否安全；

　　2. 採取必要的介入行動以保護兒童少年免受傷害；

　　3. 提供家庭處遇以增強家庭保護兒童少年的功能。

　　4. 提供家外安置的兒童少年合適的家庭處遇或長久安置。

　　在個案工作的方法取向上，兒童少年保護工作的核心任務取向如下（內政部兒童局，2005）：

1. 確保兒童少年人身安全。

2. 兒童少年保護工作的重點項目在於決定是否確有兒童少年虐待事件發生，評估兒童少年立即的人身安全程度以及未來可能遭受的風險，讓兒童少年免於受到父母、照顧者或其他家庭成員的傷害。

3. 以「兒童為核心、家庭為焦點」的工作取向。任何決策仍需回到兒童少年最佳利益的立場進行綜合性考量，評估案主及家庭的優劣勢，不預設立場，服務的重點仍在增加家庭的照顧功能及保護兒童。此外，面對多元文化家庭時，社工員亦需具備文化上的敏感度。

4. 家是適宜兒童及少年生長環境。協助家庭獲得必要的資源，以減緩兒童少年受虐的程度，或協助家外安置，輔導家庭功能有所提升，使兒童少年得以返家。若評估已無法返家的兒童少年，應考量長遠的規劃，為孩子尋求一個適合其發展及養育的永久家庭。

5. 結合社區資源及網絡，提供周延而完整的服務。兒童少年保護工作不是唯一可以幫忙兒童少年的系統，我們必須開發或邀請其他與家庭相關的支持網絡一起合作，協助受虐兒童少年及其家庭。

6. 兒童少年保護個案工作的流程。不同於其他領域的個案工作方法，《兒少權法》針對兒童少年保護工作流程做了詳細的規範，雖然各縣市主管機關對於實際操作的工作流程和任務分組不盡然相同，但大致可以分為兩個階段，就是「案件確認」和「家庭處遇」，各自內含不同的工作步驟，詳見圖4-1。

近年來，重大兒虐案件頻傳，中央主管機關為了提升國內兒童少年保護工作的品質，陸續訂定許多相關的行政規則作為兒童少年保護社工員實務指導，社工員也必須時時更新、熟習及遵行這些行政規則及法規政策，本手冊也將這些資料彙編於附錄之中。

貳、兒童少年保護工作的工作流程

　　兒童少年保護的個案工作流程大致建置在《兒少權法》的規範之下，相當有系統化、步驟性，各個流程步驟均立基於法律的基礎上，社工員一方面必須了解法律所賦予的責任及權力，運用專業工作方法有效的介入家庭，以降低和終止兒童少年遭受不當對待的風險，另一方面也必須審慎運用法律所賦予的公權力，遵守相關規定來採行必要的介入作為，在專業工作方法和公權力運用之間取得平衡。

一、案件確認階段

　　依據《兒少權法》，這個階段的工作內容包括兩個步驟，第一是兒童少年不當對待事件的「受理通報」（第53和54條）及成案的「調查評估」流程，目的有二：一是確認兒童少年的人身安全是否會有立即之危險或有危險之虞者（第56條），若有，則應予緊急保護、安置或為其他必要之處置，待安全性獲得初步確認後，接著就會進入案件的篩選分類；二是接受通報的案件是否成為未來需要列管的「兒童少年保護個案者」（第64條）；如果通報案件經過調查評估，確實不當對待及明顯違法情形就會獲得「成案」的結果，若此案件未來會有可能再度發生受虐的風險，則該案件就列為「兒童少年保護個案者」，進入第二階段的家庭處遇流程。本階段的工作任務敘述如下。

（一）「受理通報」階段

　　整個兒童少年保護的個案工作流程始於「受理通報」階段，除了接受來自全國113保護專線的通報案件外，依據「社政機關辦理兒童及少年保護案件通報及調查處理作業程序」之規定，「各主管機關應設立統一受理窗口，指派專人接受依法通報案件。」因此，有些縣市會於家防中心設置「專線組」或「接案桌」等單位來處理通報的案件資料。

　　依《兒少權法》第53條規定，接案人員受理案件通報後，應立即完成「分

級分類」處理，此案件篩選的步驟，目的在回應有緊急人身安全之個案，以及辨識出需進一步調查的兒童少年保護案件，這道程序必須在受理通報那一刻起算的二十四小時內完成。此程序的作業規定詳見於《兒童及少年保護通報、分級分類處理及調查辦法》，上述辦法明訂《兒少權法》第53條規定中所謂分類分類之處理方式，依據分級的結果，緊急案件（符合第56條）需於四日內完成訪視並提出調查報告，其他非屬緊急的案件則需於三十日內提出調查報告。

因此，如何快速從「通報人」身上蒐集到有關兒童少年遭到不當對待事件的重要資訊、決定通報案件是否為有生命安全之虞的緊急個案、安排處理的優先順序、協調各網絡系統一起進行兒童少年保護工作，再再都考驗著社工員的專業知能及技巧。這個階段的步驟有三，分述如下。

（二）案件篩選

首先，依據《兒少權法》第53條規定，需要通報兒童少年不當對待的範圍包括：1.兒童少年有施用毒品或非法管制藥品之情形；2.充當第47條規定的特種行業或有害身心場所之侍應；3.遭受第49規定之各類型的不當對待；4.發生51條之獨處或由不適當之人照顧之情形；5.有56條需立即保護之情形；6.遭受到其他傷害等。只要當對待事件之描述符合上述各類型案件，均需通報至當地主管機關進行初步的處理。

接著，接案人員要先釐清兩件事情，第一，該案件是否有生命、身體或自由有立即之危險或危險之虞需要立即為必要之處置？第二，該案件是否屬於當地主管機關的管轄權？如果通報資訊上有誤植，或通報的地方政府有誤，為了時效，接案人員應盡速轉介至應當受理的轄區單位進行處理。

在蒐集資料方面，接案人員在此階段的任務主要在協助、鼓勵「通報人」盡可能詳盡具體的告知他們對於不當對待事件所知悉的各項資訊。此時，接案人員應該將資料蒐集的重點放在「兒童少年的安全」上，先確認兒童目前的安全情況，詢問「通報人」有關兒童少年遭受不當對待的各種重要資訊，並查核「通報人」所提供資訊的可信度，以利於判斷該案件是否真的需要兒童少年保護系統的介入服務，進而作出「回應通報案件的速度與方式」之決定。

大致說來，通報人一般分成「責任通報人」和「一般通報人」。「責任通

報人員」指的是兒少權法第53條第1項中的相關人員，一旦知悉疑似兒少遭受不當對待事件的資訊，均需依法盡速告知受理通報的單位。在這部分的資料蒐集及資料可信度查核上會比較順暢，社工員應該對責任通報人願意通報案件、協助兒少的熱誠表達感謝。在「一般通報人」方面，有些案件是遭受不當對待的兒童少年「本人」自行通報，有些是兒童少年的親友或一般民眾的通報。在本人通報部分，很有可能不當對待事件正在發生或剛發生不久，接案人員在聯絡時，需一方面安撫其害怕的情緒或釐清其對通報的疑慮，另一方面則儘速確認其目前的安全狀況，採取任何必要的措施。在親友或民眾通報的部分，接案人員一方面感謝、鼓勵通報人的熱誠協助，另一方面確認其與兒童少年的身分關係、可能協助的程度。

在聯繫通報人方面，有時不見得都很順利，有些通報人雖然打電話到相關的管道進行兒童少年不當對待事件的通報，但卻因為一些曝光的顧慮或資訊不夠，而不願意更積極的提供進一步的資料，接案人員一方面保證通報人的身分保密，鼓勵積極協助外，另一方面也可藉此查核通報資料的可信度。

（三）案件的分類與分級

由於現行《兒少權法》第53條需通報的範圍實在又多又雜，中央政府針對如何迅速確實回應通報案件，近期陸續有許多新的政策及法規的修訂，例如：102年5月1日開始實施的「兒童及少年福利與權益保障法第53條通報篩檢分類分級處理機制」，此機制類似醫院急診的檢傷分級，然因104年2月《兒少權法》針對53條內容修訂及其他相應法令陸續修訂後，此處理機制也因而不再適用，將過去的先分類再分級，轉變成現行的「先分級再分類」的處理程序，並正式列入《兒童及少年保護通報、分級分類處理及調查辦法》的法令規定中。

如果通報案件並不需要兒童少年保護系統介入服務，即要避免所有的通報案件都落入兒童少年保護系統，排擠真正需要保護服務的兒童少年，徒增個案負荷的困擾，因此除了接案人員外，兒童少年保護社工員對於各類型案件也應有基本認識，以對《兒少權法》中範定的通報案件有更充分的了解。因此這個階段的重要性在於透過接案人員的「案件篩檢」進行初篩，辨識出需要緊急介入之兒童少年保護個案，決定通報個案的單位去向及處理的優先順序（衛福部，2013）。

《兒少權法》第53條之分級分類處理，特別針對生命身體安全之個案優先處理，再依案件之相對人是否為兒少之家庭成員、通報資訊是否完整及案件的個別特性等情形，進行案件分類，以決定案件未來的去向。其中，涉及家庭成員的案件即為狹義的兒童少年保護案件，亦為兒少保社工員的工作重點。

（四）分級緊急處理

無論個案工作流程進展到任何階段，兒童少年都有可能面臨立即性的緊急狀況，或有高度人身安全風險的情形，受理通報階段也不例外。此時，若接案人員發現「通報人」所提供的資料或訪談兒童少年，發現他們正陷入有立即之危險或有危險之虞者（第一級案件），接案人員即可依據《兒少權法》的第56條第1項進行「緊急保護、安置或為其他必要之處置」的法定程序，以降低其風險的情境。依據「兒童及少年保護案件緊急通報指標」，責任通報人員知悉以下情形，狀況緊急時，得以言詞或電話盡速與主管機關聯繫，縣市主管機關並應立即給予回應，採取適當之保護措施：

1. 兒童、少年受不當照顧或遭受嚴重疏忽、虐待，需社工員協助處理。
2. 兒童、少年遭受監護權人疏忽或虐待，對無監護權之父、母或其他親戚願出面協助照顧者，需社工員評估是否適合託付照顧。
3. 兒童、少年遭受嚴重疏忽、虐待甚已致死，須社工員評估家中是否有其他兒童少年可能受虐。
4. 兒童、少年遭受性侵害，須陪同偵訊。
5. 兒童、少年從事性交易或有從事之虞，須陪同偵訊。
6. 兒童、少年因家庭暴力或與父母發生口角、爭執等，不敢回家，無其他支持網絡可立即協助，需社工員協助處理。
7. 接獲3歲以下或無法明確表意之無依兒童通報，需社工員評估處理並請員警協尋；其餘無依兒童經員警協尋無人出面指認，需社工員協助處理。
8. 兒童、少年夜間在外遊蕩，無法聯絡到家屬或聯絡後家屬不願領回，需社工員協助處理。
9. 兒童、少年於街頭行乞，需社工員協助處理。
10. 兒童、少年之父母或照顧者表示無法照顧，需社工員評估協助安置。

11. 兒童及少年有再受暴之虞，並有可能危及其生命。

12. 強迫、引誘、容留或媒介兒童及少年為自殺行為，致兒童少年生命、身體或自由有立即之危險或危險之虞需社工員協助處理。

13. 對兒童及少年或利用兒童及少年犯罪或為不正當之行為（如觸犯刑法殺人、傷害、妨害性自主）致兒童少年生命、身體或自由有立即之危險或危險之虞需社工員協助處理。

14. 其他經評估兒童少年生命、身體或自由有立即之危險或危險之虞，需要社工員出勤協助或評估後續處理方式之案件。

而在「處理」緊急個案時，接案人員應視需要指派社政、衛政、教育、警政等單位介入協助，並應以當面訪視兒童及少年為原則，這是為了在派案給兒少保護社工員之前，確保兒童少年是處於安全的情況。危機處理階段的重要工作原則如下：

1. 立即至現場，以確保兒童少年生命安全為第一要務。

2. 聯繫適合到場的親友，與親友、學校或其他重要資源建立合作關係。

3. 注意潛在可能發生的危險，有策略地安排會談方式（包括時間、地點、空間、成員等），以及現場狀況處理的優先順序（例如：先跟誰談、要取得什麼證據或資源、是否及何時驗傷、何時聯繫親友等），以維護個案及社工員自身之安全。

4. 在有限的工作時間中進行重要資訊的蒐集及評估，並確定短期且具體可達成的目標。

5. 若個案所涉的網絡系統或親友較多、可能具潛在社工人身安全風險、高度緊急保護安置的可能性，可搭配夥伴共同處理，在資訊蒐集上可互為補充外，夥伴在現場需視情形協助回應非優先處理的相關人士、回報現場處理狀況、協助現場溝通或陪伴個案驗傷、處理安置入住等事宜。

（五）「成案調查」階段

依據《兒少權法》第53條，受理案件的承辦人員在接受派案後四日或三十日內必須提出「調查報告」，此階段是確認兒童少年的不當對待事件是否真實

發生，兒少保護社工員應該蒐集足夠的資訊來決定案件是否「開案」，並決定初步的處遇方向，詳見圖4-1。經過二十四小時的受理通報階段後，接案人員就將需要進行成案調查的疑似兒童少年保護案件，「派案」給主責的兒少保護社工員，由他們開始著手安排「訪視」事宜，進行「成案調查」的評估等個案工作的步驟。調查報告應指認通報事由是否成立及兒少的安全狀態（運用SDM安全評估工具），並評估後續是否開案實施處遇計畫（運用兒童虐待暨被疏忽危機診斷表），所有的服務記錄均應詳實登載於「家庭暴力、性侵害暨兒童少年保護資訊系統」中。

由於這個階段的工作是針對家庭內發生不當對待事件的通報進行介入，經常引發被通報家庭的強烈情緒反應，甚至不合作或抗拒，是整個兒童少年保護工作過程中最令人不舒服、最困難的任務階段（鄭麗珍等譯，2011：152）。但這個階段卻又是兒童少年保護個案工作流程中一個非常關鍵的階段，因為被通報的案件經過受理通報的接案評估，已經認定兒童少年有人身安全的疑慮，需派案給第一線的社工員進一步查證，不管不當事件是否確有其事，對於被調查的家庭都是不好受的經驗，或是家庭隱私被攤在陽光下檢視，或是家庭裡長期的祕密即將被揭曉，家庭對於社工員前來訪視或進行調查採取不合作或抗拒的反應，幾乎是可以預期的。

最後，受理通報的案件經過社工員的調查評估後，大致會有兩個結果，一旦成案，確定家庭內的兒童少年不當對待事件確實發生，社工員即針對兒童少年保護個案開啟一連串的家庭處遇服務之路；一旦沒有成案，家庭內的不當對待事件並未發生或無法證實，則決定予以「結案」或轉介其他機關繼續關懷該家庭。以下僅就調查評估、訪視面談及成案決定三個個案工作步驟進行說明。

1. 調查評估的進行

調查評估的目的：釐清通報事件是否真實；了解兒童少年有無安全疑慮；衡量未來再發生的可能性；評估家庭是否有其他福利資源的需求等。

調查評估的面向：兒童少年受虐（傷）的程度；兒童少年所處環境遭受傷害的因素是否持續存在；兒童少年的年齡、身心發展狀況和足以自我保護能力；兒童少年接受照顧的情形；家人過去是否有任何暴力或保護事件的通報歷

史；案主調閱戶籍或社會福利相關資料，以了解家庭成員及經濟狀況；疑似施虐者與兒童少年的接觸及互動情形；施虐者的態度、認知與動機；照顧者或其他家庭成員的認知與保護能力；其他重要他人的觀察與指述；其他足以威脅兒童少年的因素。

良好的調查評估方式：應與兒童少年及家庭直接接觸，以了解各方的觀點；應聚焦於兒童少年、家長及家人的優點和能力；專注傾聽家庭經驗的各項說法；對於家庭因調查引發的焦慮表達敏感和同理；清楚解釋兒童少年保護工作的目的和功能；確定兒童少年和家庭聚焦於可行的改變；邀請參與任何與兒童少年及其家庭有關的決定；聚焦於全面性的資料蒐集而不是解決方法（DePanfilis and Salus, 2003）。

2. 初次訪視

訪視面談的目的：為了確定不當對待事件是否屬實，以及評估兒童少年的安全程度，面談訪視的目的有三，一是確定兒童少年的安全狀況，並採取合適的立即性處理；二是蒐集有關不當對待事件發生經過的資料；三是與訪視家庭建立有目的的工作關係。

訪視面談的程序：有系統的面談兒童少年、其手足、家中成人、施虐者等；實地觀察兒童少年、其手足、家中成人、施虐者之間的互動及環境條件；蒐集其他可能知悉不當對待事件的他人，其個人看法；分析所蒐集到的資料以進行成案結果的決定。

訪視面談的安排：蒐集資料的程序應該有系統而有結構；會談的進行應事先規劃（地點、對象、時間、次數等）；營造具有信任感的工作關係（表達高度的同理心、避免爭辯的發生、與抗拒纏鬥、支持有能感等動機式晤談法的原則）；務必取得兒童少年的看法；如有家訪安排，務必注意人身安全。

3. 決定案件是否成案

根據調查評估的結果，社工員必須做兒童少年虐待或疏忽案件是否「成案」的結論，若確實有受虐情事，該案件就是一個「兒童少年保護個案」，社工員要進一步調查評估以決定家庭處遇的方向，提供適時的介入，以確保兒童少年的安全。

　　成案與否的評估主需考量的面向包括：兒少受虐情形（受傷部位、程度、頻率、受暴的方式及原因）；兒少身心狀況；施虐者之態度、認知與動機；兒少對通報事件之身心反應及自保能力等。成案調查評估的結果需指出兒少是否有受虐情事，及兒少遭受何種類型的虐待，兒少虐待的類型介紹如下：

　　⑴ 身體虐待：包括鞭打、毆、踢、捶、推、拉、甩、扯、摑掌、抓、咬、燒（燙）、扭曲肢體、揪頭髮、扼喉，或使用工具攻擊等，任何足以造成肢體上傷害的行為。

　　⑵ 疏忽：審視在提供食、衣、住、監護、就學、就醫及保護等面向上，照顧者有意或未注意而造成兒童少年健康或安全上的危害，或有其他照顧者不應為的行為，如利用兒少行乞。

　　⑶ 精神虐待：以言語或語調威脅、恐嚇或企圖貶損他人自尊的行為，例如辱罵、謾罵對方、恐嚇殺死全家、威脅讓他再也見不到家人等，或用羞辱、瞪眼、跟蹤、監視、限制自由、破壞對方心愛的物品、虐待動物、放火燒屋、開瓦斯等方式，致使心生畏懼的舉動，以致兒童少年有自傷傷人或其他負向身心反應。

　　⑷ 性虐待：嚴重的性侵害行為包括性交、口交、體外射精、性器官接觸、性猥褻，其他輕微的包括展示色情圖片、口語上的性騷擾、強迫觀賞色情影片、不斷撫摸身體、窺視等。

　　經調查評估，兒童少年的家庭遭遇經濟、教養、婚姻、醫療等問題，非屬「兒童少年保護個案」，沒有照顧不當之虞，但有其他服務需求，可「結案」或「轉介」相關機關或社區中合適的家庭服務或兒童福利機構，以提供所需的協助。社工員在取得案家同意後，轉介至其他單位，社工員可於完成案件的轉銜，並確認新的服務單位已與案家取得聯繫後，即可結案。若案件為虛謊報，或經短暫服務案家狀況已恢復穩定，沒有其他服務需求，也可「結案」。

（六）與其他系統共同合作進行調查評估

　　《兒少權法》第70條明定主管機關於訪視、調查及處遇時，若有必要，社工員得請求警政、戶政、財政、教育或其他相關機關或機構協助，被請求機關或機構應予配合。兒童少年保護工作不是一位社工員的努力可以達成，需要其

他機關或網絡成員一起合作。目的在於使資訊獲得更充分的交換，評估才能更為周全；且不同單位在家庭中所扮演的角色不盡相同，亦可採取不同的立場介入家庭，這其實是網絡成員合作最關鍵之處，例如網絡成員可以針對案家不同的需求（經濟補充／親職提升）或不同的任務角色（黑臉／白臉）的分工方式進行討論。一旦網絡成員擁有合作的共識、目標一致，將可使案件的調查及處遇過程更為順利。

二、家庭處遇階段

兒童少年保護個案工作流程的第二階段為後續的「家庭處遇計畫」，依據《兒少權法》第64條的規定，「經直轄市、縣（市）主管機關列為『保護個案者』，該主管機關應於三個月內提出兒童及少年家庭處遇計畫」。因此，一旦「兒童少年保護個案」成案，個案工作的目的在協助兒童少年及其家庭進行危機解除和生活重建，最終目的在為兒童少年及家庭發展一個維繫人身安全的處遇計畫。

發展家庭處遇計畫的目的：與家人一起討論規劃，運用現有的資源及策略，來維護目前兒童少年在家中的安全；與家人一起討論規劃，訂定一個短期且可操作的目標（例如行為改變、降低風險）；與家人一起討論規劃，擬定一個長期可以達成的目標（例如安全而穩定的家庭照顧）。

家庭處遇計畫的內容；依據《兒少權法》第64條，「前項處遇計畫得包括家庭功能評估、兒童及少年安全與安置評估、親職教育、心理輔導、精神治療、戒癮治療或其他與維護兒童及少年或其他家庭正常功能有關之協助及福利服務」。

家庭處遇計畫的模式：經調查評估，決定兒童少年仍可留在家中，社工員應給予定期追蹤，評估人身安全風險及家庭改善情形，稱之為「家庭維繫」處遇計畫；若評估覺得兒童少年留在家中是不安全的，社工員應進行家外安置，並於同時推動「家庭重聚」處遇計畫；經家外安置後，兒童少年返家的可能性低，社工員就需擬定「長久安置」處遇計畫（內政部兒童局，2005）。分別說明如下。

（一）家庭維繫處遇工作

經調查評估，兒童少年住在家中暫時沒有立即的身心發展之危險，父母也有配合的意願，依《兒少權法》第64條提出家庭處遇計畫，處遇目標以保持家庭的完整性及功能性為主，可透過支持性或補充性的服務提供，提升家庭的照顧及保護功能，避免兒童少年被家外安置。此家庭處遇在提供服務的過程中，社工員需要付出大量的時間和能力，對案件持續進行安全及風險評估，並衡量家庭改變的狀況，個案負荷量不宜太高。

（二）家庭重聚處遇工作

經調查評估，兒童少年留在家中對其身心發展並不安全，必須暫時予以家外安置，在進行合適的家外安置後，並同時啟動協助其原生家庭進行家庭重整的準備，或協助兒童少年尋找長期安置的規劃。兒童少年家外安置以兩年為限，工作的焦點在維持兒童少年與家庭的親情連結，並持續推動返家的計畫，同時也運用一連串的服務輸送提升家庭的功能，期待能協助兒童及少年順利返回原生家庭。一旦返家後，社工員對於安置後返家的兒童少年，依《兒少權法》第59、62及68條規定，至少要提供一年的追蹤輔導服務。

家外安置時，有幾個需要注意的事項：手足應盡可能安置在一起；應以親屬安置或寄養安置為優先考量；尊重原生家庭的期待；了解兒童少年在照顧上的注意事項；審慎評估特殊身心兒童少年的安置需求；就學盡量不要被中斷；保持與寄養或機構社工的聯繫，以掌握兒童少年現況等。

（三）長久安置

經評估，家外安置達兩年以上的兒童少年，想要返回的家庭確實不安全，父母不可能改善或父母也無意願改變，評估兒童少年已經不適宜返家了，就可以依據《兒少權法》的第65條，經由主管機關向法院聲請停止監護權或親權，將兒童少年進行長期安置的處遇，應提出長期輔導計畫，具體措施包括轉介出養、長期寄養照顧（至18歲止），長期機構安置（至18歲止）。

三、結案

（一）結案的指標

《兒少權法》第59、62及68條規定安置個案返家後，需追蹤至少一年，確定無受虐事實，兒童少年已經足以保護自己因應未來可能發生的事件，或親友資源確實可提供安全的環境，即達結案的標準。保護個案的結案，重點在於個案的人身安全風險降低，結案指標參考如下（鄭麗珍等譯，2011：392）。

- 案家經家庭處遇計畫實施後，連續三個月以上未再發生受虐待或疏忽事件。
- 家庭功能改善，已可提供兒童少年安全發展的成長環境。
- 照顧者功能提升或兒童少年自我保護能力增加，兒童少年可獲得安全穩定的照顧。
- 兒童少年已離開受虐環境或施虐者已遠離。
- 兒童少年轉移照顧者後，獲得良好生活照顧達三個月以上。
- 親屬支持系統介入並提供有效的協助。
- 兒童少年遷移至外地或長期安置，轉由其他管轄單位續處。
- 兒童少年安全風險降低，尚有其他服務需求，轉由其他服務單位追蹤輔導。
- 兒童少年死亡或出養。

（二）無法接受的結案理由

除了上述的結案指標之外，實務工作上也可能發生下述的狀況，讓社工員輕忽個案的安全疑慮而結案，建議社工員在結案前，仍需考量兒童少年的最佳利益，以避免出現因為社工員個人因素而影響結案評估的狀況。

- 沒有評估當前的風險情境：以一段時間沒有被通報新事件而結案。
- 社工員有安全的疑慮：因為社工員的擔心害怕而結案。
- 社工員單方面想結案：因為社工員生氣、沮喪或挫折感而結案。
- 案量太高：社工員太忙，為了控制個案負荷量而未評估風險就結案。

（三）應結案而未結案的理由

　　有些案件於完成調查或處遇後，社工員可能有許多應該結案而無法結案的理由，無論如何，這些案件的累積除了讓社工員心理負荷增加外，在這些案件上所浪費的時間及資源，將有可能排擠其他緊急或需要服務的案件，因此社工員可能需要仔細省思及安排工作時間，避免發生下述應結案而未結案的狀況。

- 社工員沒有時間完成結案所要求的文書報告。
- 社工員擔心案家還有其他問題發生。
- 社工員喜歡與這個家庭工作的感覺。
- 社工員想要維持案量。
- 社工員特別關心某些類型的家庭。

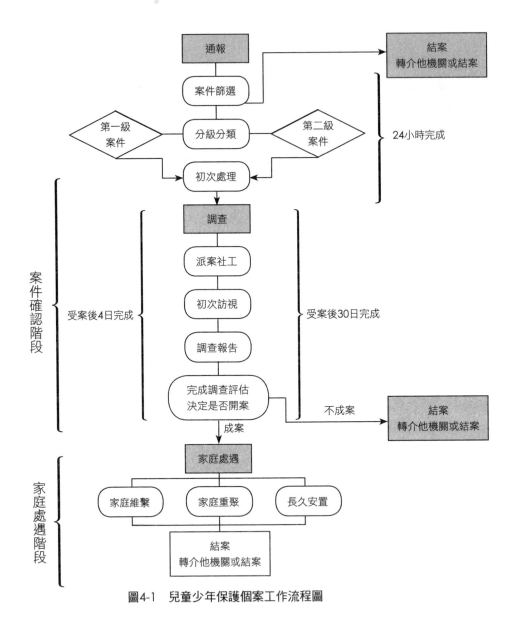

圖4-1　兒童少年保護個案工作流程圖

參、兒童少年保護社工員的角色

兒少保護社工員的角色與功能是依據兒童少年相關政策法規而生，其工作內涵因為具有法令基礎的強制性，而顯得獨特於其他領域的社會工作者，社工員需熟悉相關的司法知識及法庭事務，在父母、兒童少年及社會整體間謹慎維持權利的平衡（鄭麗珍等譯，2011）。基於兒童少年保護工作係因法而生，社工員除了傳統的助人者角色，也同時兼具特殊的公權力角色，社工員隨著案主及案家特性、互動過程、處遇目標及策略而扮著多重角色，並因工作流程的不同而需扮演不同性質的角色（臺北市政府社會局家庭暴力暨性侵害防治中心，2009）。

一、助人者角色

扮演社會工作中的評估者、協調者、使能者、資源連結者、倡導者、行政者、轉介者、教育者等等，兒少保護社工員一樣也沒有少。兒少保護社工員接案後即擔任起個案管理者的工作，持續評估家庭狀況，協調案家或系統中大大小小的事項，同時也會為案家連結適當的資源，減少案家照顧壓力或提升照顧者的親職功能。社工員也常常會發現，資源真的相當不足，或者系統中的成員其實對案家或個案是不夠理解的，不論是資源的開發與倡導，或對系統成員適時的教育，都是兒少保護社工員需要擔任的角色。

┌─ 兒少保護社工員的助人者角色 ─┐

1. 評估者：提供兒童少年安全性評估；進行家庭功能與需求評估。這個工作自受理通報開始到結案都會持續進行。

2. 協調者：協調網絡各單位提供家庭服務；協助家庭關係的處理。

3. 資源連結者：媒合適當資源，使案家減輕照顧者生活上的壓力，例如：照顧服務員、安親班、社福補助、兒童少年關懷據點、諮商協談等等。

4. 倡導者：例如協助個案反應現有體制上的不平等，以及協助他人理解個案的身心或家庭狀況，倡導個案權益的維護。

5. 行政者：完成組織所規定的工作記錄或行政作業。

6. 教育者：幫助家長、民眾了解兒童少年保護的觀念。提供親職示範，以及表現出合理的權威運用。

二、公權力角色

兒少保護社工員的公權力展現在通報案件的評估與調查、執行安置、聲請保護令、提出獨立告訴及其他司法處遇、開立強制性親職教育處分、監督家庭的改變等政府角色上，這些依法衍生出來的工作角色，突顯了兒童少年保護工作中獨特的公權力色彩。

兒少保護社工員的角色兼具了「照顧」及「控制」雙重特性，若以「羊」與「狼」來形容這兩個角色，社工員在受理通報及調查階段彷彿是「披著狼皮的羊」，依法強勢介入家庭，但實際的目的卻是要開始找到契機，促成家庭的改變，而後續處遇階段的社工就可以看成「披著羊皮的狼」，這個階段以協助家庭重聚或支持家庭恢復功能的角色最為突出，但兒童少年保護社工仍然需要不斷重新評估並扮演監督家庭的角色，必要時還是要透過提告、安置、保護令等司法角色，維護兒童少年的權益（臺北市政府社會局家庭暴力暨性侵害防治中心，2009）。社工員不得不在兩個角色中穿梭變化，角色衝突成了經常需要面對的實務問題，有賴良好的督導系統來協助解套。

┌─────────── 兒少保護社工員的公權力角色 ───────────┐

1. 調查者：依法執行疑似兒童少年保護案件調查工作。
2. 執法者：依法進行強制安置的工作。
3. 裁罰者：依法開立行政處分書，裁處施虐者進行強制性親職教育或罰鍰。
4. 司法角色：為保障兒童少年的人身安全，依法聲請保護令、提起獨立告訴或告發、提起停止親權訴訟、依法代行親權等。
5. 監督者：定期監督兒童少年保護個案的家庭改變進度。

└──┘

肆、權威運用與助人專業間的平衡

　　權力無所不在，且深刻地影響專業關係的建立、服務的提供與社會正義的實踐與否；惟一直以來，專業關係的討論較少從權力角度切入，並且檢視權力於專業關係中的運作方式以及所帶來的影響。然而，Hasenfeld（1987）提出，經由權力運作以改變服務使用者，以達社會工作者或機構所期待的結果，未必有利於服務使用者（引自柯麗評，2009）。所以，擁有公權力的國家兒童少年保護系統若不當介入，將引發缺乏權力的服務使用者或是其家庭感受到莫大的壓迫，並可能使得專業關係受更多破壞，難以修復。本節將嘗試針對權力的由來、權力之間的運作，以及如何發揮適當專業權威，以對抗威權的結構性體制三方面來探討。

一、剖析權力（power）的由來

　　後現代理論提出了幾個重要的論述，特別是對權力與壓迫有深入的分析。傅柯（Michel Foucault）指出權力不是像一般傳統將其理解為一件工具，有權力者擁有這件工具以壓迫弱勢者（Watson, 2000）；權力是在日常生活中由互

動產生，所以它是被行使出來而非被擁有的工具（Foucault, 1984）。權力關係並非一種固定的形態，而是流動的、充滿矛盾、可隨時變更的。保護性社工在介入案家以及當事人的過程中，由於法律賦予調查兒少保護的公權力，可以決定兒童少年是否受虐、緊急安置等強制性的角色，權力不可謂不大。但當兒少保護社工員過於濫用自己所擁有的公權力時，在和案主工作時容易產生削權（disempowerment）的反效果（梁麗清，2006）；與此同時，兒少保護社工員個人的生命經驗會影響其對案主的個人看法或感受，握在手上的資源分配權力，在缺乏反身性的思考（reflexive thinking）時，容易發生刻板印象與偏見，造成不同服務使用者的服務差異性。因此，作為助人工作者，應積極致力於專業關係之權力運作的覺察，並檢視其位置帶來何種影響與意義。

二、專業關係中的權力運作

（一）公權力與專業助人特質的衝突與矛盾

　　傳統上，案主因為有需要而求助社工人員，當事人的自決（self-determination）有助於專業關係的建立，但兒童少年保護工作牽涉到法律所賦予的公權力角色，導致自決這項特質常與專業的權威運用形成拉扯，兒少保護社工員必須不斷在兒童少年的人權與家長的親權之間求取平衡。兒童少年不當對待和管教體罰之間只有一線之隔，端視國家法律的範定。然而，何謂「適度管教」莫衷一是，許多父母感嘆愛的教育無用，棒下出孝子、不打不成器的傳統觀念難除，儒家強調的「因材施教」，也讓我們不得不反思，助人工作者是否比父母更了解其子女的特質。在重視兒童少年人權的制度下，子女動輒到警局或撥打113通報父母家暴的案例屢見不鮮。過度體罰與身體虐待是錯誤的，這點無庸置疑，但在打罵教育下仍然「健全」長大的父母深信打罵教育有用論的情況下，要改變他們談何容易，此時用外力強制介入，採取替代式的照顧取向，安置孩子、停止親權、改任監護人或為孩子尋找寄養家庭，父母的抗拒可以預期；接著，進行家庭重建以讓孩子回到原生家庭，這些曾受公權力幾近「制裁」對待的父母，如何重拾在孩子心目中的教養者地位？而以剝奪制裁剝奪的介入方式，此時又將如何自圓其說？

（二）法規是憑藉、也是枷鎖

兒少保護社工員與案家最常發生的僵局，應該就是案家常執意認為社工是「帶走我小孩的那個人」，所以有研究指出，案家自從看到社工把孩子帶走，就再也不能相信社工的話（Gallagher et al, 2011）。兒少保護社工員須讓案家體會到助人者專業陪伴的面貌，以發揮媒介者的角色功能，讓受助者看見有其他方式的可能，而不要一心想著直接干預。當家庭進入兒童少年保護體系中是因為經濟弱勢或資源弱勢者時，若兒少保護社工員以外來者的姿態將孩子帶離開，並沒有提供維持家庭基本生活的補助，可能使得親子依附的關係有中斷的可能，重要的是沒有改變家庭弱勢的窘境，因此降低兒童少年返家的可能性。

三、權力的拿捏：發揮適當專業權威以對抗威權的結構性體制

在兒童少年保護服務中，父母與子女的權益之間常存在一種對立與衝突。兒童少年保護服務中最容易啟動權力議題的原因，應該是兒少保護社工員被國家賦予沉重的工作急迫性（time-scale），因此，有研究建議若要經營一種與家屬平衡的專業關係，以下所列的幾個面向需要重新思考：

（一）建立長期信任關係的重要性

兒少保護社工員要先停、聽、看案家，真誠的傾聽兒童少年、施虐者、非施虐者，對於虐待事件本身的看法，然這不意味著聽完之後要去評判或靠邊。信任關係是消除案主抗拒或恐懼的不二法門，社工員可透過簡單的策略進行，例如堅持已答應案家的約定，包括：電訪與家訪、子女會面等，同時社工要誠實、坦白並履行自己說過的話，以表達其誠意。此外，為案家的權益進行爭取與倡議是建立關係的重要取徑，或是採取漸進式的介入也會相對容易發展專業關係。不容易的是，面對沉重案件的負荷量，要能達到上述的承諾對很多一線社工員也許會是一項挑戰，這個時候，社工員或許要發揮更多同理，並且把案家的觀點與心願一併列入做決定的時間表之參考架構內。

（二）平等溝通並提供資訊與說明

真誠與清楚的對話方式，是促使案家放下防衛機轉的重要態度，精確而平

等的分享資訊有助於專業關係的建立。例如法院報告上的名詞及相關的法規生澀難懂，兒少保護社工員可以協助案家了解這些報告上的資料；兒少保護的網絡團隊為了順利執行任務，可能會對服務使用者及相關人耍手段，兒少保護社工員應盡提醒之責，為了後續專業關係的經營，不宜以欺騙的方式來隱瞞資料或操弄權力，須以尊重的態度面對服務使用者。

（三）與家庭一同經營

以理解的態度代替專業管理主義所強調的問題界定。兒少保護社工員要給案父母或照顧者時間，讓他們有機會說自己的故事。在敘事的文本中可以探究敘事鋪陳與佈局的「情節」，「情節」係敘事中生命經驗如何被連結與拼貼而成為「故事」的軌跡，「情節」不只顯示出連結與拼貼的成果，也可從中再現連結與拼貼的過程，所以「情節」可以透露言說者的思路，通常敘說中的思路會朝向聽者，期望聽者了解、接受，甚至認同或讚賞（王行等，2013）。

（四）避免正式架構（記錄文本、家屬會談）成為關係路障

兒少保護社工員可曾深切體認過，權力的展演亦發生在報告書上，例如一再確認案父母對孩子的身體或其他地方施虐，這些對案家而言都是一種很不對等的權力關係；又或是在會議室內，會談的環境氣氛多以嚴肅方式進行，孩子的照顧者或父母好似被批判、責難或是對其角色表現進行討論。

伍、結語

兒童少年保護工作的整個過程，目的都在確保兒童少年及其家庭能獲得必要的協助。這一切仰賴擁有兒童少年保護價值信念的社工員，運用專業的知能及技巧介入家庭，以達到《兒少權法》第1條所稱「促進兒童及少年身心健全發展，保障其權益，增進其福利」之目標。再一次提醒，兒童少年保護工作之所以異於其他社會工作，主要是這個工作涉及許多法律層面的問題，而社工員

被法律賦予更多責任及權力介入家庭。因此，社工員更要妥善運用自己的權力，依法而行政，千萬不要過與不及。

參考文獻

一、中文部分

王行、廖美蓮、洪惠芬、鍾道詮（2013）。〈敘說失業單爸勞動邊緣化的剛困境與揭露照顧關係的新視野 ── 論述失業事實如何「做性別」〉。發表於東吳人社院第30屆系際學術研討會。（2013年3月13日），東吳大學人文與社會科學院主辦，臺北：東吳大學。

彭淑華等（2007）。第13章〈兒童虐待與防治〉，《兒童福利》。臺北：華杏。

內政部兒童局（2005）。《兒童又少年保護工作指南》。臺中：臺灣社會工作專業人員協會編輯。

台灣兒童暨家庭扶助基金會、兒童福利聯盟文教基金會編輯（2009）。《教育人員兒童及少年保護工作手冊》。臺北：教育部。

兒童虐待防治策略──醫事人員教材之彙編研議委員共同編著（2006）。《兒童少年虐待及疏忽醫事人員工作手冊》。苗栗：國家衛生研究院。

臺北市政府社會局家庭暴力暨性侵害防治中心（2009）。〈兒童少年保護社工介入兒童少年保個案之角色與功能──以臺北市為例〉。發表於臺北市家庭暴力及性侵害防治十週年成果發表會。

林萬億、徐震（1996）。《當代社會工作》。臺北：五南圖書公司。

柯麗評（2009）。〈社會工作者與服務對象互動過程權力關係之運作〉。《應用心理研究》，43：149-175。

梁麗清（2006）。〈充權與婦女工作：理論範式的轉移〉，梁麗清、陳錦華（編），《性別與社會工作》，23-34。香港：香港中文大學。

鄭麗珍（總校閱）（2011）。《兒少保護社會工作》。臺北：洪葉。

二、英文部分

DePanfilis, D. and Salus, M. (2003) *Child Protective Services: A Guide for Caseworkers*. Children's Bureau, USA.

Foucault, M. (1984) *The history of sexuality*. London, England: Peregrine.

Gallagher, M., Smith, M., Wosu, H., Stewart, J., Hunter, S., Cree, V. E. & Wilinson, H. (2011) Engaging with families in child protection : lessons from practitioner research in Scotland. *Child Welfare*, 90 (4), 117-134.

Hasenfeld, Y. (1987) Power in social work. *Social Service Review*, 61(3), 469-483.

Watson, S. (2000) *Foucault and the study of social policy*. In G. Lewis, S. Gewirtz, & J. Clarke (Eds). Rethinking social policy. London, England: Sage.

Chapter 5

與兒童少年及其家庭會談

郭明珠、鄭麗珍

前言 Foreword

　　兒少保護社工員的主要任務在蒐集疑似不當對待的兒童少年及其家人的生活狀況資料，作為後續處遇介入規劃的依據，並鼓勵其能夠參與介入處遇的歷程。這些資料蒐集及處遇介入活動都有賴建立良好的工作關係，而工作關係的建立有賴良好的會談技巧之運用，技巧的運用有賴社工員的「專業的自我」與「情境的適用」。其中，專業的自我包括專業基礎（含知識、理論、技術）和自我的運用（含助人的情意、態度、價值信念、習慣喜好、經驗等），而情境的適用則包括案主及其家人和社工員所處的環境物理因素，以及社會價值等，尤其兒少保護社工員面對的是公權力展現與非自願性的案主，挑戰社工員是否妥善運用公權力及維護兒童最佳利益，又須兼顧父母權益以找到一個平衡點，同時才能創造輔導服務的空間，讓家庭暴力得以中止，進而使家庭關係得到改善。本章將介紹一些會談的基本原則和系統性技巧，提供社工員在會談進行時參考。

壹、會談的基本原則

　　會談是一種溝通的形式，指的是參與的雙方以語言或非語言方式交換觀念、感覺和態度的動態過程。在兒童少年保護的服務歷程中，調查評估和處遇介入都需要運用會談的溝通形式，一方面需要蒐集評估所需的資料外，另一方面還需要運用會談來改變兒童少年及其家人的認知和行為。然而，人際之間的溝通頻道經常受到一些干擾，以致影響彼此溝通回饋的有效性。在兒童少年保護的體系上，社工員代表公權力的一方介入家庭以保護兒童少年的人身安全，挑戰家庭的隱私性、親職能力，甚至可能家外安置兒童少年，自然引發家庭的防衛機轉、家長的抗拒合作，增添雙方會談上的溝通障礙，雙方必須不斷進行

澄清才能有助於後續的有效溝通。

　　會談的形式因會談的場合不同，而有家庭訪視會談、電話會談及機構面談等形式，訪視的對象先以兒童少年為主，尚需要與非施虐、施虐的家長會談，甚至還需要與家庭以外的親屬或朋友會談，每一個場合和對象都有其特殊的會談重點需要關注。本章聚焦於兒童少年和其家長為主要會談對象。

　　動機式晤談法（motivational interviewing）是經常使用於具有強制性或非自願案主的會談方法，也被認為相當有效的一種會談取向。根據這個觀點，一個人會想要改變，其實與其個人對因應目前問題的準備程度或急迫程度有關，與其抗拒的人格特質無關；而所謂的改變「動機」可以定義為：認同社工員的看法、接受社工員所下診斷、表達受助的意願和需要、對自己的現況感到痛苦、願意聽從社工員的建議等指標（楊筱華譯，1995）。在動機式晤談時，社工員並非權威角色，案主才是主導者，可自由選擇是否接受社工員的角色，自己負起改變的決策和責任；社工員的責任是積極營造一個對改變具有正面效果的氣氛，目的在增加案主的內在動機，讓改變的發生由內而外。在會談時，增強案主改變動機的原則有下列五項：

一、表達同理心

　　在信念上，社工員要相信「接納會帶來改變」、「有技巧的反應性傾聽是基本的」、「抗拒和改變是並存的」。在會談時，社工員不帶任何判斷、批評或責怪，只想了解案主的感受和觀點。值得注意的是，表達接納及尊重的傾聽並不是「同意」其虐待或疏忽的行為。但此一接納與尊重的態度將有助於社工員和案主之間建立工作聯盟關係，也有助於後續的改變之發生。

二、創造不一致

　　在信念上，社工員要相信一旦人們可以「覺察到後果」、「看到當下行為和期待結果不一致」，會產生想要改變的動機。在會談時，社工員可以嘗試在案主的腦海裡，創造一個案主當下的行為與想望的目標之間的落差，並加以擴大，創造案主處於一種「認知不協調」中，可以促發改變「動機」的覺察和領

悟,讓「想要改變」從案主的口中說出。

三、避免發生爭辯

在信念上,社工員要相信「爭辯帶來反效果」、「防衛帶來更多的防衛」、「抗拒其實是一種改變的策略」、「標籤他人是無濟於事」。在會談上,社工員要做的不是爭辯,而是增進家庭對其問題的覺察,並促其想要改變的想法。與案主爭辯只會徒勞無功,與人爭辯容易引起反彈,只會引起案主的反對和自我防衛,呈現更多的抗拒和否認的行為。因此,社工員應避免引起案主的抗拒,如果抗拒發生,就表示社工員需要改變策略了。

四、與抗拒纏鬥

在信念上,「任何動力都是可用的」、「任何想法都是可改變的」、「新觀點來自本身的醒悟」、「解決之道應該反求諸己」。問題的形成已歷經一段時間,至今為採取行動改變,表示案主已經習慣與問題共處。社工員必須要很有耐心等待改變的發生,接納案主改變認知和行為是需要時間,自相矛盾和猶豫不決是可以理解的,醒悟是來自反求諸己的。借用武術大師的四兩撥千金、借力使力的譬喻,社工員不要急著與案主爭辯,而是要善用抗拒的動力,將其重構(reframe)成為助力,和案主一起合作將舊的想法或說法創造出新的意義來,讓案主積極參與自己問題的解決過程,並相信案主有能力採取行動以改變現況,而不是由社工員強加於案主身上。當然,如果案主有認知障礙、精神疾病或藥酒癮問題,因為認知的限制,重構的歷程將會更具挑戰性。

五、支持自我有能感

在信念上,社工員要相信「改變的契機在於希望和信心」、「家庭握有解決之道的鑰匙」、「個人責任的養成是改變的動力」。社工員會談的最終目的是在支持案主改變的信念,協助他們克服障礙,提供各種可能性讓案主做選擇,相信任何一個選擇都有改變的希望,最後抱著成功在望的信心,例如:「你做得到的,你會成功的」或「如果你願意,我會幫助你改變自己的」。

貳、與兒童少年會談的原則

　　遭受不當對待的兒童少年是兒童少年保護體系介入家庭的主要核心關切，要了解不當對待事件發生的真相和可靠的資訊，藉由會談和他們作有效的溝通就變得很關鍵，尤其是年紀小的兒童，藉由支持性的會談可以降低他們所受到的創傷程度。兒童少年接受會談時，情緒反應很容易受到他們的年齡大小、當下的情緒反應、對事件的理解程度、會談情境的安排、會談的提問內容等影響。因此，和兒童少年的會談應運用合適的會談技術和工具，事前的場地安排也很重要，如果社工員能事先接受相關訓練更佳（DePanfilis and Salus, 2003）。與兒童少年會談時，不管使用何種會談方法，以下是一些應注意的基本會談原則、會談室內的安排與工具使用。

一、會談的理念

1. 採取支持權能的會談取向。
2. 相信復原力，案主可以從過去的經驗中復原。
3. 願意運用會談陪伴案主走過最大的痛苦。
4. 尊重個案是自己的專家，案主會知道需要什麼，尊重案主的選擇。
5. 強調不當對待事件的發生不是兒童少年的錯。
6. 原諒加害者不是必需的會談內容：「寬恕」不是輔導會談的重點，要案主寬恕加害者有如要他壓抑、放棄生氣的權利；寬恕可在案主經過心理療癒復原後才有力量寬恕，至於要不要寬恕？何時寬恕？則完全尊重案主的決定。
7. 不要對兒童少年灌輸「天下無不是的父母」。
8. 為兒童少年建構安全網，找出至少五個可以求助對象的電話（不包括社工員本身）。

二、會談的基本原則

1. 營造可信度，先嘗試與孩子建立溫暖而支持性的關係。
2. 提供玩具給孩子玩，讓他們放輕鬆，盡可能坐下來和孩子的眼神平行相對，耐心地等候孩子，使他們覺得自在。
3. 評估孩子對於一些關鍵詞句的理解程度，將有助於後續建立一些特定資料可信度的依據。
4. 盡可能用孩子可以理解的語言詞彙，並嘗試澄清孩子不了解的部分。
5. 會談過程中，盡可能配合孩子的能力和限制，不要過於強求。

三、會談室內的安排與工具使用

1. 安排一個不會讓孩子感覺到壓力或害怕的會談場所。
2. 如果有單面鏡的房間更佳，可以一方面有人陪孩子玩，一方面有專業人員進行觀察。
3. 會談室內因應孩子的需要，應配置小椅子、小桌子，放置枕頭或地毯可以讓孩子躺著。
4. 會談室內可以擺設一些人體娃娃、畫筆和畫紙、玩具屋、玩偶、黏土等物品，藉此與孩子互動。

參、進行不同階段的會談

　　社工員於會談時，保持客觀、同理、謹慎但不失勇氣，中立而好奇以及穩定一致性的立場，這是重要且必須不斷磨練培養的功夫，當然社工員隨時養成自我覺察能力，並且充分運用積極到位的傾聽和同理反映技巧，才能有效的引導個案進行有意義的對話。由於兒少保護個案要順利會談常需經過反覆的邀約

的過程，所以每一次的會談（包括面談與電話會談）就是給社工員機會，社工員宜好好把握與珍惜準備。

以下從服務期程階段做初步的會談說明：

階段	會談前準備	會談重點內涵	注意事項
第一次接觸個案	<ul><li>保持客觀立場，先詳細閱讀記錄文本，包括開案緣由、家庭成員基本資料與家庭發展故事和保護處遇介入歷程和影響等。</li><li>確認及檢視身為社工員現階段的角色及第一次會談的任務與目的。</li><li>會談對象是誰？是先安排單獨與兒童會談或直接與家長會談？在何地點？通常在兒童保護案件的安全評估及成案評估會談階段最好先與兒童單獨會談（但兒童在沒有熟識的大人陪伴下面對社工員這位陌生人通常會緊張害怕，社工員要多同理敏銳觀察並溫暖回應，或善用會談環境的安排如在學校輔導室、兒童較熟悉的場所或運用媒材等），之後再安排與家長或照顧者會談為宜。</li><li>宜先安排會談時間。</li></ul>	<ul><li>適當地介紹你自己，包含代表的組織及稱謂。</li><li>場面構成：第一次接觸案主要誠實告知你出現的原因，你的角色，你可以做什麼？宜以堅定而溫暖的態度對待；以及告知未來服務方式及流程，如可能固定多久會家訪會談關心一次和保護的善意觀點等；有的案主會質疑你真的是善意關心他嗎？所以會談初階段先聽聽案主的說法並適當同理反應，社工要堅定明確地告知依據的法令及案主的權益，並且邀請案主「我們可以一起努力做些什麼」。</li></ul>	<ul><li>留意過去記錄文本資訊的正確性。</li><li>注意會談環境避免干擾及可能對社工員自身的安全威脅。</li><li>注意適當的穿著打扮。</li><li>避免邊談邊寫。</li><li>使用與案主相同的語言。</li><li>避免都是你在講、案主在聽。</li><li>避免一次講太長的話以免案主分散注意力；無論是兒童少年或成人，當處在兒少保護高壓力的情境下，專注力是不易集中的。</li></ul>

階段	會談前準備	會談重點內涵	注意事項
第一次接觸個案	• 先思考案主可能會如何「看」你？案主有可能會投射過去與其他社工員互動不良的經驗來看你？或看你像是老師？你是長輩？你是權威者？你的性別？你是陌生人？這些過去不同的經驗與看法將會影響他選擇以何種姿態與你會談互動。 • 也請社工員先想像將面對的案主可能是一個怎樣的人？（從手邊的記錄文本先初步形成對案主的概念化） • 想像會談時可能會發生的各種情境及因應方法，以增加你的臨場應變能力；由於面對的是非自願性個案又在成案或建立關係初期，案主身負重大未知壓力；所以案主的各種防衛反應如抗拒、否認、攻擊、拒絕、質疑、責怪、遷怒、抱怨、沉默、漠視、淡化都有可能發生，社工員要視為常態，先做好心理準備。 其實案主在挑戰的是「事件」及你所代表公權力的「角色與權威」而不是你這個「人」，所以你的穩定度很重要。	• 蒐集與了解案主的心願與期待；尤其對家外安置的評估處遇，父母和兒童少年對安置的期待與想法應被充分考量理解。 • 蒐集有效的資料以形成服務評估及未來處遇計畫，其中有關家庭的壓力源如經濟困難、家庭衝突關係、管教困境等，以及直接影響對兒童不當對待的因素要優先形成「急性處遇目標」來協助。 • 表達你會陪伴他的努力與心意。 • 鼓勵案主與社工員一起合作的可能。	• 社工員不是調查員的角色，而是服務者、支持者、評估者，所以態度是堅定、友善、勇敢、誠懇、關懷、穩定一致的。 • 留意及觀察案主在會談時的情緒反應。 • 對於有高度危機的個案，如自殺、自傷或攜子自殺的案主要直接談保密例外及社工對案主生命的看重與呼籲；必要時則直接告知需做自殺通報的處理協助。

階段	會談前準備	會談重點內涵	注意事項
服務階段	• 留意會談要依評估後的服務計畫（目標及策略）來進行；並注意服務的連貫性及可能的變動性。 • 形成及準備每次會談的具體目標及可運用之會談策略。 • 重視家庭關係與個人和家庭動力的影響。 • 留意加害者的生存因應模式：否認、淡化、分化、憤怒、攻擊和合理化等。	• 資源與優勢的評量：對案主個人內在或外在資源和優勢、使用資源的意願及經驗與能力的了解等。 • 依處遇計畫提供會談服務。 • 隨時評估案主變動性的需求，以修正處遇計畫和會談方向。 • 建立合作關係：持續邀請案主及家人和社工員形成合作團隊的關係來面對處遇問題，以達成家庭或個人的願望及願景。 • 知後同意：除具有違反法令需強制性的處遇及危害生命安全外，對於處遇計畫與內涵最好能協助案主「知後同意」，尤其在「知」的部分需協助案主充分理解，必要時亦可使用書面同意，使服務能順利執行。	• 充分展露社工員的善意。 • 勿輕易承諾。 • 不輕易放棄案主。 • 不傳話。 • 不對案主作價值批判。 • 對多元文化要有敏感度與包容度。 • 注意案主的投射與心理遊戲。 • 隨時覺察社工員自己的移情或投射。 • 隨時覺察社工員自己的權控、價值偏見、偏好或刻板印象。 • 留意會談的內涵及歷程並做「此時此地」的回應。 • 先關心「人」再談「事」；或從先談「心」再談「事」開始。 • 運用書面同意時需留意書面的文字寫法，宜以案主立場考量來書寫，而非都是以社工員立場考量。

階段	會談前準備	會談重點內涵	注意事項
結案階段	• 會談前請事先準備結束服務關係的說法或做法;「說法」需具體清晰說明結束服務的決定緣由。 • 結案亦需給予案主時間與歷程準備,不要匆促結案。 • 有的案主除了口頭會談告知,同時可以給予祝福的信件或卡片,或一起安排告別的祝福儀式或活動。 • 對於非計畫性結案的個案;如因兒童少年死亡、兒童少年由外縣市親友照顧、家庭搬遷外縣市,或因其他因素得轉換社工員時,此非計畫處遇內的結案,通常結案準備時間短暫,但仍須盡可能提供上述結案的處理和關係結束及告知的準備。	• 協助案主找到過去已努力的好方法與好想法以回饋增強之。 • 對未來可能遇到的風險要預判與討論,以找到可能防範的方法。 • 整理及共同回顧與回饋社工員在服務過程看見案主的成長與改變。 • 找出未來案主願意及方便運用的具體支持網絡。 • 給予祝福。	• 理解家庭對結案的心理動力,如質疑、生氣、否認、逃避、過度期待、催促結案、重新提出老問題或提出新的待關注問題等。 • 注意案主的分離焦慮之各種可能心理反應與行為。 • 注意社工員本身對結束個案的心理動力: 1. 困難處理或因其他因素而處理不了的個案,社工員會氣自己的無力而有罪惡感。 2. 一再挑戰社工員,造成社工員不喜歡的個案,社工員會想快速結束關係而有未充分告知就結案的現象。 3. 社工員有移情之個案,如喜歡的個案則容易延長服務不捨得結案。

： 1. 若你是社工新手，會談前建議先與督導或同事諮詢或討論，有哪些注意事項及你會如何說；若你不是新手，亦宜事先自我整理過去會談經驗對你的影響，如有沒有刻板印象？有沒有個人限制？有沒有反移情現象等。

2. 兒少保護個案常因處遇的時間緊迫，而準備時間有限，所以無論你是否為新手，養成為會談做事前準備與規劃的習慣仍是必須的。

肆、兒少保護的會談策略

我們都知道會談的助人歷程中，人需要放鬆才能與人合作，這包括案主及社工員本身；雖然兒少保護處遇過程充滿各種挑戰、衝突等，而社工員若能先覺察自己的狀態並自我照顧，幫助自己穩定放鬆了才能自在地會談，並迎接案主各種可能情緒反應，甚至有時還可營造幽默氛圍來影響案主，又可不失任務的達成；因此，我們要說沒有抗拒的案主，只有不夠貼近的社工員。

所以，社工員具有與案主連結互動的關係，以及回應案主的能力是非常重要的。而這樣的能力與社工員所熟悉運用的會談策略與技能有關；以下介紹幾種會談策略供大家運用及參考：

一、傾聽同理

【案例／情境】

國二的少女，母親離家由父親及姑姑照顧，父親又不太管事；少女因違反姑姑的規定晚上超過九點才回家，被姑姑壓在地上踩頭、踹下體，這位姑姑除照顧少女之外，還要工作養家並照顧中風的祖父……她不能接受被通報為兒少保護案件。

【建議的回應方式】

社工員：「姑姑你這段時間這麼努力想好好教養這孩子，對她付出這麼

多，而她好像還不知道姑姑你的一番心意，這一定讓你覺得非常難受，像白費力氣似的，是不是這樣？這種感覺好像是失望、挫折是嗎？……你的壓力一定很大，要照顧這一大家子……能撐到現在真的很不簡單……如果可以的話我相信你一定不想用打的方式……我來是不要讓你為了管教而造成更多遺憾，我們可以試試看一起合作努力讓事情不要變得更糟，也讓這樣的事可以早日不用再被政府監督……。」

【避免的回應方式】

　　直接進入事件處理，指出「不當管教」行為或直接說「虐待」字眼，這樣容易更激怒當事人與我們站在對立位置，無法理性與我們合作。

【意圖說明】

1. 適用於與案主關係尚在緊張抗拒、雙方無法建立安全依附關係階段；會談者重要的是呈現願意了解當事人想法與感覺的態度。
2. 會談者最好要善用自己的肢體語言（含表情、聲調、口氣等）同步來陪伴案主。
3. 先關心「人」再處理「事」，人的情緒先被疏通、撫慰、理解了，他才會展現理性，進而創造工作的合作空間。
4. 人們行為背後的內在想法若被聽到，就有療效並且更重要。
5. 除了傾聽個案說的語言外，同時要觀察其非語言的肢體情緒反應，才能精確聽懂其語言背後的訊息，並讀出案主情緒狀態。
6. 有的案主只要有人聽懂他／她在說什麼做什麼，其實他／她是容易軟化鬆動，並且不需要直接給建議的。

二、真誠與自我坦露

【案例／情境】

　　一位母親抱怨：「每個社工員都這樣對我……」，批評社工員只聽兒童的話，都不相信她說的，都是兒童不對才讓她處罰兒童……。

【建議的回應方式】

社工員：「謝謝你願意告訴我你真實的看法，遇到這樣的事你一定壓力很大，又不被別人理解一定覺得很孤單；但是你還是不放棄你的小孩，你用自己的方法很努力地教；而且你也不放棄表達你的意見，那麼苦還要自己吃下來，說實在的我會心疼你的不簡單……；所以當你這次能鼓足勇氣說出來，對我來說聽見你說我沒有相信你，這讓我感覺有些難過，我是真的願意與你一起努力；我不知道你遇到的別的社工員怎麼樣？但到目前為止，你和孩子說的話我都同樣珍惜看重，因為那都是你們真正的聲音，只是立場不同而已；我都是願意先相信的；只是我不知道我曾做了什麼或說了什麼讓你覺得這樣（不舒服），你願意再多說說嗎？」

【避免的回應方式】

真誠與自我坦露的策略不是期待要影響、打壓、反駁案主，也不是社工員因感覺被誤解、被侵犯而做出的防禦動作，這樣就會無意中與案主進入心理遊戲。

【意圖說明】

1. 適用於案主對社工員有所偏見誤解時。
2. 真誠是站在同樣為「人」的位置說話；使用真誠之前要先用同理，社工員要先認同案主的感受。
3. 真誠是態度也是技巧，是透過社工員坦露內心有感而發的感受與想法，以企圖觸動對方而達改變。
4. 讓案主更加了解自己，以修正案主自身的偏見或刻板印象，並非指涉案主是錯誤的。
5. 真誠與自我坦露是以案主利益為前提（江垂南，2011），不是從社工員利益的角度出發。目標是為增進案主內在的覺察與理解，自我坦露也是專業自我的運用。所以社工員要先包容，要用真誠溫柔而堅定的語氣，述說此時此地的感受。

三、聚焦具體化摘要

【案例／情境】

　　一位很翻很盧（講話沒有邏輯），又常重複話題或離題的家長……。

【建議的回應方式】

　　社工員：「對於剛才你說的事情（或描述案主重複的行為）（簡短摘要覆述一次），是不是這樣？讓我們先把這件事情（聚焦其中一件事情或行為）討論一下再來談別的……（或者尊重案主選擇挑選要先談哪一個話題）。」

【避免的回應方式】

　　社工員易被案主的「翻、盧」行為干擾困住而影響會談心情，比如有時候會匆匆結束會談，或與案主不小心爭論起來，或對案主投射負面情緒及刻板印象，因而影響對案主的真誠接納和包容，都需切記避免。

【意圖說明】

1. 兒少保護的家長，無論是施虐者或主要照顧者，因處於高壓力與高焦慮情況下，甚至有些已長期受此壓力煎熬，導致人際溝通能力會有退化或受損現象，通常呈現各說各話，或以欠邏輯、欠清晰的表達方式與人互動溝通，這也是造成家庭關係陷入緊張原因，家人間無法了解和回應彼此需求而造成家暴或虐兒事件；社工員可以示範清晰專注的談話方式，並幫案主將對話內容做簡短聚焦摘要才能幫助案主明白；因此社工員保持專注、理性與穩定立場，聽懂案主的語言和語言沒有說出的部分，再聚焦摘要談話內容，才得以有效進行會談。

2. 考驗社工員會談的敏感度，對於「重複」和「離題」話題都有案主的心理意義，社工員要敏銳觀察評估其行為背後的心理需求，才能精確回應。

四、直接建議指導

【案例／情境】

　　面對一位帶有酒意依約前來會談的爸爸；或一位邊緣性智能不足的媽媽會談；或一位昨晚又失眠或上大夜班剛下班的家長談話時……。

【建議的回應方式】

1. 社工員先指出「案主能依約會談的行為」給予肯定回饋。
2. 社工員再從案主身體的部分介入關心家長此時此地的身體狀況，對喝酒或失眠的家長宜以簡短對話後，再多關心發生了什麼事及感受（建議此狀態的會談時間勿超過二十分鐘），接著直接告知建議先照顧身體，讓身體休息較重要，至於與社工員的談話可再另行安排。
3. 對智能不足的家長以直接使用其聽得懂的語言，簡短清晰地告訴他怎麼做或使用繪本、繪圖等媒材引導，再協助他對會談內容複述一次直到確認其清楚明白為止。

【避免的回應方式】

　　勿以社工員要完成的會談任務為會談優先考量的目的，這樣會沒有效果。且會讓案主更挫折、更有壓力。

【意圖說明】

1. 任何會談策略都是為了案主的權益與需求而出發；不是為解決社工員的需要與任務。
2. 要形成有效能、有意義的會談，則須優先回應案主當下身心狀態，尤其身體狀態安頓好，才能夠有理性的空間討論事情或進行認知改變。

五、重新架構

【案例／情境】

　　一位常抱怨、耍賴、指責都是別人錯的家長，指責社工員：「都是你沒有跟我說，害我不知道小孩真的會被帶走，你叫我怎麼辦？……。」

【建議的回應方式】

　　社工員：「我了解你這樣反應是因為孩子被帶走不見了，讓你這位作母親的很著急、很害怕；你一定很擔心孩子在陌生環境會不會哭鬧想媽媽？你也擔心政府會不會把孩子照顧好？你更擔心會不會就失去這孩子？這些擔心讓你很不好受；其實我看到的是因為你從來不放棄要努力教這個小孩，只是教得讓你很挫折，你想做一個好母親的努力與堅強是不容易的……如果你願意，我想請教你「你所期待成為一位好媽媽」會是什麼樣子？我來是為了和你一起努力好讓政府可以早日放心把孩子還給你。」

【避免的回應方式】

1. 避免直接解釋孩子被帶走這件事。
2. 避免直接談論媽媽「抱怨、指責別人而不檢討自己」的行為。
3. 避免被事件勾住，要跳過事件找方法，才不致落入心理遊戲，讓案主有機會將社工員當作迫害者。

【意圖說明】

1. 回應案主「此時此地」的心情和行為背後的正面訊息。
2. 「抱怨與指責」是在反映案主的壓力，此壓力可能是擔心著急，所以要珍惜抱怨，讓抱怨產生正向力量來替代負向力量。
3. 抱怨的背後一定有渴望和需求，須要被看到和滿足才能停止抱怨，因此轉化成「期待想改變成什麼樣子？」以調整解釋事情的認知方式，才有機會影響案主的感受與情緒。

六、優點問話

【案例／情境】

　　任何遭遇各種大小挫折信心不夠的案主……。

【建議的回應方式】

　　社工員：「面對那麼多困難，你是如何走過來的？你做過哪些努力可以走到現在？這和你自己的什麼特質與優勢有關（為案主整理其優勢和能力或存活的特質）？過去有哪些人曾幫助過你或引導你？誰是你最能信賴的人？這些人是怎麼幫你的（為案主整理支持來源）？過去的你有什麼成功克服困難的經驗？有哪些人曾讚美過你？他們都怎麼說？你聽了有什麼感受？有什麼是可以帶給你開心喜悅的？你準備如何開始採取行動追求你想要的（展現自尊）？你覺得要怎麼做才能讓你的狀況轉好？可以先從哪裡開始？過去有哪些不錯的經驗你現在可以再用（激發改變行為）？」（宋麗玉、施教裕，2009）

【避免的回應方式】

　　不相信案主是有可能的，或以悲觀性結果回應案主。

【意圖說明】

1. 我們所服務的兒少保護個案，外在的姿態可能常表現的高調、攻擊、反抗，但其實是反應內在心理的弱勢與不足，因此優點問話可激勵充權案主。

2. 以後現代的思維，認為「自我」是會改變的。

3. 非病理性問題化看待案主，相信案主是自己需求的專家，並引導協助案主做最好的決定。

4. 再建構案主的優勢，不是一直看案主沒有什麼，否則案主會更無力、更失控地往下沉。

七、善用感官感覺系統

【案例／情境】

　　媽媽是一個小腦症患者，身形瘦弱，常躲在家裡，不敢和外界接觸又曾是受暴婦女，常自責沒法保護孩子，常談過去的創傷經歷……。

【建議的回應方式】

　　社工員：「我聽了許多你的故事，四十年來你能走過許多生命的難關真的很了不起……；現在（今天）我們來說說看你最近有發生什麼好事？我看見你現在笑起來真的很漂亮……你平常喜歡聽什麼音樂？看什麼戲劇節目？喜歡聞什麼香味……？」

【避免的回應方式】

　　有些案主會以為只要遇到社工員就是要「說話」，而案母可以說的及熟悉的話題就是自己的故事，他會重覆敘述不幸的遭遇給社工員聽，會越說越無力；因此社工員要從對方的脈絡系統及其與社工員的互動關係中理解案母狀態，以免一再落入無效的談話。

【意圖說明】

1. 從感官系統介入可讓一個人的壓力逐漸減除，幫助媽媽的生活重新亮起來，不再被過去干擾，可以為自己作主。

2. 尤其，對女性家長幫助她感覺美好、美麗，有重做女人的自信是重要的，如運用外觀的打扮，家裡的佈置等；幫助案母運用視覺、聽覺、味覺、嗅覺來重新開啟自己，喜歡自己，感覺世界的美好。

3. 總之，此類型的媽媽過去沒有美麗過，沒有站直過，沒有明亮過，我們可以給她一個不一樣的體驗機會。

八、喚起技術

【案例／情境】

　　一位罹患憂鬱症、單親又常打小孩的媽媽，孩子每次被揍就離家出走……。

【建議的回應方式】

　　社工員：「當孩子不聽話、不聽勸時，媽媽你都做什麼？（幫助母親自覺自己的行為反應是什麼？行為的循環模式為何？）……我看到了你和孩子衝突時你都非常生氣、無助，每次都氣到要揍小孩；雖然這樣你還是撐著沒有選擇離開，我相信你可能是害怕不想讓遺憾的事發生；我們來猜猜看你的孩子選擇離開現場的想法？除了不想再面對衝突的不開心之外，他是否也有可能不想增加你的麻煩，讓衝突延續下去……。」

【避免的回應方式】

　　面對憂鬱症患者勿一直同理他的無助與悲傷，適度同理後即要回應其核心情緒其實是「害怕」，可談他的害怕及所需產生的克服力量（孫頌賢，2013）。

【意圖說明】

1. 為了喚起案主的覺察力。
2. 重點是指出「行為循環的結果」以喚起案主自覺行為的有效性與無效性，才能中斷負向循環，開啟願意學習替代打小孩的方法。
3. 找出什麼是阻礙母子合作的癥結點，通常家長壓力越大會越著急，因此越會以直接命令或暴力控制家人，所以幫助雙方看到彼此行為背後的善意和心情，以修護關係成為彼此的依靠作為處理的方向。

九、積極情緒同理反映

【案例／情境】

　　一位借貸度日、常被逼債，且先生因毒品案已入獄十多年的太太；唯一的獨子一再偷竊、逃學……。

【建議的回應】

　　社工員：「我可以想像你是多麼擔心你兒子，你對他的用心你兒子都不懂，難怪你每次都要罵他、打他，因為你希望你的家和別人家沒有不一樣，甚至你辛辛苦苦一手單獨拉拔長大的兒子有一天可以出人頭地……；同時你也一直害怕你兒子若不好好管教未來會像你先生一樣……，所以你才這樣的擔心害怕，並努力想做一位盡責的母親；這樣的心情你認為你兒子知道嗎？」

【避免的回應】

　　勿直接說「你難過有什麼用」，且勿直接討論打罵的教育是不對的。不要只同理表層情緒，有時案主的打罵行為常不會停下來，所以要同理深層情緒。

【意圖說明】

1. 社工員透過說一些話來陪伴案母走其情緒經驗，並且具體反映其心情。
2. 是深度同理反映。
3. 是為了喚起案主的覺察力。
4. 繼而為案母開啟除了打罵之外，在面對問題可以有另一視野與作法。這是積極性同理而非同理其心情而已。

伍、如何與兒童少年會談

　　遭遇不當對待、目睹暴力或長期與精神疾患及人格違常的家長接觸的兒童和少年，他們是一群飽受或長期或短期的身體、心理、精神的恐懼、威脅和擔心長大的孩子，他們是生存者，卻也可能是在大人錯綜複雜世界錯誤下造成的代罪羔羊，他們能掌控的有限，能理解的有限，我們要如何幫助他們？我們要如何許他們一個現在，進而才有可能許一個未來，所以「現在」是我們優先關注的焦點。

　　在提供會談服務接觸這群兒童少年之前，讓我們先來認識他們：

【兒童少年的核心心情】

　　害怕、無助、沮喪、擔心、焦慮、挫折、放棄、不知所措、沒有希望感、不知未來是什麼？覺得生活都是失敗的、做不好父母心目中的好小孩、做不好老師心目中的好學生、做不好同學喜歡的好朋友……。

【兒童少年的行為反應】

　　通常會呈現兩極化的行為反應：不是違規犯錯、出現各種偏差行為，就是具攻擊性、反抗性……；否則就是過度討好、沉默、少抱怨、逃避、不吵不鬧、不理大人、常尿床、人際退縮……。

【內在的心理運作】

　　悲傷——失去了熟悉的人、物、地、生活型態。

　　困惑——不知下一步會發生什麼事？

　　焦慮——我該做什麼？我和我們家會怎樣？

　　憤怒——為什麼會是我？

　　罪惡——因為我；都是我的錯！如果……就不會……。

　　衝突——我該愛誰？

恐懼——我會死？！

欠安全——對自己和環境無法信任（洪文惠，2005）。

實務上我們有時會看到有些曾經受虐長大的青少年大都是默默承受家庭境遇，心事都壓在心裡，唯一能做的是待／賴在那裡，等待長大。

一、會談的目的

1. 優先關注兒童少年現在及未來的安全危機狀況，他們是否仍在暴力危機中？
2. 兒童少年自我保護能力與自衛能力及兒童的脆弱程度的評估，尤其年幼或弱智、身障的兒童。
3. 兒童少年目前生活被照顧狀況？他們的身心理需求是否被滿足？
4. 了解與關心兒童少年目前的身心受傷與受創程度，進而評估他們復元和調適狀況。
5. 了解他們如何解讀自己的遭遇與父母的行為。
6. 關心他們的期待與願望。
7. 關心他們未來身心理發展。

二、會談的做法

除了優先關注上述會談目的外，通常對兒童少年會談輔導的另一個重要焦點是「建構案主對現在的掌控感與對未來的希望感」；建議可參考以下做法：

1. 社工員可用故事繪本或一般化技巧，或自我坦露在成長的過程中也曾遭遇不順利的經驗，試著讓案主知道他不孤單，引出案主與社工員的交集與認同，有時有些案主會認為社工員都是成長順遂的人，會以為社工員是和他的生活不一樣的人，而影響關係的建立。
2. 支持、同理案主的處境與心境和感受；有機會先「聽」對方怎麼說，「看」對方的肢體傳達什麼訊息，再「停」久一點進行，以積極同理反映以達到貼近與同步陪伴的會談效果。
3. 重新解構案主行為背後的善意功能。

4. 指出案主正向行為，並運用優點問話予以充權與回饋。

5. 找出案主的想望，與案主共同計畫可以實踐的步驟。

6. 必要時善用媒材及儀式；如協助案主寫一封信給自己，告別前一段不堪的生活或為自己下一段生活給予期許與希望。

三、會談原則

（一）注意兒童少年因發展階段與智能狀況的理解程度

兒少保護社工員與兒童少年的互動談話，需優先關注會談時使用的語言及非口語訊息，是否與不同年齡發展階段及智能狀況的孩子接軌，並於會談過程同時觀察其理解程度，才能有助會談順利有效的進行。

（二）注意社工員自身的會談態度、身體語言反應

態度	身體語言
輕鬆自在但認真。 表情豐富。 專注投入。 語調溫暖。 能接受兒童少年模糊與沉默狀態。	微傾向前。 微笑。 表情符合兒童少年的情緒。 聲調配合兒童少年的情緒。 聲調配合傳達之訊息。 對兒童少年表現有興趣；讓他感受到我們對他的注意與全神關注的陪伴。

（三）會談注意事項

建議的談法	避免的談法
1. 先接觸孩子這個「人」，而非「問題」。	1. 建立關係初期不要過度熱情，否則有時會嚇到小孩。
2. 先單獨與兒童會談。	2. 不要一次説太長的一串話；孩子不易專心聽。
3. 預先告知會談的時間地點。	3. 不要都是你在講，孩子在聽。
4. 回應孩子的話要簡短易懂。	4. 不要問「為什麼？」
5. 注意會談的時間長短；通常8歲以下兒童建議少於四十分鐘，8歲至12歲兒童建議少於一小時。	5. 對青少年不要問「你怎麼了？」不要問「太大、太模糊的問題」。
6. 告訴兒童只要覺得有需要可以隨時修正已陳述的內容。	6. 對青少年不要先從「太認知的問題」問起。不要先從「事件」問起；可從關心他的感受介入。
7. 保持客觀自信。	7. 不要輕易對兒童承諾。
8. 使用非指導式問句，如「是誰對你做了這件事？」而非「是不是你父親打的？」	8. 不要對事件下個人判斷或做任何評斷。
9. 使用兒童所使用或熟悉及聽得懂的語言。	9. 勿為父母的行為做解釋，以求小孩理解，如：「你知道你媽媽很困難所以……」、「你知道爸爸不是故意的……」，這樣只是增加孩子的容忍度，無法切中兒童心理的需求及感受，更不知他在想什麼。
10. 複述兒童所説的話，特別是當他聲音低或聽不清楚時。	
11. 讓兒童知道你了解他此時的感受。	
12. 使用建立自尊的會談方式如指出正向行為；只要兒童行為表現符合其能力時，即予指認該行為並讚美反應之。	10. 勿扮演子女與父母間的傳聲筒；當父母無力管教時常會請社工員替代他們教小孩（無形中期待社工員成為拯救者）。
13. 對青少年要多用非語言訊息，如回應「你可能不知道發生了什麼，但你看起來不太快樂……。」	11. 不要對孩子發生的遭遇過於緊張和震驚。

（四）當兒童少年有以下反應時的會談方式

1. 沉默以對的孩子

對語言少的案主，其肢體、表情訊息也是一種回應，要允許，要肯定，所以當案主給的訊息少時，社工員的回應要將之放大並肯定，不可假設案主一定要說話才算有回應。比如社工員說：「你現在暫時沒有說話沒有關係，你可以在想說的時候再說，我會等你；你也可以先用點頭或搖頭的方式（社工員在示範允許與接納、尊重，並試著開創一條可能雙向溝通的路），或者你想用寫的……。」（社工員同時要敏銳觀察，若社工員能說些什麼、做些什麼而打動孩子的心，則要立即給予肯定的回應）。

除此之外，運用媒材或遊戲方式來與孩子互動，亦是克服沉默或預防沉默的方式，尤其對更幼小的孩子來說，他們的語言能力本來就不足；總之，耐心的等候陪伴亦是一種同步，孩子會知道、會感應到我們的真心，才能呈現我們的無條件關懷。

2. 不易親近的孩子

孩子不易親近是因為「害怕」，怕失去控制、怕被遺棄、怕被拒絕、怕被攻擊、怕會傷害別人……，他展現的方式可能是不理人、冷漠或是抗拒……。作為社工員的我們要先理解，才能放下我們的防衛，我們的心才會真的柔軟，用我們這個人來陪伴案主。

相對的，這群孩子（尤其青少年）怎麼看社工員也很重要，可能你是他生命中第N個社工員，對社工員早有刻板印象，你的性別、外型、年齡、說話的樣子、角色，對案主都有不同的解讀與意義，我們不得不先同理接納。

所以當一位案主說：「你很煩！一直問來問去……。」社工員可以這麼說：「我和你一樣也不想問來問去，換我是你也會覺得超煩的，可是沒有辦法，我來是重視你的安全和幸福……我是要保護你的超人（為讓任務變得有趣），如果我們改變一個方式而不是讓我用問的……請你告訴我，我可以怎麼陪你……比如我們可以一起玩遊戲，像是玩大富翁或……。」

3. 一再說謊的孩子

面對一位說謊的孩子要相信他背後一定有一個好理由；要先相信才能溝通

下去，相信不等同於認同謊言，所以先鋪陳與案主之間的安全、信任感是優先重要的。先聽孩子怎麼說就是一種示範接納，如此才能接近孩子的世界；社工員先不要在乎真假，什麼話都要承接，重要的是我們面對的態度。

總之，案主的任何偏差行為如說謊、說假話也是一種防衛、一種求救訊號，不得不慎之。

（五）其他注意事項

1. 注意語言的陷阱

當案主說「不要」，有可能不是他真的不要……；當案主說「不知道」，有可能是真的不知道，也有可能是不知如何回答社工員，或聽不懂社工員說的話……，所以不要一下子就被表面訊息打敗。

2. 留意語言型式的次文化

尤其青少年的流行語言，或是他們有時會說「大概吧！」、「或許吧！」、「應該吧！」等，簡短到沒有下文，都會挑戰我們當下立即的理解、接納和回應。

陸、如何與家長會談

一、兒少保護家長的心理機轉

由於會談對象包含施虐者與主要照顧者（含非施虐者），他們在與兒少保護社工員的互動上，有可能採取高姿態並直接抗拒、表現敵意或是採低姿態以消極配合，二者都屬於難以合作的案主，尤其在兒少保護介入初期；也有一些家長很快的表現配合，但可能是假性的合作，要特別留意其心理機轉可能是害怕權威、害怕法令而一時表現合作，也有可能是為了讓被通報的虐待事件風波早日落幕而虛掩應付社工員，私下仍沒有改變不當對待孩子的方式。

　　主要照顧者有時可能因害怕施虐者二度加害，而表現淡化、否認、逃避與社工員互動，有時呈現前後不一致的因應姿態；這些都考驗兒少保護社工員的機智與敏感度，才能在保護兒童少年的同時又能與家長建立關係，以提供處遇服務。

　　甚至有些接受親職教育安排、諮商服務、政府委託民間單位執行之家庭處遇，或其兒童少年已接受寄養、機構安置的家長，他會面對多位兒少保護專業團隊的工作人員，他們很常為尋求自以為有利的位置，而在專業團隊之間玩起心理遊戲，以操控專業團隊；比如會分別說對方的不是，企圖進行結盟，以分化專業人員的信任合作關係，或提供混淆資訊以阻礙、延緩服務的順利進行。

　　再者，我們知道通常一位常打小孩而且停不下來的大人，是與他自己的依附需求未被撫平、被滿足有關；他們使用暴力背後的正向意義其實是「在意對方、為了對方好」，只是表達的方式不當，選擇處理的方法有限；他們通常認為打小孩是快速有效，也是其從小熟悉的教養方式；因此與這些家長溝通會談，除了處理小孩因為暴力有立即性的生命安全危機外，建議社工員先從關心這些家長的「需要」談起，先安頓好父母是優先選項，所以父母通常也是我們的核心案主；有時父母安頓好了孩子就沒問題了！因此建議會談的重點和步驟依序如下：

與施虐者的會談	與非施虐者的會談
1. 先對其出現在社工員面前的行為姿態予以辨識其背後的心理機轉（如上所述），再選擇合適的會談介入策略。	1. 同左1（留意家庭的動力關係；有時非施虐者才是真正唆使施虐者行使虐待行為，而自己不用動手的那個人。）
2. 先同理接納其情緒反應，待其情緒和緩下來才繼續往下談（有時是一面往下談，一面做情緒同理反映）。	2. 若為善意的非施虐者則優先同理其為難的立場與處境，肯定其照顧子女的好行為，增強其繼續保持照顧孩子的好行為，若遇困難可與社工員聯絡。
3. 誠實告知所發生的具體事實及社工員介入服務的角色、任務和善意立場，以及依據的法令、規範及社工員的處遇計畫。	3. 同理接納其可能遭遇的情緒與壓力。
	4. 同左3。

與施虐者的會談	與非施虐者的會談
4. 再解構其「不當對待子女事件」背後的正面動機，如：想努力做一位好父母。	5. 再強調社工員為其家庭所尋求的資源與支持，以及保護兒童的重要性。
5. 指認父母雖動機良善，但對待子女行為是錯誤的，以及其對子女的影響。	6. 與家長討論預防孩子繼續被施暴的作法與想法，以增加其保護兒童的觀念與能力。
6. 說明未來與社工員合作的兒少保護服務流程及服務的方式與頻率（如家訪、會談、接受親職教育、諮商安排等）。	7. 說明未來與社工員合作的兒少保護服務流程及服務的方式與頻率（如家訪、會談、接受親職教育、諮商安排等）。
7. 關心家長的個人需要與期待（如下面章節所述）。	8. 關心家長的個人需要與期待（如下面章節所述）。
8. 談論子女的需要與發展。	9. 談論子女的需要與發展。
9. 找出共同解決困境的方法。	10. 找出共同解決困境的方法。

二、會談的目的

1. 與父母說明保護兒童少年的目的，例如政府保護兒童少年的善意與服務的法令依據，以及社工員角色和保護機制與服務流程、服務的規劃（含安置返家計畫）等。

2. 與父母建立接納與合作的服務關係：這是最為挑戰社工員的地方，社工員要學會面對及回應不同類型與情緒反應的個案，這也是需要社工員持續以穩定、勇敢、堅定立場和運用專業自我與能力的地方。

3. 幫助父母認識及覺察自己的需要與處理方法。

   (1) 父母是否因照顧孩子或其他家人的需要，而無法照顧到自己的需要？

   (2) 當父母心情不好或覺得寂寞時，是否會要孩子陪在身邊？

   (3) 父母是否承認親職能力的限制？

4. 與父母談子女的需要與教養方法。

   (1) 父母每天對孩子的食、衣、住、行、育樂、交通、課業和健康等需

求是如何回應的？

(2) 父母是否感受到教養壓力？

(3) 孩子哪些行為讓父母感到困難？最難的是什麼？

5. 教父母學習放鬆。

6. 討論情緒控制的具體可行方法。

7. 建構父母可用、及時和方便的求助管道與資源。

三、先與父母談自己的需要

（一）會談內涵

1. 帶著好奇關心他們是如何長大的，發生了什麼？什麼事是印象深刻、刻苦銘心的？早期與他們的父母是如何互動的？父母對他們的管教如何？那樣的管教對現在的影響是什麼？

2. 要幫父母對他們的人生有看法、有感覺，多問他們的心情，案主透過「說」來表達，即是一種再建構，可以幫助他們產生不同的意義感。

3. 再引導家長回到現在自己身上，看看自己目前的需要，包括：

   (1) 家長個人身體健康、心理、情緒、醫療：含每天的飲食、睡眠狀況、生活作息安排、就醫持續穩定與是否真的服藥、發生什麼事通常會讓心情不好、心情不好時通常會做什麼事、做什麼會讓心情好一點等。

   (2) 家庭及個人經濟狀況：家庭基本生活需求滿足狀況，包含現在家庭經濟主要靠誰的收入？誰是家庭經濟主要的掌控者？每個月家庭收入與支出狀況、是否有負債、面對債務的態度及如何處理等。

   (3) 家庭成員的互動關係，如夫妻的親密關係、親子關係、手足關係與動力狀態。

   (4) 家長的優勢、優點或過去成功經驗。

   (5) 家長的社交人際關係，含兩性關係與交往狀況等。

   (6) 目前最在意或困擾的事情。

   (7) 願望與期待。

(8) 其他壓力：如目前尚有司法案件纏身等。

4. 協助分辨上述是「需要」或「想要」？

5. 與家長討論並形成短期目標或較遠程目標；例如一對有親子衝突的父子，父親的需要是希望成為一位稱職的父親並能好好與孩子相處。所以短期目標是父子二人能好好說話，遠程目標是能達到有效的教養。

四、再與父母談子女的需要

與兒少保護家長的工作初期本來就充滿對立性與抗拒性，社工員不要怕案主生氣、微詞、否定、抗議、抱怨、衝突……，宜視這些現象為可工作的機會，所以社工員要先心理建設，情緒的容忍度要高；當安撫、安頓好了父母，就可以進一步引導談論子女的需要。有時孩子的需要不能等，社工員可彈性運用會談兼顧雙方的需要。

（一）會談內涵

1. 關心父母的教養困境

在兒童少年無立即安全的危機下，建議前二到三次與家長的互動先不直接談教養的對錯與方法，以及對子女的影響，因為先談論管教，家長會容易緊張、防衛。故建議先談：

(1) 父母教養的困難。

(2) 父母教養困難的心情與壓力。

(3) 肯定管教背後的正向訊息是為了「做好父親、做好母親」。

(4) 澄清期待與擔心。

(5) 討論過去有效的處理方法與無效的處理方法，以及兩者的差別。

(6) 協助家長蒐集生活中聽過或看過令他欣賞的管教方式，可成為未來教養的學習參考；社工員亦可提供管教方法。

(7) 協助家長重新選擇，以替換舊有不當的管教方式。

2. 關心父母的親職功能

(1) 父母每天如何回應與照顧孩子的需要？可從典型的一天怎麼照顧孩子談起，包含主要照顧的人是誰、照顧的時間與方式等。

(2) 對子女的期待合理與否？

(3) 改善親子溝通互動的意願？

(4) 管教的態度與規則是否穩定並清楚一致，且具彈性與開放。

(5) 是否會陪伴與尊重小孩？會聽孩子的意見？每天會花點時間陪孩子做孩子喜歡的事？

3. 談與子女的依附關係，建議可從二方面進行了解及評估

(1) 父母是否可精確猜到孩子的需要。

(2) 父母是否容易放棄，或願意再嘗試努力滿足孩子的需要。

五、提醒事項

1. 人在情境，社工員常注意情境，常解決問題，而忘了情境中的「人」才是會談主體，所以要留意案主是如何解讀情境，案主如何適應情境，才能進行有效的會談。有時情境大到連社工員都動不了時，建議可從情境中的人動起，幫助案主重新認識自己，重新解構會有機會轉動改變的。因此社工員不要輕易放棄案主或說是案主不配合。

2. 對於認知功能低或太固執、覺察力低、表達力差的案主；不要一直問他們的心情想法，這對他們是困難的，社工員可依其邏輯主動重複呈現案主可能有的心情與想法，或他們合理化的理由，再予以核對以進行會談。

3. 若同理一個人，他仍不為所動或不當的行為無法停下來，有時是因為案主的思考太僵化所致，社工員就要改變會談策略。

4. 有些案主可以說之以理，但大部分兒少保護家長在高壓力、高焦慮的情況下要先動之以情，才易建立關係以啟發合作的契機，改變才有可能發生。

5. 個別會談也有限制，有時需採聯合會談，但聯合會談前得先進行個別會談，個別會談是為了進行聯合會談做準備。

6. 會談過程多聚焦於「此時此地」，即留意案主是如何回應社工員的？而社工員自己是如何回應案主的？

7. 留意家中哪一位成員是社工員常會談的對象？哪一位是沉默或常缺位，但卻是孩子的重要他人？社工員安排會談對象要兼顧，不要只跟容易接觸的人會談。

8. 以脈絡的觀點看家長，才能理解他們的人生關卡、痛苦、悲哀與辛酸，或一再被施暴或施暴的苦；理解了才有可能貼近。

9. 社工員從自己的位置移動至個案的位置，看個案的人生，才能體會人在絕望、無望以及高壓力下可能的不當行為和心理；這樣可以開闊社工員的視野與對案主的涵容度，助人者的柔軟與深度同理才易產生。

六、當家長有以下狀況時的會談方式

（一）與異性家長會談

1. 社工員對與不同性別的家長會談要有敏感度，性別亦是一種次文化，每人或多或少對異性會有刻板印象，要留意，理解才能同步貼近。

2. 社工員要先思考對方於不同性別的角度或脈絡可能怎麼看你，才能事先裝備自己如何與不同性別的家長進行會談。

3. 通常男性或女性在認知及理解事情方面有不同程度的經歷、歷程與速度，要留意。

（二）與認知功能較低或年紀較大的家長會談

1. 少談要「增加」做什麼樣的行為，因為談增加對他們是困難的，容易挫折。

2. 多談「減少或停止」所做的不當對待行為，強調不當對待行為可能的後果。

3. 社工員要指認和重複舉證該不當對待行為所造成的傷害和遺憾。

（三）與有憂鬱症的家長會談

1. 要留意自殺與死亡的風險；注意這類家長的低能量加上情緒不穩定時，是否沒力氣照顧小孩，小孩會因而有危險，尤其年幼的孩子。

2. 社工員非一定一直傾聽，傾聽久了家長與社工員都易被事件淹沒，所

以大約聽五分之一就好，社工員就要開始找工作的立足點開始工作。

3. 社工員可以主動不讓家長談過去，可談現在發生的好事（優勢觀運用）。

4. 社工員亦要先思考案主在其脈絡下是如何看社工員的。

（四）與移情的家長會談

1. 要接納並善用移情，勿害怕、勿逃避；會談可回應到案主的心理路程，可以對個案這個人多一些關心，但需維持界線避免被一再投射。

2. 社工員已經很難理解移情、投射了，何況是案主；但我們是受過訓練的人，所以要多敏銳覺察、自我幫助或尋求督導、機構協助。

3. 社工員的敏感度很重要，例如一位案主說：「你常關心我、常幫助我，我已經很久沒有遇到像你這樣的人，讓我感覺可靠又放心！最近我若有心事都會第一個想到你……。」建議社工可回應：「我知道你為什麼會這樣說，我知道你這麼說是語重心長的……但我猜你可能是想到你那負心的先生／太太……。」

柒、家庭訪視情境下的會談

家庭訪視時通常會遇到一位或一位以上的家庭成員，當有一位以上的成員出現時，正是社工員觀察家庭成員互動的好機會，甚至可運用聯合會談技巧，只要社工員善用敏感度，以避免被成員無形中的期待影響而選邊站。

社工員有時依需要特別指定，邀約某位成員在家訪時會談，該成員可能會如期出現，也有可能故意缺席，這都有其心理意義，社工員需再行了解。會出席者可能是與社工關係建立不錯，也有可能是家庭長期互動下常代表家庭發言的人。而缺席者大都在兒童少年保護介入初期的非自願心理所致，如擔心虐待事件被揭露，或否認逃避面對兒虐事實所產生的抗拒行為，此外缺席者也有

可能是不慣與有壓力、有身分如社工員這樣的人互動，也有可能是長期為家中的沉默者，或可能是被另一成員威脅不可出席受訪，或是因施虐者在場不方便發言的人；上述種種狀況皆與家庭動力以及因兒少保護系統介入之後所產生的動力有關。

一、家訪情境下會談的原則

1. 可兼顧「個人系統」、「家庭系統」及「環境系統」三個面向來關心進行。
2. 運用社工員的感官知覺配搭會談溝通技巧，進行此時此地的會談。
3. 最重要的是洞悉並運用家庭動力。

二、家訪會談內涵

（一）以社工員的「感官系統」來會談

運用社工員本身的「感官系統」於現場蒐集資訊，以作為評估的訊息；最常用的感官如下：

1. 使用「視覺」觀察

(1) 居家環境的安全

如是否有不利兒童少年安全（尤其對幼兒）的設施設備及物品，如：藥品、清潔劑、刀子等的不當擺放、暴露的電線、過低的窗戶等；另外觀察住家空間的大小、設備及擺設，如衛浴設施及是否提供兒童少年使用的衛浴用品、空間的空氣流通和光線、房間的分配、誰和誰一起睡（案主向社工員說的與實際觀察的真實狀況是否有落差？），尤其疏忽和性侵類型的個案，在居家環境因素可觀察實際生活層面的訊息，以作為評估及關心。此外，有無其他特異的物品如丟棄的酒瓶、未清理的煙蒂、使用毒品的針筒或針頭等。

(2) 家庭成員互動行為的觀察

如家人間肢體互動狀況、表達需求方式、父母之間及與子女間彼此溝通回應方式、家人間情感的交流等，皆可在現場觀察知悉。

(3) 家人間語言表達方式

包括表情以及溝通姿態的友善性或攻擊性，或疏離、冷淡、冷漠等，皆可知是否有口語暴力、精神虐待，以及家人間溝通氛圍的正向或負向性、家人間情感交流的支持性等。

2. 使用「嗅覺」觀察

如煙味、酒味、其他因環境衛生不良、通風不佳，或有多時未清洗的衣物、腐敗的食物所產生的潮濕味和腐朽臭味等。

3. 使用「聽覺」觀察

如家人間溝通的用語習性與聲調，是正向還是負向居多。

（二）從關心成員「個人系統」來會談

關心個人需求滿足、個人功能發揮、個人角色行使的狀況。

1. 個人需求

由基本生活需求、經濟、情感依附、健康醫療、人際互動、學習教育等來評估會談。

2. 個人功能

由以下三方面來關心：

(1) 認知功能含智力、判斷力、現實感、連慣性、彈性度、自我概念、價值觀與態度、復原力等。

(2) 情緒功能含情緒反應與表達、情緒範圍狀態、情緒控制力、是否有情緒疾患及自殺風險等。

(3) 行為功能含人際互動因應模式、社交技巧、溝通模式、個人習慣與特性、權力的使用與控制以及支持能力等。

（三）從關心「家庭系統」來會談

1. 關心家庭的經濟功能、教育功能、照顧功能、親職功能和情感支持功能。

2. 關心家庭關係與動力，其中家庭動力包含家庭關係、家庭是否有結盟現象？親子依附關係、權力分配與控制、夫妻互動關係是親密和諧或冷漠疏離、手足互動關係及家庭開放度等。

3. 家庭角色與界線是否有親職化兒童少年？是否有代罪羔羊？或為父或母的情緒配偶等。

（四）從關心「環境系統」來會談

1. 關心住家環境的穩定度、安全度和清潔狀況。
2. 關心社區支持狀況，如與親友、鄰里和相關社政機構的互動關係。
3. 關心資源使用狀況，如使用的觀念、態度是太依賴或太封閉被動。

（五）依該次家訪會談的特定目的與重點來會談

家訪會談是依據個案處遇的需求來進行，包括評估的需求或處遇計畫需求，因此每次家訪必有其目的性與會談主要重點。

三、提醒事項

1. 若家訪時有親戚或鄰居在場，要特別留意個案的隱私權，可先徵詢家庭成員是否允許他人在場。
2. 家訪時若有兒童少年在場，宜避免其父母或主要照顧者當場批評指控兒童少年的錯。
3. 宜排除會導致家訪會談分心的因素，如環境過度吵雜、會談時一面看電視或一面聽音樂，或有需要特別照顧的幼兒，其若會影響會談順利進行，有時需事先與家長討論安排托育，除非社工員當次的任務是要觀察親子依附或照顧、親職狀況。
4. 家訪前事先評估社工員單獨家訪的安全性，必要時請另一同事一起家訪，或請警察或鄰里長陪同關心。
5. 對於時常失約放社工員鴿子的家長，社工員勿輕易放棄或認為是案主不合作，案主的「失約」行為背後一定有個好理由等待理解，所以需要社工員不厭其煩的陪伴、接納與再關心。
6. 對於拒絕開門而當下確定在家的家長，若在風險評估初期或個案疑似有自殺、自傷、攜子自殺或嚴重暴力的高危機狀況，則宜請當地警察陪同介入處理，此時不宜做一般性的會談。若個案無立即性危機狀態

而仍不願開門，則社工員亦不要立即放棄離開，可在門外嘗試以溫暖、關懷的口氣喊話，鼓勵其給彼此一個當面互動機會，並再告知社工員的角色與心意，同時留下名片以便聯絡。

捌、結語

與案主的會談，希望能夠做到「到位的陪伴」，亦即社工員需養成自我覺察的反思習慣，反思自己的認知、價值觀或觀點的運用與影響，反思會談當下的情緒反應及處遇，以及回應案主的行為等，當對自己的態度、見解、感受或權控有更多的檢視時，改變才有可能；要知道所有不對勁的事，其實是從自己的不對勁開始。會談的實務需要時間邊做邊學邊磨練的，建議可以先從運用熟悉的理論開始。

參考文獻

一、中文部分

江垂南（2011）。〈關係治療研習資料〉。南台中家扶中心。

孫頌賢（2013）。〈情緒取向同理反映研習資料〉。南台中家扶中心。

楊筱華（1995）。《動機式晤談法：如何克服成癮行為戒除前的心理衝突》。臺北：心理。

洪文惠（2005）。〈兒少保護個案研討研習資料〉。南台中家扶中心。

宋麗玉、施教裕（2009）。《優勢觀點：社會工作理論與實務》。臺北：洪葉。

二、英文部分

DePanfilis, D. and Salus, M. (2003) *Child Protective Services: A Guide for Caseworkers*. Children's Bureau, USA.

Chapter **6**

接案與調查的
評估與決定

林惠娟、葉明昇

前言 Foreword

　　「接案」與「調查」的評估工作，是兒童少年保護工作「案件確認」階段的主要任務，對於通報進來的兒童少年不當對待案件作初步的回應與處遇。「評估」是一個有系統的蒐集彙整、分析研判資料的歷程，目的在確認兒童少年是否安全、找出家庭的優點和處理問題的能力，接著社工員據此評估的結果，做出合適的處遇「決定」，進而發展有系統的介入計畫。除了倚賴社工員本身的專業知能來進行研判外，基於《兒少權法》的規定，接案與調查的個案工作流程都需符合各項行政法規，或使用特定的評估工具，提出一套有系統的調查評估報告。本章將介紹各類評估的概念、接案和調查的評估和決定歷程。

壹、評估的類型與面向

　　在兒童少年保護的工作流程中，「評估」是一項極為重要，但又相當具有挑戰性的任務。從受理通報的接案開始，評估就是一個持續的資料蒐集和研判的歷程，因為案件的家庭及環境狀況隨時在改變，只要有改變，兒少保護社工員就必須持續不斷進行評估，並根據此評估的結果，做出適當的回應與決定。

一、評估的類型

　　基於使用的時機不同，例如所需蒐集資料的數量和接案時間的長短，兒童少年保護工作中的評估類型有三，分別是「安全評估」、「風險評估」和「家庭評估」，詳見圖6-1。這三類的評估內容及評估面向分別說明如下：

（一）安全評估

　　「安全評估」關心的是兒童少年目前的人身安全情況，根據蒐集而來的資料研判情況是否有引發立即性的傷害，此處所為的傷害分為兩類，一是直接或

立即性的傷害，可能是最近剛發生或正在發生；二是嚴重的傷害，必須立即介入才能控制情況惡化（鄭麗珍譯，2011）。安全評估使用的時機幾乎遍及整個個案工作流程，特別是在受理通報的時機最需要這項評估，只要兒童少年個人或其家庭的任何改變可能帶來危險性的情境，就需要立即進行安全評估。如果安全評估的結果確定了兒童少年所處的情境是不安全的，社工員就必須做出適當的回應，如為兒童少年擬定與執行安全計畫，或甚至進行緊急安置的措施。

短期可操作的安全計畫之案例：「社工員、老師與媽媽都很擔心爸爸喝完酒會發脾氣在小孩身上，讓小孩瘀青受傷，所以未來的兩個星期，如果爸爸喝醉酒開始吵鬧，媽媽就把小孩暫時送到隔壁阿嬤家。」

（二）風險評估

風險是指未來的可能危險和潛在傷害，「風險評估」是要找出任何可能對兒童少年造成未來長期傷害的因素，這些風險因素可能存在一段時間，可能再次發生。風險評估通常建立在安全評估之上，部分內容是重複的，但可以幫助及避免社工員忽略了長期的風險。相對於「安全評估」強調兒童及少年立即的人身安全，風險評估的接案時間比較長，蒐集的資料及面向比安全評估的內容再多一些，例如社工員為了評估未來可能傷害的風險，已經開始蒐集一些有關家庭的需要與優勢，協助決定案件後續是不是需要兒少保護系統介入，以及需要哪些兒少保護系統介入的服務方案，是家庭維繫方案或家庭重聚方案。

（三）家庭評估

「家庭評估」的範圍包括兒童少年人身安全的安全評估及風險事件的風險評估，但評估的時間更長，蒐集的資料更寬泛，包括兒童少年的發展歷程、家庭關係和家庭功能、養育及保護兒童少年的能力、家庭環境與家庭優勢等的資訊，作為規劃後續處遇計畫的基礎。

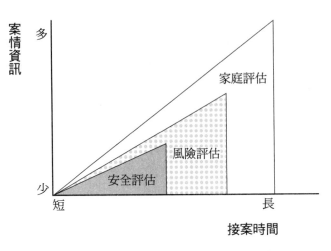

圖6-1　兒童少年保護工作評估使用時機

二、評估的向度

　　在兒少保護工作中，會因為不同的個案工作階段性目標，而需要進行不同類型的評估，但不論是進行何種評估，大致都需要透過蒐集有關「受虐兒童及少年」、「施虐者／照顧者」、「家庭」及「環境」四個向度的資訊來進行分析與研判。大致來說，蒐集資訊的方式包括：訪談家庭成員及知悉案家狀況的相關人士、檢視相關服務記錄、實地訪視以觀察案家與社區環境等，只是在不同類型的評估中，蒐集的資訊焦點、廣度及深度會有所不同而已。

　　由於兒童少年保護個案工作流程，大多立基於《兒少權法》的規範及許多行政規則，又有許多評估工具的建立，對於各類型的評估面向有很多討論，本章依據上述資料嘗試彙整後，針對不同類型的評估及評估面向，做出各項評估的重點，詳見表6-1。

表6-1　安全評估、風險評估與家庭評估

評估類型	安全評估	風險評估	家庭評估
使用時機	受理通報後或案家出現危機時，評估案主是否安全。	受理通報或調查評估時，有系統的檢視可能造成未來傷害的風險因素。	規劃家庭處遇時，有系統的評估家庭概況與資源、未來改變的潛能。
「受虐兒少」評估向度	• 傷勢：是否因受虐導致嚴重傷勢？	• 受虐狀況：類型、傷勢、頻率。 • 年齡／身心特質。 • 自我保護能力。	• 受照顧狀況、照顧史、依附關係。 • 親子互動關係。
「家長或照顧者」評估向度	• 施虐行為：施虐者使用極端暴力或消極不作為？ • 施虐者對受虐兒少有極度負向的評價。 • 施虐者對受虐兒少的親職認知有過高的期待。 • 施虐者威脅要傷害案主，而且威脅是可信的。 • 施虐者因精神疾病明顯影響其保護或照顧的能力。 • 身心發展問題：施虐者因智能障礙無法保護或照顧兒少。 • 施虐者因使用酒精、毒品、藥物而明顯影響親職能力。	• 家長或照顧者的身心狀況：生理、認知、情緒、行為等方面的問題。 • 家長或照顧者對兒少保護調查的反應。 • 家長或照顧者的親職認知與親職能力。 • 家長或照顧者的成長過程有無受暴史。 • 家長或照顧者有無物質濫用史。 • 家長或照顧者有無精神疾病史。	• 家長或照顧者的身心狀況、健康狀況、個性、行為特質、精神診斷與物質濫用。 • 家長或照顧者的社會功能不好，例如失業、家庭關係、社會互動。 • 家長或照顧者的親職功能、親職行為、辛苦的成長史等。

評估類型	安全評估	風險評估	家庭評估
「家庭」評估向度	• 保護者狀況：非施虐者無法或不願保護兒少免於受到傷害。 • 婚姻暴力：非施虐者因遭婚姻暴力無力保護兒少或兒少已遭婚姻暴力事件波及。	• 家庭支持系統。 • 受虐兒少與父母／照顧者互動關係。 • 家庭暴力事件頻傳。	• 家庭結構與系統。 • 家庭動力。 • 家庭功能。 • 教養方式。 • 問題解決能力。 • 家庭生命週期與重大家庭事件。 • 家庭的優勢。
「環境」評估向度	• 生活環境：是否危害身心或有立即危險性，居住環境髒亂、房屋殘破。	• 壓力。 • 家庭的物理環境。 • 家庭周邊的資源。	• 家庭壓力。 • 家庭支持系統、資源。 • 社區關係、資源。 • 文化議題。
評估結果	• 有安全疑慮則需要安全計畫與家外安置處理。	• 兒少保護成案，提供後續家庭處遇。	• 兒少保護個案，訂定家庭處遇計畫（初步、中期、長期）。

貳、案件確認階段的評估與決定

　　依兒童少年保護的個案工作方法流程，案件確認階段的主要任務為「受理通報」和「調查評估」兩個步驟，接案人員受理案件的通報後，需依《兒少權法》第53條第3項規定於二十四小時內進行「分級分類」處理。意即在非常短的時間內，就通報資訊進行「案件篩選」，辨識出需進一步調查的案件，並進行初步處理的決定。相關的資料蒐集、評估分析及處遇決定說明如下：

一、受理通報流程的資料蒐集

受理通報階段的評估類型為「安全評估」，關心的是兒童少年目前的安全狀況，透過了解各種引發立即性傷害的因素後，判斷受虐兒少是否有立即性的危險。在蒐集資料方面，受理通報單位的接案人員在接獲兒少保護通報案件後，應先確認通報資料、初步蒐集案情，接著開始聯絡通報人、案主、家屬、相關網絡人員，主要的還是聯絡通報人，最後決定「回應通報案件的速度與方式」。接案人員用來評估和決定所需的資訊如下：

1. 有關案家成員的基本資料，例如兒童少年、家長、加害人、其他家人等的姓名、性別、年齡、地址、稱謂、就業地點、聯絡方式等。

2. 有關通報人的基本資料，例如姓名、年齡、地址、聯絡方式、和通報案家關係、如何得知不當對待事件等。

3. 有關兒童少年被不當對待的資料，例如不當對待事件的類型、嚴重程度、發生地點等。

4. 有關家長及照顧者的資料，例如家長個別的情緒行為狀況、子女管教情形、親子關係互動情形等。

5. 有關家庭的狀況：家庭組成、經濟狀況、就業情形、家中出入人士、家庭動力關係、家庭支持系統、社區相處情形等。

（一）聯繫通報人

分為兩類，一是責任通報人，一是一般通報人。

1. 責任通報人

指的是《兒少權法》第53條第1項中的相關人員，需依法盡速將疑似兒少遭受虐待的資訊告知受理通報單位，此種通報方式通常會直接與各縣市的受理通報窗口聯繫。首先，接案人員向通報人願意通報案件、協助兒童少年的熱誠表達感謝，並確認通報者的單位、身分及其可能協助的程度，並先向通報人確認兒童少年的人身安全狀況。接著，確認責任通報人是否完成「兒童少年保護事件通報表」並傳送受理通報單位，或至衛生福利部「關懷E起來」網站，進行線上通報。接獲通報案件的書面（電子）資料之後，需視狀況再聯繫通報

人，確認通報表上相關資訊。（有些責任通報單位的作法是，先傳送書面或電子通報表單後，再致電確認。）

2. 一般通報人

有些關心兒少的親友或民眾，亦會透過撥打113保護專線或聯繫地方政府的受理通報窗口，通報兒少受虐事件。也有些狀況是，案件是由受虐兒少「本人」自行通報。各自的處理原則如下：

(1) 本人自行通報

如果是本人自行通報，極有可能是受暴事件正在發生中或剛發生不久，受虐兒少不知所措或擔心再次受暴方主動求助，此時的工作原則如下：

• 同理及安撫來電者的情緒。

• 盡速確認目前是否處於安全情境。

• 受虐兒少聲調改變或突然不語，可詢問是否方便講電話或另約時間；電話突然中斷且伴隨施暴或哭泣聲響，顯示受虐兒少可能處於危機之中。

• 如有資訊顯示受虐兒少有立即的人身安全疑慮，立即聯繫警方前往處理。有時可能需要先中斷與案主的談話。

• 暫無安全疑慮即可透過電話會談，盡量詳細蒐集有關兒少受虐的資訊。

(2) 親友或民眾進行通報

• 對通報人願意通報案件、協助兒少的熱誠表達感謝，並確認通報者身分（關係、可以接觸受虐兒少的方式、頻率）及其可能協助的程度。

• 確認兒少的安全性。

• 告知通報者受理通報單位需要蒐集的資料，並鼓勵其提供的資訊越清楚越好。

• 蒐集有關兒少受虐事件的資訊。

• 確認是否有其他待協助事項。

• 再次感謝通報者，並留下其聯繫資訊。

3. 聯繫通報人時可能遇到的困難

(1) 通報人拒絕留下資訊

通報人可能因為擔心惹上麻煩，而拒絕提供聯繫資訊，此時可以告訴通報

人：「通報人的身分是保密的，聯繫的方式僅提供後續的社工員使用」、「後續的社工員在進行了解時可能會遇到困難，或是新的狀況，您是唯一可以進一步幫忙這個孩子的人，因此可能會需要您的進一步協助……。」如果通報人不肯留姓名，通報的可信度通常較低，但仍應嘗試向其蒐集相關資料，並依內容判斷、查詢是否曾遭通報等方式，判斷通報內容屬實的可能性。

(2) 通報人拒絕後續社工員介入

有些通報人會表示「只是想問問看該怎麼處理？」並「堅持拒絕後續社工員的介入」，大部分的原因是因為擔心導致家庭糾紛、激怒施虐者更嚴重的傷害小孩，或是擔心孩子會被帶離家庭，此時可以透過解釋兒少保護案的處理立場，例如：「由於兒童少年是最弱勢的一群，為了維護兒童及少年的最佳利益，政府有權利與責任介入，也請您一起來協助……」、「我們可以理解大多數的父母不會惡意傷害小孩，兒少虐待事件的發生，通常是反應了這些父母有需要被幫助的地方」、「通常社工員先跟家庭接觸，盡力協助家庭照顧好小孩，除非孩子有立即性的生命危險，否則不會馬上就帶走小孩」來減低擔心並取得通報人的協助。但也要避免給予「一定不會安置小孩」、「後續社工員一定會先和通報人聯繫」等不適當的承諾，而以「後續處理的社工人員會依照實際的狀況進行處理，我可以協助的是確實的轉達後續社工人員您的期待」。

（二）受理通報階段需蒐集的資訊

根據「兒童及少年福利與權益保障法第53條通報篩檢分類分級處理機制」的規範，詳見附錄三，在受理通報階段，受案人員應取得的資訊包括：案家成員及通報人員的基本資料、兒少被不當對待事件、父母及照顧者、兒少本身、案家家庭狀況等資訊。在實務工作中通常受理通報單位可能會有各別的格式來協助資料蒐集，不論格式為何，這些資訊的蒐集均是為了評估兒少的安全以及有利社工員進行訪調查，將相關概念整理於表6-2。

表6-2　受理通報階段需蒐集與檢視的資訊

蒐集的資訊	資訊內容	蒐集目的
確認受虐兒少目前是否安全？	1. 由於兒少的脆弱性（能承受風險的程度低），使得此類案件有高危害生命安全的風險性，受理通報人員在蒐集通報資訊的同時，需要時刻提醒自己，持續就所得的資訊確認兒少的安全性。【詳：三、決定回應通報案件的方式】 2. 通常可以詢問：暴力正在發生嗎？兒少受傷了嗎？傷勢的範圍、位置？現在是否需要看醫生？施虐者現在在哪裡？施虐者現在的狀況？是否喝醉、吸毒、情緒失控、揚言要繼續傷害案主？案主留在家中是不是會有危險？	案件分級：判定兒少是否處於立即性的危險中，以決定是否需緊急協助。
施虐者與受虐兒少的關係	1. 施虐者是否為兒少之父母、監護人或實際照顧者。	案件分類：於通報端篩選出第3類案件。
通報事件的詳細資料	1. 通報人通報的原因。如：通報至兒少保護體系的考量、是否發生特別令其擔心的事、通報人覺得受虐兒少或家庭需要哪些協助等。 2. 通報人的消息來源？了解是通報人親眼所見、聽當事人（包括受虐兒少或施虐者）所言、還是聽其他人轉述、轉述的人是誰、通報人與轉述人與案家的關係等。 3. 通報事件： • 通報人所知悉的兒少虐待或疏忽事件為何？包括發生日期、事件經過、造成了具體的傷害、有哪些人在場或知悉此事等。 • 兒少虐待或疏忽事件是否持續發生？包括：情況已經持續多久了、更加惡化了？還是老樣子？曾經做過什麼樣的努力來解決問題？結果如何？	判定是否有兒少虐待的疑慮，有疑慮者指派社工員進行「成案調查」。

蒐集的資訊	資訊內容	蒐集目的
基本資料：兒少、家庭、（疑似）施虐者的詳細資料	1. 被通報兒少的資料 • 兒少的姓名、年齡、是否為身心障礙者、性別、住址、就讀學校。 • 兒少的手足。由於手足也可能有安全的疑慮，故亦需詢問基本資料。 • 兒少目前的狀況。是否受傷、是否獨處、是否有安全疑慮？ • 兒少目前在哪裡？ 2. 被通報的家庭、家庭成員及疑似施虐者的資料 • 家長、監護人、疑似施虐者的姓名、年齡、住址、電話號碼、施虐者與兒童的關係。未同住者應留下其他可以聯絡到的資料，如公司地址、親人的住址等。 • 家庭是否有導致兒虐事件的風險因素。例如：藥酒癮、精神疾病、婚姻暴力、失業、經濟等。 • 通報人是否知道施虐者、家長或照顧者對兒童受虐或受傷狀況的解釋。 • 家庭的文化、族群背景。 • 家庭是否知道自己遭通報。	確定受虐兒少、施虐者、其他家庭成員，以進行調查工作的規劃。
其他可以提供家庭資訊的人或機構	1. 有關擴大家庭或其他友人的資料。 2. 可能會知道該家庭目前和過去狀況的其他人士之姓名、住址及電話。 3. 曾經與家庭接觸過的助人機構或專業人員的姓名、住址和電話，如：學校、安親班、社福機構等。 4. 通報人是否可能協助聯繫這些人或機構，並說服他們一起協助受虐兒少。	

資料來源：整理自《兒童及少年保護工作指南》（2005）、鄭麗珍等譯（2011）

二、受理通報階段的資料分析研判

此階段的工作，主要是依《兒少權法》第53條第2項規定，針對通報案件進行「分級分類」處理。「分級」的目的在於「評估通報案件的危急程度」，以採取不同的因應方式。「分類」則是要釐清受虐兒少與施虐者間的「關係」，希望將兒少保護社工的人力，集中投入在兩者間關係為「家庭成員」的案件類型上。本章後續所提到各種工作方式，便是針對此案件類型之說明。

（一）案件分級：評估通報案件的危急程度，以採取不同的回應方式

1. 需「立即回應」的通報案件

《兒少權法》第56條第1項所指的情形為最核心的「需『立即回應』」案件，而中央政府在「社政機關辦理兒童及少年保護案件通報及調查處理作業程序」中，羅列之「兒童少年保護案件緊急通報指標」則可作為社工員進行緊急處置的判準指標，歸納如表6-3。除了這些指標外，大多縣市的主管機關亦會有自行範定的「緊急案件」或「緊急出勤」指標，社工員可以先查閱服務單位的工作手冊或相關規定。

表6-3　需指派人員緊急處置的通報案件

案情	兒童及少年保護案件緊急通報指標	其他重要資訊
嚴重受虐	• 兒童及少年有再受暴之虞，並有可能危及其生命。（指標11） • 兒童、少年於街頭行乞，需社工員協助處理。（指標9） • 其他經評估兒童少年生命、身體或自由有立即之危險或危險之虞，需要社工員出勤協助或評估後續處理方式之案件。（指標14） • 對兒童及少年或利用兒童及少年犯罪或為不正當之行為（如觸犯刑法殺人、傷害、妨害性自主）致兒童少年生命、身體或自由有立即之危險或危險之虞需社工員協助處理。（指標13）	• 兒少有可能危及生命的傷勢，且有再次受暴之虞。 • 暴力事件正發生中（可先報警提供協助）。 • 6歲以下兒童遭獨留。 • 照顧者嚴重疏忽導致兒童發展已大幅落後。 • 攜子自殺（殺子後自殺）案件。

案情	兒童及少年保護案件緊急通報指標	其他重要資訊
主訴不敢返家	• 兒童、少年因家庭暴力或與父母發生口角、爭執等，不敢回家，無其他支持網絡可立即協助，需社工員協助處理。（指標6）	• 受害兒少主訴因受暴導致恐懼不敢返家、有自殺意念（或已有嚴重自傷行為）、出現明顯身心反應（無法停止哭泣、躲在牆角、發抖……）。
無適合照顧者	• 兒童、少年遭受監護權人疏忽或虐待，對無監護權之父、母或其他親戚願出面協助照顧者，需社工員評估是否適合託付照顧。（指標2） • 接獲3歲以下或無法明確表意之無依兒童通報，需社工員評估處理並請員警協尋；其餘無依兒童經員警協尋無人出面指認，需社工員協助處理。（指標7） • 兒童、少年之父母或照顧者表示無法照顧，需社工員評估協助安置。（指標10） • 兒童、少年夜間在外遊蕩，無法聯絡到家屬或聯絡後家屬不願領回，需社工員協助處理。（指標8）	
致死案件	• 兒童、少年遭受嚴重疏忽、虐待甚已致死，須社工員評估家中是否有其他兒童少年可能受虐。（指標3）	
性侵害案件	• 兒童、少年遭受性侵害，須陪同偵訊。（指標4） • 兒童、少年從事性交易或有從事之虞，須陪同偵訊。（指標5）	受害者主訴遭受性侵害，且疑似施虐者可持續接觸兒少。

案情	兒童及少年保護案件緊急通報指標	其他重要資訊
攜子自殺	• 強迫、引誘、容留或媒介兒童及少年為自殺行為，致兒童少年生命、身體或自由有立即之危險或危險之虞需社工員協助處理。（指標12）	
其他		• 媒體關注案件。 • 有明確的資訊指出案家可能帶著兒少逃離、躲藏或遺棄兒少。

2. 其他需調查案件

承上，當通報案件被判定為「需要立即回應」的案件時，受理通報人員便需要立即聯繫適當的人員提供協助。相對的，如果無須立即回應，則依案情指派適當人員進行調查，並依《兒少權法》第53條第4項規定於一定時限內提出調查報告。

（二）案件分類：指派適當的人員處理

「分類」的概念，是為了因應《兒少權法》第53條所列通報範圍過於廣泛龐雜，導致地方主管機關對於所有通報案件，均需依法派員於二十四小時內處理，造成兒少保社工疲於奔命。希望能在受理通報階段，便先初篩辨識案件屬性為「施虐者係兒童少年之父母、監護人或實際照顧者」的案件，以便將有限的兒少保社工人力優先運用，並聚焦在對兒少保護個案及其家庭之服務。

因而就受虐兒少與施虐者間的關係將案件分類後，依類別指派適當的人員處理。「適當的人員」通常會依各縣市政府內部分工而定，例如：在臺北市父母親虐待小孩的案件，因為施虐者與受虐兒少的關係是直系親屬，便由家庭暴力防治中心處理；褓母虐待小孩的案件，因為雙方並非家庭成員間的關係，便由社會局婦幼科處理。

針對前述的「分級分類」概念，中央主管機關原訂定「兒童及少年福利與權益保障法第53條通報篩檢分類分級處理機制」，作為初篩辨識須緊急介入之

兒童少年保護個案，決定通報個案的去向及處理的優先順序（詳見附錄三），但為因應104年2月4日《兒少權法》修正，衛福部正修訂相關處理辦法中，此部分請讀者們自行留意修法進度。

三、決定回應通報案件的方式

如前所述，接案人員就蒐集到的資料進行分析研判，大致可以做出三項回應方式的決定，一是兒童少年有立即性的安全疑慮，就應立刻派員進行初步的處理；二是兒童少年有遭受不當對待的疑慮，就應派員進行「成案調查」；三是兒童少年的情況不需要由兒童少年保護體系的介入，就應依其需求轉介合適的單位或進行結案的處理。詳見表6-4。

表6-4　回應通報案件的決定與處理

決定	處理方式
有立即性的安全疑慮（需立即回應案件）	立即派員進行初步的處理
有遭受不當對待的疑慮	派案至兒少保護單位進行「成案調查」
無需兒少保護系統的介入	依需求轉介或結案

（一）「需」立即回應的案件：緊急救援與安置評估

當通報案件被判定為「需要立即回應」的案件，且其施虐者為家庭成員時，便需立即指派兒少保護社工員進行處理。此時通常需要執行下列重要工作：

1. 緊急救援

在指派社工員的同時，亦需要視案件的需要，啟動相關網絡資源同步進行救援與協助。例如：被通報的受虐兒少有就醫的需要，且人在學校或非施虐親友的照顧下，應請該人員或聯繫119先行送兒少就醫，再通知警方或兒少保護社工員立即出勤前往協助，以終止暴力、評估是否需將受虐兒少移出家中或需保護安置。如果暴力事件正在發生中或目前無其他人可以協助受虐兒少，便需要先聯繫警察人員前往協助。聯繫警察人員的方式，除依「社政與警政機關處

理家庭暴力、兒童及少年保護案件聯繫機制」外，各縣市主管機關也可能因當地特性與警政單位有其他的協調及合作機制，也請社工員先行確認。

2. 安置評估

在實務上的操作，若發生危機的狀況可以先試圖與主要照顧者取得合作，暫時離開受虐環境，或協調其他有能力的親友代為照顧，若在各方資源用盡的狀況下，那就不得不依法啟動緊急保護安置的程序。緊急安置的法源依據為《兒少權法》第56條第1項，另同法第57條規定緊急安置期限為七十二小時，若評估要超過七十二小時以上才能減緩危機狀況，並給予個案適當的保護，社工員應向法院聲請繼續安置三個月，此後每三個月評估是否要延長安置，並於期限內向管轄法院提出聲請。

（二）「非」立即回應案件：決定「派案」進行調查評估或結案

如果通報案件暫時無需緊急協助，便需要教導通報人維護受虐兒少安全的方法，例如：緊急狀況時協助受虐兒少離開受暴情境、報警處理、協助通報113提供緊急協助。或是要教導受虐兒少透過：不要用言語或行為激怒施虐者、向信任的大人求助、撥打113專線或報警（透過練習確認兒童可以正確說出家中住址）、保護身體重要部位（頭、臉、頸、胸、腹部）、離開家中先到派出所求助等方式自我保護。

（三）轉介其他單位提供服務

如果案件是因遭遇經濟、教養、婚姻、醫療等問題，導致兒童及少年有未獲適當照顧之虞的家庭，泛指尚未發生明顯兒童少年受虐事件之家庭，則可藉由福利服務的提供，避免家庭發生兒虐事件，其可依據「兒童及少年高風險家庭通報及協助辦法」轉介高風險方案繼續服務。

（四）受理通報階段的結案

有些案件因為通報人提供的資訊不足，或被認為不可信時，受理通報人員需要盡力的向通報人解釋資訊不足的限制，並適時教育通報人蒐集的資訊項目與範圍，鼓勵通報人取得進一步資訊時，再來電通報。

參、成案調查階段的評估和決定

「成案調查」是兒少保護工作流程中相當關鍵的一個步驟，目的在蒐集足夠的資料來決定兒童少年不當對待事件是否屬實，並經由「評估」來確定不當對待事件的風險因素與案主的需求，作為成案與否的決定和家庭處遇方向的決定。成案調查的評估大致包含安全評估和風險評估，不只是要確認兒童少年是否處於安全的狀況，更要推估發生不當事件的因素是否會繼續影響兒童少年的安全性與身心發展，作為未來「兒童少年保護個案」開案決定的依據。

在兒少保護工作流程中，兒童少年社工員在「成案調查」的程序立基於《兒少權法》第53條，受理案件的社工員，被「賦予保護兒少公權力」，得以強制介入家庭，並要求家庭配合，且在接受派案後四日內必須提出「調查報告」。由於公權力介入私領域家庭需有其要件，以免侵害人民的自由與權利，所以當要求家庭依法配合時，便需要有不當對待兒少之具體事證作為基礎，因而需要針對案件進行是否成立兒少保護案件的調查評估。社工員有責任隨時提醒自己，在法律賦予你介入家庭權力的同時，同樣要求你有責任要做好更完整、更審慎的調查與評估。

社工員根據受理通報的接案人員所彙整的通報資訊為基礎，運用各種資訊蒐集的方法及助人技巧，開始針對兒少虐待或疏忽事件進行確認，若有需要，在過程中提供必要的協助，最後決定通報事件是否成立保護案件，並建議案件初步的處遇方向。調查評估的步驟如下：

一、派案：指派社工員進行訪視調查

「派案」是指通報案件經過初步評估，被認為有兒少虐待疑慮，便會由派案人員，指派兒少保護社工員進行實地的訪視調查；對兒少保護社工員而言，此過程便為「受案」，受案後便為該案件的主責社工人員。各縣市政府的主管機關的作法可能不同，但派案在程序上如能透過兒少保護社工員的直屬督導更

佳，一方面督導可以針對案情給予社工員指導，另一方面亦可依案情緊急與複雜程度，針對個別社工員的工作量進行調節。

二、進行兒少保護案件的成案調查流程

為了確立兒童少年不當事件是否屬實，社工員應以有系統、結構式態度來蒐集相關的資料，如有需要可以運用現有的工具進行評估的資料蒐集和研判分析之參考。例如「兒童少年受虐待暨被疏忽危機診斷表」、「兒童少年受虐待暨被疏忽研判指標簡明版表格」、「SDM安全評估表」等，各類評估工具各有其優缺點，重點在於協助社工員整理目前資訊，判斷有無重要訊息被忽略，並檢視目前個案的安全狀態是否需要高度被關注及處理。

（一）事前準備：調查評估的資料蒐集與規劃

調查工作的第一步是決定「如何開始」調查工作。依據「分類分級處理機制」，如果社工員被分派到兒童少年保護案件時，便需要盡快開始與遭受不當對待的兒童少年接觸，並評估其是否安全。如果不安全，就應立即出勤，並啟動緊急處理的措施。如果不需要立即出勤處理的案件，社工員可以先仔細的閱讀通報資訊，並參考以下的提醒去規劃調查評估的工作。在訪視時，最好能夠事先通知對方，以便對方能夠在家等待；但社工員也可以依據接案的通報資料來做判斷，是否不需要通知對方，為的是取得一些接受調查家庭最自然的狀況，特別是一些比較難以取得證據判斷的精神虐待或疏忽的類型案件。

調查評估的步驟和考量的資料蒐集如下：

1. 決定要「先跟誰」進行接觸

為了進行安全評估及避免施虐者影響兒童少年不敢吐實的問題，社工員在安排接觸會談的順序通常如下：遭受不當對待的兒童少年、非施虐的照顧者或家人、施虐者，最後是全家人。接觸的原則與考量如表6-5。

表6-5　兒少保護案件調查規劃：接觸對象的考量

接觸對象	接觸原則	考量點
受虐兒少	優先並單獨會談	• 兒少可能會受到照顧者非口語的引導，而影響會談、所得資訊及安全評估的精確性。 • 兒少可能因擔心遭在場人士評價、與在場人士關係不佳等因素，不敢放心陳述。
非施虐者的照顧者或家人	1. 不同的照顧者或家人先分開會談 2. 之後再集合一起會談 3. 一併評估其他家庭成員安全	• 分開會談：蒐集初步資訊，每位照顧者或家長對於通報事件的觀點不同；核對各別說法也有利於確認通報事件的真實性。 • 一起會談：有助於了解家庭動力。 • 與其他家庭成員接觸時（尤其是未成年的手足），一併評估是否有其他家庭成員遭受暴力。
施虐者	最後再會談	• 在大部分的案件中，施虐者對於兒少傷勢的解釋，被認為是最不可信的資訊。 • 施虐者可能責備或威脅受虐兒少，不可告知社工員相關訊息；或要求兒少做特定陳述。 • 當施虐者並非受虐兒少的父母或法定監護人時，基於父母有保護兒少的責任及對監護人的尊重，需要與受虐兒少的父母或法定監護人接觸，告知社政單位介入並確認其對通報事件的了解、處理與態度。

　　需要注意的是，有時接觸會談者的順序未能如我們所規劃的進行，也可以不依據這個順序來進行。例如兒童少年正好在學校上課不在家中，社工員可以選擇到學校先訪問兒童少年，或就地會談家長或主要照顧者，以提升其保護能力為討論焦點。另外，也有一些青少年的受害人可能會表達自己無需要進一步協助而拒絕接觸，除了盡量說服其合作外，此種類型案件的成因可能與青少年管教議題有關，因此也可以直接與家長進行聯繫，以討論管教的議題。

2. 決定接觸的方式

進行兒少保護調查時，以「當面訪視」為原則。面訪除了可以親眼確認接觸對象目前的身心狀況外，面對面的接觸也有助於傳達工作者的關心、同理與支持，有助於與兒少及家庭建立關係。以下表6-6是幾種接觸方式的考量。

表6-6　兒少保護案件調查規劃：接觸方式的考量

接觸方式	地點	考量
面訪 面訪	學校	• 如果兒少有就學，優先安排至學校進行訪視。 • 學校因為是孩子熟悉的地方，且通常可以提供隱密、獨立的會談空間，因此學校是接觸受虐兒少最佳的地點。 • 學校為責任通報單位，且有責任一同維護兒少安全、協助兒少。
	案家	• 如果兒少未就學，案家通常是唯一選擇。 • 可同時評估案家環境、家庭成員互動等資訊。 • 在熟悉的環境中，較容易自在的回答問題。 • 疏忽案件需至案家確認居家環境。 • 施虐者或照顧者主訴兒少傷勢肇因於跌倒、手足打架，家訪可以實地察看發生地點。 • 接觸對象可能沒有能力（需要照顧幼童、無交通工具、無車資、不會搭車）選擇到達其他會談地點。
	辦公室	• 隱密、安靜、布置溫馨的會談空間。 • 接觸或會談過程需要錄音錄影時（需依機構程序告知）。 • 欲傳達「依法進行正式的兒少保護案件調查程序」訊息。 • 有資訊指出至案家進行訪視對工作者的人身安全可能造成疑慮時。
	警察局	• 接觸對象可以方便抵達，並且可能使用單獨的會談空間。 • 接觸對象懷疑工作者的身分。 • 有資訊指出至案家進行訪視對工作者的人身安全可能造成疑慮時。

接觸方式	地點	考量
電話聯繫	--	• 只是一種便利的溝通方式，無法取代面對面接觸（透過觀察，可以蒐集重要的非語言訊息）。 • 有時需要先透過電話約定訪視的方式與時間。 • 接觸對象表示為了避免家人在旁的溝通不便，主動表示要以電話溝通。 • 電話可能隨時會被切斷，如果在電話聯繫中得到兒少有安全疑慮，應該立即安排家庭訪視。

　　在上述的接觸過程中，如果需要，應直接檢查兒少衣物覆蓋的部分是否有傷勢。由於有些不當對待事件可能是身體或性方面的傷害，這種接觸性的檢查有時候會給兒童少年一些不舒服的感受，在觸摸的接觸時要非常溫柔輕巧，同時每做一個動作都應該知會兒童少年，不宜大動作引起恐慌或害怕；加上需要客觀的蒐集證據，在觸摸的接觸時，最好要有另一位成人在場較佳，如果在學校就可以請兒童少年所信任的老師或保健室的護士協助；如果在家裡，則請非施虐的照顧者來協助。

　　3. 決定每一次接觸時的資訊蒐集重點

　　有關於調查評估的重點，除依「社政機關辦理兒童及少年保護案件通報及調查處理作業程序」（附錄三）第三點所規範的「調查評估內涵」執行外，也可由機構要求的「成案調查報告格式」來作為每次與調查對象接觸時會談或觀察的架構。以下將重要的向度整理為表6-7以供參考。

表6-7　調查評估所需蒐集的資訊

資訊向度		資訊內容
通報事件的確認	通報事件	• 對通報訊息的確認，包括：受虐兒少、施虐者、時間、地點、如何開始（原因）、施虐方式（徒手、腳踹、工具、責打部位、打幾下、言語責罵的內容、疏忽的方式）、因應該次事件方式（是否有效）、如何停止、有哪些人在場（反應）或知悉此事、傷勢（部位、形狀、大小、顏色、流血、疼痛等）、言語（責罵或辱罵內容）、是否就醫、事發後互動（是否被要求隱瞞、要求認錯、施虐者道歉）等。 • 傷勢需檢附佐證資料（照片、驗傷單、診斷證明書）。 • 最近一次受暴事件，是否為通報事件？還是有新事件？
	受虐史	• 過去受虐情形、受虐頻率（是否逐漸增加？）。 • 是否曾被通報過：首次通報或曾有通報記錄（時間、內容、當次處理情形）。 • 調查過程中所得有關非此次通報事件的受暴訊息。
個人、家庭及環境評估	案主	• 身心狀況：年齡、性別、發展狀況（含有無特殊疾病及診斷，如：過動、智能障礙等）、有無特殊行為問題。 • 就學狀況：學校（是否就讀特教班）、年級班級、在校適應狀況（學業成就、同儕相處、有無攻擊或特殊行為）。 • 照顧史／受照顧情形：是否為計畫中生育、童年與目前的照顧者及照顧方式。 • 自我保護能力：暴力造成的影響（傷勢、關係、行為、情緒等）、對暴力的認知（如何解釋暴力的發生、是否覺得在家中不安全、是否擔心再次發生？）、因應暴力的方式（是否有效？）、若非首次發生是否曾向外求助（沒有的原因）。

資訊向度	資訊內容
個人、家庭及環境評估 施虐者、非施虐的主要照顧者	• 年齡、性別、與案主關係。 • 身心狀況：發展狀況（含有無特殊疾病或診斷，如：智能障礙、精神疾病等）、情緒（狀態、控制能力）、社會互動能力。 • 酗酒或藥酒癮濫用情形、有無治療（戒治）、犯罪記錄。 • 職業狀況：目前職業（性質、穩定度、工作表現）、職業史。 • 對施虐事件之說法：詳細記載其說法、用語。 • 親職能力：對案主的態度、能否滿足案主發展需求（包括基本生理照顧、對兒少安全的維護、心理的溫暖、提供的社會刺激、穩定的生活安排）、管教的態度及方式、親職優勢與不適當親職行為。 • 合作意願：對案件調查過程配合情形、是否承諾配合後續處遇。
家庭狀況	1. 家庭狀況 • 家系圖／家庭生態圖。 • 家庭結構、家庭史、居家環境。 • 家庭功能、經濟狀況。 • 其他同住家人狀況：非施虐家人、手足，基本資料、對受虐事件的理解與反應。 • 家庭動力、家庭關係。 • 家庭壓力與危機、家庭優勢。 2. 支持系統 • 非正式支持系統。 • 社會福利系統。

資訊向度		資訊內容
總結性評估	安全評估	• 兒少目前安全狀況分析：傷害嚴重程度？兒少自我保護能力？是否有具保護功能之支持系統？ • 已保護安置，説明保護安置評估。 • 未保護安置，説明目前的安全狀況，並討論有無引發立即傷害的因素及因應之安全計畫。
	風險評估	• 持續受虐可能性分析：施虐原因？施虐者接近案主的管道？施虐者配合態度？是否有具保護功能之支持系統？ • 如需後續兒少保護處遇，説明再次受虐的風險。
	成案／不成案評估	• 成立／不成案理由分析。 • 成立保護案件：受虐類型、受虐人數。

4. 不同類型案件的調查評估重點

除了上述有關調查評估所需蒐集資訊的說明，不同類型的兒童少年不當對待事件的通報，會有不同面向的傷害影響。在進行調查評估時，每一個案件類型的調查重點會有特殊的考量，如表6-8。

表6-8　不同通報資訊（案件類型）的調查評估重點

通報訊息	調查評估的原則、重點
身上有明顯的傷勢	1. 受虐年紀越小，越需要醫療證據。 2. 留下傷勢詳細記錄（位置、大小、顏色與形狀，必要時不同時間拍攝）。 3. 確認傷勢狀況是否需緊急就醫。 4. 重要評估資訊 • 導致兒少受傷的事件如何發生？ • 是否延誤就醫？延誤就醫的理由？ • 傷勢的鑑別診斷：區辨意外事件與人為兒少虐待造成的傷勢。 • 如果發生的原因為管教，需區分管教與虐待的差別。 • 如果受虐兒少為身心障礙者，評估是否目前使用身障資源。 5. 傷勢的鑑別診斷 有關傷勢鑑別診斷，主要由透過攜受虐兒少到醫院驗傷或請專業醫師進行傷勢研判。但要注意的是，如果並未安置兒少，要攜未成年人至醫院驗傷，最好通知監護人到場陪同，以避免侵害親權的爭議。由於社工人員仍須具備的基本認識，故將可能是兒少虐待的傷勢簡要整理如下表，詳細資料請參考《兒少保護社會工作》，第9章〈虐待與疏忽的醫療評估〉（鄭麗珍等譯，2011）。

通報訊息	調查評估的原則、重點
	高度兒少虐待疑慮的傷勢

	傷勢	高度兒虐疑慮傷勢發
身上有明顯的傷勢	瘀傷	• 一般意外造成的瘀傷出現於骨頭突出部位（前額、下巴、膝蓋、手肘），出現在此部位外的傷勢。 • 特定形狀傷痕，如：咬痕、綑綁環狀、摑掌指痕、棒打中空傷等。 • 傷勢協助判斷案情及事發時間（傷後持續腫脹兩天、顏色）。 • 胎記位置及形狀不會因不同時間拍攝改變。
	燒燙傷	特殊形狀傷痕甜甜圈、屈區燙傷、平行直線、菸、熨斗等。
	骨折	肋骨骨折、幹骺、大腿內側骨折等。
	頭部創傷	嬰兒搖晃症候群：硬膜下腔出血、視網膜下出血、大腦水腫。 100公分以下高度跌落不會出現嚴重頭部外傷。
	眼部	雙眼同時受傷、腦部積血下沉，導致雙眼熊貓眼。
	口腔	牙齒掉落、繫帶斷裂（直接攻擊臉部、強迫餵食）。

中毒（酒精、藥物、化學物品）	1. 單次使用毒品代謝快，應盡速取得檢驗報告或診斷證明。 2. 施虐者為物質濫用者，兒少安全風險性高，應避免兒少與其獨處。 3. 導致兒少中毒的原因 • 為了使兒少安靜。 • 長期處於壓力下，且為藥物濫用者。 • 處罰。 • 環境不安全：藥物或清潔用品未收好兒少可取得、父母製毒。 • 強迫灌食：超量的水、辣椒、瀉劑、非醫囑的藥物。 • 如果兒少頻繁進出醫院，要評估是否為「代理孟喬森氏症」（Munchausen syndrome by proxy）。
受虐致死	1. 盡速評估手足安全、受照顧狀況及受暴風險。 2. 死亡案件處理以檢警為主，但後續需評估是否提出獨立告訴。 3. 取得檢察官相驗結果及死亡證明書。

通報訊息	調查評估的原則、重點
精神虐待	1. 精神虐待經常與其他虐待的形式共存。雖無立即的安全問題，但須考量長期對於發展上不利的影響。 2. 精神虐待是最難評估的案件類型，因為可能沒有明顯或具體可辨識的傷害，因此除了評估受虐兒少的身心狀況外，也要多關注兒少在社會互動上的發展，以及評估照顧者對待兒少的方式 • 藉助精神醫療及心理評估專業，呈現兒少身心狀況及成因。 • 依附關係、父母化子女。 • 自尊心、社交能力、親密關係能力、是否有能力發展人際關係。 • 照顧者拒絕認可（不論是言語上直接的或非言語上間接的）兒少的價值和兒少需求的合理性。 • 照顧者將兒少隔離於典型的社交經驗外，禁止兒少建立友誼和關係，使兒少相信自己是孤獨生活在世上的。 • 照顧者用言語侵犯兒少，形成恐怖的氣氛，威嚇、恐嚇兒少。 • 照顧者剝奪兒少的重要刺激和反應（如不讓案主練習走路），影響兒少情緒發展和智力發展。 • 照顧者教導或引導兒少從事破壞性或反社會的行為，禁止兒少典型的社交經驗。
疏忽	1. 家庭功能對兒少照顧的影響。 2. 不同疏忽類型評估重點 • 獨留：非單一次發生需評估保護安置。 • 無固定住所：針對原因給予協助，如為精神疾病或有攜兒少逃離之虞評估保護安置。 • 不予就學：評估案家與學校關係、兒少就學經驗、學校資源協助程度。 • 基本照顧不足：評估家庭功能、兒少因疏忽照顧導致發展遲緩程度。

通報訊息	調查評估的原則、重點
遺棄	1. 先評估目前照顧資源 • 如案主受照顧狀況良好，則盡量協助目前照顧者維持穩定照顧。 • 中長期則積極連結親屬照顧資源（如：離婚後未取得監護權的一方可能會積極想照顧、運用親屬力量協同與父母工作）。 2. 如案情涉及金錢糾紛（如：未支付褓母費用、父母與照顧者間有債務關係等），婉轉告知社會局主要處理重點為案主照顧問題，有關金錢糾紛部分仍請相關人自行透過訴訟制度處理。 3. 以《兒少權法》第23條無依兒少、第49條遺棄為主要工作法律依據；必要時方以《刑法》第293、294條遺棄罪為策略，透過司法，強迫扶養義務人出面。 4. 如案父母非本國籍，需密切與外事警察、移民署等相關單位密切聯繫。
手足間暴力	1. 評估重點為父母的親職能力（如何處理手足衝突、保護功能、是否體罰導致模仿）。 2. 是否有導致手足暴力的家庭動力或家庭規則（父母偏心、強奪物品、年紀大可以打年紀小、男生可以打女生）。

5. 與系統共同合作進行調查工作

　　兒童少年保護工作不是一位兒少保護社工員的工作而已，需有其他機關或網絡成員的合作，目的在於使資訊獲得更充分的交換，評估才能更為周全。根據《兒少權法》第70條明定主管機關於訪視、調查及處遇時，若有必要得請求警政、戶政、財政、教育或其他相關機關或機構協助，取得「兒童少年保護案件通報表（113、教育單位、警政單位）」、「家庭暴力事件通報表」、「驗傷診斷證明書」、「病歷摘要」、「傷勢照片」、「學校輔導記錄」、「身心障礙手冊」等資料，以增加調查評估的證據的客觀性及專業性，被請求機關或機構應予配合。

　　在合作的過程中，兒少保護社工員要以社政機關的角色及立場，請求各網絡機關合作，可以運用的工具有口頭說明、法規陳述、正式公文、宣導單張、

工作手冊等。社工員如果覺得對方並無意願配合，就要考慮拉高層級到督導或機關對機關的溝通，必要時也可考慮發公文協請對方配合。在工作技巧上，社工員除了口語溝通能力外，協商談判的能力也很重要，如果對方不願意合作，社工員也需要評估對方真正的阻礙，例如擔憂通報曝光？怕破壞與案家合作的關係？有違法的疑慮？不了解如何合作？唯有找出問題的癥結點後才能找到合作的可能性，透過協商溝通解除對方合作障礙，一起為兒童少年保護工作盡一份心力。

　　舉例而言，兒少保護社工員進入學校後，最常遇到的問題可能是老師問社工員：通報會發生什麼事、學生很害怕怎麼辦、家長跑來學校理論怎麼處理等等問題，教育部在2009年出版的《教育人員兒童及少年保護工作手冊》將可以協助教育人員了解兒童少年保護工作，以及老師在面對社工員、學生及家長可能面臨的問題及因應策略。社工員也可以利用單張或提供老師一些說法，安撫第一線教育人員的焦慮。

　　內政部警政署頒訂《警察機關保護兒童人身安全工作手冊》，內容中指出警察人員除受理通報、失蹤協尋外，必要時需協助社工進行案件訪視調查，以及安置之執行。夜間假日員警協助訪視家庭後，會填具兒童少年保護案件的通報表回覆，社工員亦可直接以電話與員警聯繫，了解現場處理的細節。至於執行兒童少年保護安置時，更有可能需要員警陪同，或協助維護現場所有人員的人身安全問題，一般而言，若事前知道需要員警協助，可以透過各縣市的聯繫機制提出，若是緊急狀況可在現場直接撥打110請求協助，員警到場除了維護兒童少年的人身安全外，也可確保在處理過程中，兒少保護社工員的安全能獲得適當的保障。一定要謹記與警政人員溝通時，應具體說明需協助的事項，例如幫忙看什麼傷勢？協助維護誰的人身安全？協助帶小孩過來等等，避免員警誤解或不知從何幫起。

　　兒少保護社工員也經常會接到法院的公文要求出庭作證或說明，例如兒童少年被安置的理由及狀況、兒童少年涉及疑似受虐致死、刑事或性侵害案件，或主管機關依法提起獨立告訴或代為聲請保護令等。此外，兒少保護社工員也有許多需與司法人員合作的機會，例如：有一個出生幾個月的嬰兒到院前死

亡，並發現有疑似延遲就醫的情形，醫院除通報兒童少年保護案件外，也會報警處理，社工員需與偵察佐及檢察官合作，以利評估個案是否有遭兒虐致死的可能性，了解案件司法偵察進度，並透過發文或向家長索取的方式取得驗屍報告、相驗屍體證明書或死亡證明等等文件，以作為兒童少年保護案件調查證據之一。而在保護案件、繼續或延長安置案件、收出養案件，如何具體且清楚的表達訴求及陳列重要證據是相當重要的，證據可能包括：驗傷單、保護令裁定、受傷照片、事件現場照片、錄音錄影資料、手機簡訊、信件或其他日記雜記等等。

上面的案例中社工員也可能跟醫療衛政系統接觸，以取得處遇中需要的重要資料，包括：診斷證明書、驗傷報告書、評估報告、測驗報告、病歷摘要等，社工員可以在驗傷診療的時候就提出，也可以透過發文的方式索取。

最後，社工員可能會遇到的其他合作單位及事項包括：請戶政機關提供戶籍資料；請財政機關提供財稅資料；請入出國及移民署確認個案行蹤、入境通報或協助處理外國人民遣返或外國僑民居留問題等。如確有需求，與督導討論後，可發文請其協助辦理。

三、成案與否的資料分析研判

經過調查的資料蒐集階段後，兒少保護社工員面對蒐集到的眾多資料，必須在分析研判後，評估此通報案件是否成立「兒童少年保護個案」。研判分析資料的幾個面向的考量依據如下。

（一）檢查「資訊來源」的可信度

在生活中，包含你我在內，大部分的人會希望可以與人和平相處、相互尊重，因此我們會比較喜歡、也傾向容易相信「態度好」的人。但是在作為一位兒少保護社工員，進行兒少保護案件的調查工作時，建議您要對此保持「警覺」，覺察自己「我是不是因為訪視的對象態度良好，便傾向相信其說詞？」、「我是不是因為訪視對象態度不佳，便認定其罪大惡極？」才能避免過於輕信某人或忽略了重要的訊息。

也要時刻提醒自己，成年人相較於兒童少年，擁有較多表達能力、權力與管道。所以，在作出成案與否的判斷之前，提醒自己再一次檢視自己的主要資訊來源是「誰」？這意味的是：你比較相信這個人提供的資訊，或是這個人「主動」提供了許多資訊。然後，提醒自己，除了不要被這些「說的多」的人牽著走外，還要想盡辦法，讓「不會說、不敢說、沒有機會說」的對象（可能是兒童少年、可能是表達能力比較弱的其他家庭成員）多提供資訊。而這也是為什麼兒少保護工作需要有公權力介入的原因，因為兒童少年相對於成年人較缺乏能力、資源及管道來進行陳述，而你的工作，便是要維護這些相對弱勢的兒童少年的權益。

（二）作出結論必須有所依據

1. 與同儕、督導進行討論

由於兒少保護案件的評估及處遇，評估層面複雜，需要經驗和智慧的結合。因此，在調查過程中，建議您隨時與同儕、督導進行討論，聽聽建議，確認是否有未充分蒐集的資訊，然後再做出結論。

2. 能夠提出兒童少年受虐的具體事證

兒少保護案件成案的最主要依據在於調查到的「可靠」及「明確」事證，例如診斷證明或受傷照片、通報記錄、專業評估等，指向確有兒少虐待或疏忽事件的發生。例如：

> 本案據案主陳述、○○醫院診斷證明及案主傷勢照片，案主確實因受暴成傷，評估成立兒少保護案件。
>
> 本案自95年迄今共有五次通報記錄，據案主及相關調查對象陳述，案主兄妹確實長期有遭疏忽、不當管教、目睹案父母激烈婚姻衝突及案父母自殺等未受適當養育照顧之情形，故評估成立兒少保護案件。

　　有時，成案的事證來自於社工員據所蒐集之調查資訊而形成的專業評估，例如：

　　　　案父此次施暴行為所產生的身體傷害雖屬輕微，但長期且頻繁的施暴情形已對案主心理造成負面影響。加上案父曾經本中心短期介入，但仍無法改善管教方式，再次發生暴力行為，故評估成立兒少保護案件。

　　　　本案有關性侵害部分，就目前資訊仍無法確認施虐者，但因案主可一致性的陳述遭一特定人士撫摸胸部及下體，並示範出動作、伴隨創傷情緒反應，評估案主確實曾遭性猥褻。另案母以菜刀割案主手指以禁止智能障礙案主行為之管教方式，明顯逾越合理管教範圍，故成立兒少保護案件。

　　相對的，經過調查但沒有明確的事證指向兒童少年虐待事件的發生，例如下列的幾種狀況：

(1) 謊報，無法找到發生兒童少年受虐事件的家庭。

(2) 沒有足夠的資訊可以決定兒童少年是否遭受虐待或疏忽。

(3) 兒童少年受虐或疏忽的事件尚未達到法定的定義範疇，例如：情節輕微，未致明顯傷害且無其他身心傷害或疏忽情事；未明顯逾越合理管教範圍、尚屬合理親職範圍。

(4) 單一或意外事件，且未造成無法回復狀態的傷害。

　3. 照顧者的故意不當作為和成案與否的關連

　　在有些案件中，社工員常會以「被害人有沒有受傷」、「施虐者是不是故意（惡意）的」作為判斷是否成案的依據，但當他們認為施虐者的不當作為並非故意的，社工員會傾向將通報事件解釋為「意外事件」而非「兒童少年虐待事件」。這其實是一個極需要被釐清的概念，因為資料顯示照顧者的不當作為「是不是故意（惡意）的」，影響的應該是未來是否再度受虐的「風險評估」與未來「保護介入方式」的決定，不應該成為調查評估成案與否的主要依據。因為根據鄭麗珍（2011：219）對於兒童保護案件的討論，表示「蓄意」、

「非蓄意」和「意外」、「非意外」的概念雖然是不同的，但當施虐者造成兒少受傷，尤其是嚴重的傷害時，不論這項作為是出自蓄意或非蓄意、小心或不小心，仍應被定義為「兒少保護案件」，而非意外事件。現在就以下的案件做一個說明。

通報資訊	經兒少保護案件調查，可能有以下幾種狀況
3歲幼童昏迷送醫，檢驗出血液中有安眠藥成分	狀況A：案母因案主吵鬧不休、要讓案主安靜下來，因此將安眠藥摻在案主的牛奶中，讓案主食用……。
	狀況B：案父母平時便因擔心案主誤食，將安眠藥收於高處，但案主趁案父母不注意時爬上椅子、拿到藥物，且動作迅速的塞入嘴巴、案父母來不及阻止……。
	狀況C：案父沒有想過兒童會將藥物當成是糖果的可能性，看完醫生回來後，隨手將藥擺於桌上……。

狀況A的部分很容易認為「成案」，原因是案母是故意的；狀況B與狀況C則會因為父母親並不是故意加害，而造成社工員在判斷是否成案上的猶豫。但狀況B與狀況C父母的行為確實造成案主昏迷，因此應被認定確實對孩子有疏忽照顧的情形，也就是說，成立兒少保護案件的主要依據是「兒童昏迷送醫，檢驗出血液中有安眠藥成分」這樣的嚴重傷害，而非照顧者是不是故意傷害案主。照顧者「是不是故意」造成兒少的傷害，對於案件的重要性在於影響「後續處遇」。以前述的案件為例，狀況A因施虐者是故意餵食，所以案主的受暴風險高，可能需要評估緊急保護安置；狀況B的處遇重點則是協助父母如何透過環境安全的維護，避免意外事件再發生；狀況C的處遇則是要協助案父理解兒童的行為特質及誤食藥物可能造成的風險。

四、調查評估後的初步處遇方向

依「社政機關辦理兒童及少年保護案件通報及調查處理作業程序」第5條規定，調查評估後的初步處遇有兩大方向：

1. 依據調查結果，決定將個案列為兒少保護個案，需訂初步介入之保護服務，保護服務包括：(1)緊急保護安置、(2)家庭處遇計畫與(3)親職教育輔導。（第5條第1項）

2. 依據調查結果，決定為不成案之處理為：(1)依責任通報人員之需要，將結果告知通報人、(2)轉介家庭相關的服務資源(3)無需轉介任何服務逕行結案。（第5條第2項）

在進行兒少保護案件調查與處遇時，「成案與否」及「是否需要兒少保護系統的後續服務」是實務上兩個不同評估的面向。但在現行的法令規定與制度設計中，可以看得出來目前中央主管機關的政策方向是「成立兒少保護案件＝需要兒少保護系統提供服務」，例如前述「社政機關辦理兒童及少年保護案件通報及調查處理作業程序」第5點第1項規定「依據調查結果，決定將個案列為兒少保護個案，『需』訂初步介入之保護服務……」，以及目前兒少保護社工員均被要求登打記錄的衛福部「保護資訊系統」中，針對調查結果的欄位設計僅有「是否提供處遇計畫」而無「成案與否」的欄位[1]。

雖然中央目前的政策如此，但仍建議兒少保護社工員要能夠清楚區分兩者概念，並了解「成立兒少保護案件≠需要兒少保護系統提供服務」。當通報案件「成立兒少保護案件，且兒少有可能繼續遭受不當對待的風險時」，為了維護兒少的安全、避免其再次受暴，進行調查的社工員便需要把案件列為「需要兒少保護體系強制介入的案件」。有些案件，即使成立兒少保護案件，但經評估家中有其成年人有意願及能力可提供受虐兒少保護或照顧，且表達暫無需兒少保護系統的協助，便無需後續的兒少保護工作介入，例如：施虐者已死亡、有保護者將受虐兒少帶離受暴情境，便可以在告知有需求時仍可尋求協助，以及協助的管道後結案。

在實務上，調查評估後，成案與否的決定大致如表6-9，分述如下：

---

1. 中央主管機關係因考量各地方政府對於「成案」及「開案」等用語定義及認知的時間點不一，加以該等用語非屬《兒少權法》法定文字，故於102年5月決定婦幼安全資訊系統之兒少保護個案管理相關頁籤及表單不再採用「成案」或「開案」等文字，僅呈現「受案評估（受理通報）」、「安全評估」、「調查評估」及「提供處遇計畫」等相關法定用語。

表6-9　成案與否的決定

確認事項	處理方式
確定兒少目前安全否？	安全計畫（有計畫才安全） 家外安置（不安全）
確定兒少受虐事實否？	有兒少虐待明確事證者，「兒少保護個案」開案
兒少虐待或疏忽照顧事實足夠否？	延長調查處理的期限
確定不需要兒少保護體系介入？	結案或轉介其他單位

（一）安全計畫的決定

　　在調查評估階段中，社工員常需要在相當短的時間內，根據有限的資訊，來確定兒童及少年安全性。如果兒童少年確有安全疑慮，便需要採取一些立即的行動來維護兒童少年的安全。基於「家庭仍是兒童最佳生活成長環境」（《聯合國兒童權力公約》）與「避免安置創傷」的考量，社工員仍要積極透過給予家庭協助、與家庭成員合作規劃「安全計畫」來協助維護兒少安全。

（二）家外安置的決定

　　如果家人並無意願且沒有能力執行安全計畫時，才考慮透過「家外安置」的方式，將受虐兒少移出家庭來維護其安全。當決定對受虐兒少進行「保護安置」時，兒少保護社工員需要依實際的案情，遵守相關的法律及機構規定的行政程序完成相關工作（例如：將資訊回報督導進行覆判、緊急保護安置需依程序通知家長、檢具訴狀及法庭報告書向法院聲請繼續安置）。

（三）延長調查處理的期限

　　在調查評估階段，社工員經常面臨因情況危急或時間不足，導致無法即時完整蒐集訊息，社工員會擔心自己做出不適當的決定，此時可以策略性的運用「緊急保護安置」的七十二小時權限爭取調查評估及成案與否的空間，可以告知督導訊息缺口並暫作高危機狀態的假設（尤其是當到達現場發現狀況與通報資訊有極大落差時），直到出現新的資訊可排除危機假設為止，爭取更多的評

估空間。但是，社工員必須處理兒少被安置後的創傷反應，他們可能會因為覺得被父母拋棄、覺得自己需要為家庭崩解負責而出現悲傷、罪惡感、憤怒等情緒，因此兒少保護社工員必需要了解這些情緒產生的原因，透過向案主說明安置的原因；讓兒少了解安置處所的資訊；盡量選擇適合的安置處所；協助兒少表現對於與原生家庭分離，以及對新安置環境的感受；與兒少討論如何向他人表達他們正處在安置中等策略，來協助兒少適應安置，並且透過適合的書信往來、電話聯繫、會面安排等方式，維持與原生家庭成員的接觸，以滿足兒少對於穩定和連結的需要。

（四）確定不需要兒少保護體系介入：不成案

如果兒少保護案件不成案，但在調查評估過程發現案家有其他需求，兒少保護社工員要取得案家同意後，轉介相關服務單位，且需確認轉介單位已與案家取得聯繫後才能結案。如果案家暫無其他的需求，即可結案。

案家的可能需求，以及可以嘗試連結的資源整理如下表：

表6-10　轉介資源的評估

案家需求	可運用資源
家庭功能不足，影響兒童照顧	高風險服務方案、家庭服務中心、社會福利服務中心、兒童服務中心
發展遲緩、身心障礙者（含精神疾病）照顧	早期療育個案管理服務、身心障礙者個案管理服務、特殊教育資源、兒少心理／精神醫療資源
離婚議題、監護權爭議	離婚商談服務
婚姻暴力	婚姻暴力個案管理服務
未婚懷孕、終止親子關係	收出養服務
親子衝突、青少年教養	少年服務中心、少輔會、少年隊
心理諮商需求	社區心理衛生中心、自行負擔費用之心理諮商服務、醫院附設協談中心、兒少／成人精神醫療資源

肆、結語

　　以上有關接案與調查工作的討論，如要能夠充分執行，需在工作人力充足、個案負荷未過量、近期無人員調動（只要一有人力調動，在職的社工員便需分擔離職者的工作量）、社工員受過兒少保護教育訓練、隨時有督導或資深同儕可諮詢，以及未同時主責多件棘手或危急案件的狀況下，才可能做到。以筆者親身經驗為例，也無法讓每案的調查工作都符合上列這些「理想狀態」。因此，本章內容只是提供建議，如果可以涵括這些工作內容，將會是比較完整的案件調查評估，而不應被當成是檢視社工員是否有案件處理缺失的工具。

　　最後要提醒的是，近年來社會對於兒少受虐問題日益重視，中央主管機關常需因應重大案件，而在案件通報及處理的相關法規、辦法、評估工具與資訊系統上，不斷進行修訂與調整。但無論細部規範如何調整，仍舊不會偏離本章所提之兒少保護案件回應及處遇的核心概念，因此如遇本章中有一些法規用語或規範細節，礙於出版時間未及應法規變革而修訂，仍請讀者見諒，並將本文提及的概念內涵自行轉化應用。

參考文獻

內政部兒童局（2005）。《兒童及少年保護工作指南》。
鄭麗珍（總校閱）（2011）。《兒少保護社會工作》。臺北：洪葉。

附表6-A　通報與調查階段相關法規

法律／行政規則	於表6-B中代號
兒童及少年福利與權益保障法（104.02.04修正）	法規A
兒童及少年保護通報及處理辦法（研修中）	法規B
社政機關辦理兒童及少年保護案件通報及調查處理作業程序	法規C
社政與警政機關處理家庭暴力、兒童及少年保護案件聯繫機制	法規D
兒童及少年福利與權益保障法第53條通報篩檢分類分級處理機制（研修中） 機制E日後將由衛福部目前正研修中的「兒少保護案件通報、分級分類處理及調查之辦法」替代。	機制E

附表6-B　通報與調查階段相關概念

個案工作流程	實務工作		目前衛福部相關規範（2014.04）
	【受理通報人員】	【兒少保社工】	
主動求助、被轉介、主動求助的個案 ⇩	通報		• 責任通報人員（法規A§53、B§2）
1. 接案（intake） • 了解案主問題內容 • 篩選或過濾是否適合機構提供服務 • 服務時需考慮的事項	✄ 受理通報案件透過各種管道通報進來之疑似兒少受虐資訊		• 不詳、移動、跨縣市案件通報受理（法規B§14） • 受理通報案件處理程序（法規C§1）

個案工作流程	實務工作		目前衛福部相關規範（2014.04）
	【受理通報人員】	【兒少保社工】	
⇩			• 兒童及少年保護案件緊急通報指標（法規C、附件1） • 受案（機制E45） • 接案調查程序（法規C§2、3）
2. 開案 • 依據開案條件（或指標） • 建立專業關係 ⇩ **3. 蒐集資料** • 會談、訪視 • 查閱既有資訊 ⇩	✂ 蒐集和檢視通報資訊協助、鼓勵通報人盡可能提供具體、足夠的資訊	調查 • 疑似兒少保護案件，由派案人員，指派兒少保護社工員進行訪視調查，以確認是否有兒少受虐的具體事證（註3） • 依通報資訊為基礎，運用各種資訊蒐集的方法及助人技巧，針對兒少虐待或疏忽事件進行確認並在過程中提供必要的協助	• 受案人員應取得資訊（機制E46-50）；彙整通報資訊、建檔（法規C§2-2） • 二十四小時內處理、面訪兒少為原則、四日調查報告（法規B§4） • 受案評估（機制E55） • 決定兒少的安全（機制E62-68） • 調查評估內涵（法規C§3） • 評估工具（法規C§3、4）

個案工作流程	實務工作		目前衛福部相關規範（2014.04）
	【受理通報人員】	【兒少保社工】	
⇩		• 面訪案主為原則；每次訪視時，均需要再次進行「安全評估」	
4. 評估（assessment） • 確認主要問題 • 確定工作目標 ⇩	✖ 決定回應通報案件的方式 • 進行「安全評估」決定通報案件是否需緊急協助【本章第貳節之二（一）】 • 進行「個案篩選」，將有兒少受虐疑慮的通報案件派案進行兒少保護案件的調查工作【本章第貳節之三】	✖ 成案評估 • 決定通報事件是否成立保護案件【本章第參節之三】 • 建議案件初步的處遇方向【本章第參節之四】	• 分類分級（法規C§2-1、機制E51）、需立即回應之通報案件（機制E52）；緊急案件之回應（法規C§2-5、附錄三） • 決定兒少的安全（機制E62-68）；評估工具（法規C§3、4） • 成案決定（法規C§5）；成案評估（機制E57-63） • 進行案件初步篩檢（法規C§2-3） • 提出調查報告：需登打於資料庫、內容要求（法規A§53、法規C§4）；調查報告格式（法規C、附件2）

個案工作流程	實務工作		目前衛福部相關規範（2014.04）
	【受理通報人員】	【兒少保社工】	
5. 處遇／干預（intervention） • 處遇計畫 • 工作契約 ⇩	• 疑似兒少保護案件：將相關資訊（要有可供兒少護社工訪查的詳細資訊）彙整後，「派案社工進行調查」 • 非兒少保護案件，但有其他需求，轉介相關資源	• 調查過程中可能經安全評估兒少需要「保護安置」案主【本章第參節四】 • 針對調查結果與需求評估，進行初步處遇【本章第參節之四】	• 是否需持續服務（機制E77-83） • 依據調查結果，決定個案「列為兒少保護個案」，擬訂初步介入之保護服務：緊急保護安置、家庭處遇計畫、親職教育輔導（法規C§5、法規B§6）；實施個案管理、結合資源提出相關處遇服務（法規B§10、E77-83） • 安全評估與安全計畫（機制E62-68） • 風險評估（機制E71-73） • 依據調查結果，決定為不成案之處理（法規C§5-2）
6. 評估／評鑑（evaluation） ⇩			

個案工作流程	實務工作		目前衛福部相關規範（2014.04）
	【受理通報人員】	【兒少保社工】	
7.結案（termination）	• 受理通報階段的結案 • 確認派案及轉介結果後，通報案件處理完成		• 第 3 類 案 件 結 案（E84-88） • 個案記錄（E 89-98）

註1：個案工作的流程圖整理自許臨高等（2011：36）[1]、謝秀芬（2002：70-90）[2]

註2：有關「通報」（受理通報、個案篩選）及「調查」的定義，引自鄭麗珍等譯（2011：196-197）、內政部（2005：14-21）[3]。

註3：派案建議在程序上應透過兒少保護社工員的直屬督導為宜，一方面督導可以針對案情給予社工員指導，另一方面亦可依案情緊急與複雜程度，針對個別社工員的工作量進行調節。

註4：機制E資料可至衛福部網站下載（網址：http://www.mohw.gov.tw/MOHW_Upload/doc /兒少通報案件篩檢分類分級機制_0003521000.pdf）數字為頁碼。

註5：機制E日後將由衛福部目前正研修中的「兒少保護案件通報、分級分類處理及調查之辦法」替代。

1. 許臨高等（2011）。《社會個案工作：理論與實務》。臺北：五南。
2. 謝秀芬（2002）。《社會個案工作理論與技巧》。臺北：雙葉。
3. 許臨高等（2011）。《社會個案工作：理論與實務》。臺北：五南。

附表6-C　調查階段中的安全評估要點（網底表示有立即性安全疑慮）

向度	評估重點	有「安全疑慮」的情形
「受虐兒少」評估向度	傷勢	• **兒童及少年因受虐而導致嚴重傷勢** 當兒童及少年因受虐致傷時，社工員必需要在第一時間判斷，其所遭受的傷害是否已經「危急人身安全」？是否危及人身安全會和受虐的類型、傷勢嚴重性和頻率有關。當有下列幾種情形時，顯示是有立即危險的，你可能需要透過將案主帶離以維護其安全： 1.　危急生命的傷勢：當案主受傷的部位在頭部及臉部、腹部、臟器、生殖器、軀幹大片淤傷（如合併血尿需立即就醫）。 2.　案主身上有陳舊性傷痕，這表示案主並非首次受暴。 3.　案主受暴頻率高，一週一次為高危機。 4.　嚴重疏忽。因未獲得醫療、衣食、居住安全，而此危急生命，或導致發展大幅落後。 5.　兒童及少年主訴因恐懼不敢返家、表達自殺意念。 6.　遭性侵害，且施虐者可持續接觸兒童，或非施虐的一方無法或不願意保護案主，例如：不相信兒童的說詞、不願保護兒童遠離施虐者。
「父母及照顧者」評估向度	施虐行為	• **施虐者使用極端暴力或有失去控制的暴力行為** 當施虐者對待兒童及少年的行為是暴力的或失去控制的時，或是因為沒有能力、沒有意願而導致兒童及少年的安全、基本需求無法被滿足時，即使不考量其他因素，案主均是處在有安全疑慮的情形中，例如： 1.　**施虐者使用極端肢體或口語的暴力、殘酷的處罰，使用武器，或者嚴重的缺乏自我控制**：除了嚴重的外傷之外，如果案主身上有多處的傷勢，顯示施虐者極可能是在情緒失控下施暴、亂打孩子，或是責打時隔著厚重衣物或尿布仍造成紅腫淤傷，也顯示施虐者是使用極大的力氣或連續責打多下。

向度	評估重點	有「安全疑慮」的情形
「父母及照顧者」評估向度	施虐行為	2. **施虐者使用極為苛刻的處罰，導致對兒童肢體或情感傷害：**例如：處理偷竊問題將案主用狗鍊牽到街上遊街、要求在大庭廣眾下打自己巴掌、大聲說出自己犯錯、脫光衣服罰站等。 3. **施虐者無能力或無意願提供看顧或保護：**包括讓兒童獨留在家，或即使同在家中卻未能察覺兒童的下落，讓兒童能單獨出家外、把玩危險物品、在窗邊或陽台玩耍、讓兒童處於危險的情境中（讓兒童單獨置身旅館，導致遭性侵害的風險），或將兒童交由不適當、無法勝任之人照顧。 4. **施虐者無法或不願意提供兒童基本生活所需，或生活環境對兒童安全是有立即威脅的：**包括未提供兒童充足飲食，導致兒童長期處於飢餓、營養不良；未能提供清潔、保暖衣物；未能提供安全住所，例如：在外流浪、案家無屋頂、門窗為無法遮蔽風雨、寒冷等。 5. **施虐者無法或不願意滿足兒童的醫療需求，而導致嚴重傷害、疾病、發展問題：**例如：多次感冒不予就醫導致肺炎；或未針對特殊情緒或行為需求尋求治療，例如：不給予過動兒童醫療，導致其不受控制，衝上快車道發生車禍。 • 曾有嚴重施暴史 施虐者以前曾嚴重虐待或疏忽過兒童，且過去對於兒童及少年保護介入配合的情形反應出兒童可能有安全疑慮。例如：施虐者曾經施暴導致兒童致傷；涉及兒童重大傷害、死亡刑事案件；根據記錄顯示對於兒童及少年保護介入相當不配合，甚至曾於兒童及少年保護調查後對兒童採取報復行為。 • 施虐者刻意讓兒童及少年處於社會孤立情形，或案家可能遷離 在調查期間，如果施虐者長時間且刻意避免兒童及少年與外界接觸，包括：禁止兒童及少年與人接觸互動、不讓其上學、無其他親屬或系統曾接觸兒童及少年、不願透露兒童及少年所在位置，

向度	評估重點	有「安全疑慮」的情形
「父母及照顧者」評估向度	施虐行為	甚至根據過去記錄，案家經常以搬離方式避免兒童及少年保護介入。此時案主的安全疑慮便會增加。 **• 施虐者威脅要傷害案主，而且這個威脅是可信的** 大部分的施虐者或照顧者對於兒童及少年保護調查都是憤怒的，而且有時會將這些憤怒發洩在案主身上，因此當有人威脅要傷害或是報復兒童及少年，且這個威脅有可能發生時的時，兒童及少年便處於有安全疑慮的情境中。評估威脅是否會成真的方法如下： 1. 評估父母兒童及少年保護調查的反應：如果施虐者或家人在兒少保護社工面前不斷的責罵案主、以言語或行為表示將教訓案主、宣示會採取行動處罰或報復兒童及少年將家中的事告訴外人、強調施虐行為並無不妥故不會配合改善、要求社會局帶走兒童及少年，不然會打死案主、根據過去記錄，案家非首次發生暴力事件，且曾因兒童及少年保護調查報復兒童及少年時，案件安全疑慮程度會增加。 2. 直接詢問兒童及少年：是否對自己的情境感到恐懼？當兒童處於不安全的情境時，他們通常會知道。不論是真實情況或想像，兒童都需要被協助來面對這的擔心，社工員需要與案主討論處理方式。 3. 詢問其他家庭成員或家庭重要他人：詢問同住家屬、手足、非施虐的照顧者，並請孩子告訴你哪些人了解家裡的狀況、或與哪些人有互動，社工員可以探詢其對案主擔心的安全問題是否有相同的看法。

向度	評估重點	有「安全疑慮」的情形
「父母及照顧者」評估向度	親職能力	**• 認知扭曲：施虐者對受虐兒童及少年有極度負向的評價** 施虐者對於兒童及少年的評價會影響到其對待兒童及少年的方式，因此你可以透過詢問「您覺得您的孩子是什麼樣的孩子？」、「您的孩子有優點嗎？」這樣的句子來引導施虐者對孩子的進行描述，以了解施虐者對孩子的評價。當施虐者多使用貶低、傷害兒童自尊及人格的方式來描述兒童，無法陳述孩子優點，而且以此為理由不當對待案主時，顯示施虐者可能是惡意的要傷害這個孩子，這時，孩子的安全便有疑慮。常見的負面評價如： 1. 形容案主是「很壞」、「不祥的」、「相剋的」、「討債的」、「雜種」（甚至認為案主非親生）。 2. 養他還不如養條狗，狗至少還知道誰是主人。 3. 我非常氣我怎麼會生出這種禽獸般的小孩？ 4. 他就是犯賤、故意跟我作對，逼得我不得不動手。 5. 他就是那麼惡劣，他長大就會是陳進興那種人。我恨不得把他打死，免得丟臉等。 **• 認知不足：施虐者對受虐兒童及少年有過高的期待** 過高的期待指的是施虐者要求兒童完成或執行超過兒童發展階段所具備之能力的事情，這顯示施虐者缺乏對於兒童發展的認識，且可能因為要求兒童完成的事項，而對兒童本身或其他人造成極大的傷害，例如：要求學齡兒童獨立端滾燙的湯鍋；要求8歲的兒童在父母工作的時候照顧嬰幼兒；以訓練獨立為由，嚴酷要求學齡兒童完全做到生活自理或施行軍事化管理（洗冷水澡、戰鬥澡、早起、十分鐘吃完飯、長時間做出人體拱橋、一分鐘做100下扶地挺身、要求單獨騎乘腳踏車或搭乘大眾運輸工具到遠方以證明能力、認為說一次兒童孩子便應該懂事並永遠不再犯錯。當這種狀況伴隨著施虐者對於兒童及少年需完成任務的缺乏彈性、高標準（例如：不准其他人協助、要百分之百完成，不容許任何時

向度	評估重點	有「安全疑慮」的情形
「父母及照顧者」評估向度	親職能力	間上的延遲、態度上的不積極或任何錯誤），並在對兒童及少年未能完全任務時，施以嚴重的處罰，而這個處罰也是嚴苛的、超過能力的，此時兒童及少年便有安全疑慮。 • **精神疾病：施虐者由於精神疾病，明顯影響照料兒童及少年的能力** 施虐者因為精神病的症狀而無法完全照料兒童，或者無法提供兒童的基本需要，而且即使提供而服務和支持仍無法保證兒童安全。當有下列情形時，兒童是有安全疑慮的： 1. 想到家庭或兒童時出現異常或幻想（如：兒童遭邪靈附身、臉上有洞、身形扭曲）；精神疾病、異常行為或行動涉及兒童（如：切割身體，藏起或不給兒少食物）；或是施虐者的行為，導致兒童對其感到害怕。 2. 在過去三個月內考慮傷害兒童或自己。 3. 對自己的精神疾病情況不接受診斷、也不接受治療。 4. 不回應兒童的互動或陳述的需要、常沉浸在自己的世界。 • **智能障礙：施虐者因發展上限制而無法保護或照顧兒童及少年** 施虐者因為發展上的問題（如：智能障礙），無法照顧自己，也無法提供兒童適切的照顧，即使提供而服務和支持仍無法保證兒童安全。當有下列情形時，兒童是有安全疑慮的： 1. 施虐者的智商在70以下，且無能力行使日常生活的行為（例如：準備餐食、維持個人衛生）。 2. 在危機或緊急情況期時，無法發揮解決問題的能力。 3. 被診斷有認知發展障礙，但不接受服務。 4. 兒童必須擔任照顧者角色，提供基本的生活需求。

向度	評估重點	有「安全疑慮」的情形
「父母及照顧者」評估向度	親職能力	1. 施虐者由於使用藥物或酒精，無法照顧兒童。例如：與兒童在一起時，因使用酒精或藥物，有昏迷的狀況或留下兒童未予以照顧；因喝醉或使用藥物，有不適當的身體或性行為或暴力。 2. 施虐者疏忽或故意讓兒童及少年使用藥物或酒精。例如：將藥物或酒精放置於兒童能接觸或取得的地點、兒童自己找到或由施虐者提供，以致其使用之。 3. 施虐者於懷孕期間仍持續施打或吸食毒品、寶寶出生後因戒斷症狀而難於照顧的情形，都會增加安全的疑慮。 4. 父母或照顧者被診斷有物質濫用問題、持續使用、不進行戒治。
「家庭」評估向度	保護者	• **非施虐父母或照顧者無法或不願保護兒童及少年免於受到傷害** 非施虐一方的保護功能通常是兒童是否需要被安置的關鍵影響因素，但當你收蒐集到下列的訊息，顯示其可能是無能力或無意願保護兒童的： 1. 本身亦遭受到暴力，尤其是婚姻暴力（詳後）。 2. 因生存問題不敢得罪施虐者。因為本身無謀生能力，需依賴施虐者提供經濟、住所。 3. 與施虐者一樣仇視兒童及少年。 4. 要求施虐者對兒童及少年施暴，例如：自覺管教無力，要求施虐者代行管教。 • **其他家庭成員的保護功能** 社工員必須評估家中所有同住成員的狀況，包括：親戚、成年手足、室友或是經常往來的友人，如果這些人之一近期曾以言語或肢體暴力攻擊案主，而照顧者未提供保護，兒童就會有安全的疑慮。 當有人宣稱自己對兒童有保護能力時，社工員需進一步確認這些資訊，才能確保兒童安全：

向度	評估重點	有「安全疑慮」的情形
「家庭」評估向度	保護者	1. 必須是有意願、承認有兒虐議題及有能力的「成年人」。 2. 是否與案主同住？同住的優點是可以及時提供協助，不同住則較有可能避免施虐者接觸或騷擾。 3. 與案主的關係？關係性質及連結原因為何？案主是否相信此人可以提供保護？ 4. 過去處理施暴行為的方法。這個人過去是否知悉案主受暴的情形、不知道的原因為何？知道後如何處理？處理後是否有效？如果過去都沒效，那社工員基於什麼考量這次會有效呢？ 5. 家庭動力。這個人在家庭或家族中是否握有權力？過去與施暴者互動的方式？是否也曾經受暴？家中其他的人對施虐者的態度是什麼？（正向：承認施虐者行為不當且造成傷害、或可能造成傷害；負向：容忍、不敢吭聲、責備、協助淡化事件）
	婚姻暴力	• **非施虐一方因婚姻暴力無力保護兒少或兒少遭婚姻暴力波及** 婚姻暴力是造成兒童安全疑慮的危險指標，原因是婚姻暴力會對非施虐一方的保護功能造成負向影響，例如：照顧者可能因受傷而降低保護能力。而在婚姻暴力發生時，兒童可能目睹、遭受波及或因自身的行為（例如：遭物品丟擲、試圖保護照顧者）而受傷。因此社工員也應該評估婚姻暴力對兒童的身體及情緒上的影響。因此，婚姻暴力當有下列情形時，兒童是會有安全疑慮的： 1. 在婚姻暴力攻擊時，加害者使用或威脅使用武器。 2. 照顧者因受暴成傷，或在近期曾遭肢體攻擊。 3. 近期間婚姻暴力發生的頻率、強度增加。 4. 由於加害者的暴力行為和威脅，照顧者無法保護兒童免受傷害。 5. 照顧者抱著兒童時，加害者仍攻擊照顧者，或兒童在近期內被用來作為暴力的遮擋或被迫參與婚姻暴力。

向度	評估重點	有「安全疑慮」的情形
「家庭」評估向度	婚姻暴力	6. 父母或照顧者被認為有婚姻暴力問題，但是不接受也不使用服務或支持。 7. 兒童在近期內試圖阻止婚姻暴力。 8. 兒童害怕單獨與照顧者的伴侶相處。
「環境」評估向度	生活環境	• **兒童及少年生活的環境是有危害或有立即危險的** 當兒童及少年日常生活的環境容易接觸危險的對象（例如：有攻擊傾向的精神疾病患者、未就醫服藥的開放性肺結核患者），或是居住的房舍無法保障兒童的安全（例如：斷水斷電、門窗殘破、有漏電疑慮的電線、未收妥的刀械、家中僅有腐敗食物、充滿人或動物的排泄物、蟑螂及老鼠亂竄等），兒童及少年是有立即性安全疑慮的。 在評估這個向度時，也要特別考量兒童「年齡」對於增加或減少安全疑慮的影響。例如：同樣在充滿危機的環境中，已經能行走的幼童可能因會四處走動接觸危險物品、抓取腐敗食物食用，會比無法自主行動的嬰兒更加危險。

Chapter 7

家庭維繫處遇工作

周大堯

依據《兒少權法》第64條，經主管機關列為「保護個案者」，該主管機關應於三個月內提出「兒童及少年家庭處遇計畫」，處遇方向可概分為：家庭維繫、家庭重聚、長久安置，其中，家庭維繫模式在兒少保護工作中特有的精神與價值，在於強調家庭是兒童少年成長的最佳處所，對家庭應該提供支持性與補充性福利服務，並減少採用替代性的服務，而家庭重聚與長久安置則屬於家外安置後的處遇措施。

壹、家庭維繫模式

「家庭維繫」一詞在美國約源自於1980年代初期，在1993年，國會通過《家庭維繫暨支持法》（Family Preservation and Support Services Programs），要求兒少保護工作員在保障兒童安全的前提下，盡量讓兒童少年留在原生家庭，降低家外安置的比例。美國的家庭維繫處遇歷程大致依循下列的程序：兒少保護社工員首先須確認兒童少年是否有明顯的危險情況足以傷害其身心發展，若有則應逕行緊急安置；若有風險，但不至於需要家外安置，其實大多數需要兒少保護系統介入的個案多屬於這類的情形，則多先以「家庭維繫方案」的處遇來進行。每位社工員負責數量不多的個案量，進行四到六週的密集服務，每天二十四小時、每週七天，藉著整合案家所需的各項資源，降低家庭壓力事件的衝擊、提升親職技巧、增進家庭功能、改善兒童少年行為等，最終在確保兒童少年的人身安全（Hurley, Griffith, Ingram, Bolivar, Mason, and Trout, 2012）。

在臺灣，家庭維繫概念是在1993年之後才陸續出現，當時家庭維繫在法律上並無直接定義，屬於《兒少權法》第64條的「家庭處遇計畫」中的一類處遇

方向，直到2002年內政部兒童局（因應組織調整，現已改制為衛生福利部保護服務司）訂定「受虐兒童家庭維繫及家庭重整服務實施計畫」，才算家庭維繫操作模式的具體化開端。

家庭維繫處遇工作實施方面，常見政府社政主管機關與民間社福團體共同合作模式。在角色分工上，政府社政主管機關主要是監督者（manager）、媒介者（broker）與轉介者（referral）的角色，提供經費並與受委託執行單位簽訂契約，並規範處遇內容。而民間社福團體的角色通常是始能者（enabler）、教育者（educator）及個案能力評量者（capacity assessment），主要是執行契約精神並落實各項處遇工作（Zastrow,C.,Kirst-Ashman,K.K., 2001）。

家庭維繫處遇工作除一般個案工作之外，通常會運用團體輔導甚至社區工作的方式，提供兒童少年，甚至擴及家長的訪視輔導、親職教育課程與社區型活動服務等，針對特殊需求之兒童少年及其家長，協助連結或轉介相關社會資源，使被協助的兒童少年接受適當服務，幫助家長獲得輔導服務並改善不適當的教養知能，並透過密集的家庭訪視提供整體性的服務，聯結社會服務網絡，有效協助家庭增強能力與家庭功能，讓兒童少年之身心發展健全。

貳、家庭維繫處遇目標

家庭維繫是兒少保護工作的核心處遇方式，在處遇上主要考量有兩部分，包括：訂定個別化個案計畫與處遇服務，以及建構家庭支持網絡。

一、訂定個別化個案計畫與處遇服務

每一個接受處遇的兒童少年家庭都是獨特的，各自有不同的需求和議題，需要為其量身製作訂定一套個案計畫。社工員於接案後先進行初步診斷與評估，擬訂工作模式，例如：前六個月期間每月安排訪視兩次，電話會談四次，

新接個案經三個月的資料蒐集與評估後，擬定個案的初步處遇計畫，並依照執行策略進行各項福利服務，輔導過程中需依每一個案之狀況及需求，每三個月完成一次處遇計畫執行摘要表，以檢視服務處遇的適切性，並運用社會工作方法連結社會資源，包括家庭經濟協助、就業安全協助、親職技巧輔導、危機個案輔導、課後輔導服務、團體或個人心理諮商治療、喘息或臨時托育服務等。

二、建構家庭支持網絡

需要處遇服務的家庭經常會經歷社會孤立和資源不足的問題，擴增其社會支持網絡是重要的處遇目標。社工員會協助申請各項經濟資源（包括：定期性經濟補助、申請弱勢家庭兒童少年緊急生活扶助、兒童托育補助、協助低收入戶申請、租屋補助申請、提供急難救助金等），進行就業輔導（包括：提供就業機會、職業訓練資訊、就業博覽會資訊、教導使用網路求職、陪同職場面試等），提供生活輔導（包括：提供兒童少年生活習慣及個人衛生的指導、環境衛生教導、餐食營養與作息安排教導等），轉介兒童少年課業輔導服務、教育協助（包括：穩定個案的就學狀況、協助服務家庭與學校溝通及協調、親師衝突調解、媒合教育資源、就學安置協助等），提供其他服務，例如轉介心理情緒支持及心理諮商服務、醫療服務協助、早期療育資源、相關資源轉介、團體心理輔導活動及育樂活動、親職教育、實物提供及臨時托育等。

家庭維繫處遇工作的目的在使兒童少年繼續留在原居住處所，且評估不會有繼續受到傷害的風險。第一級服務的設計主要是指預防性服務，著重兒少發展與親職技巧知識基礎，重視健全的家庭功能。第二級服務的設計是幫助可能疏忽與高風險家庭，著重防止虐待或疏忽事件的發生。第三級服務則是針對已處於危機中的家庭而設計的，指兒少遭受虐待或疏忽的情況已經發生，而且再度發生的可能性高。家庭維繫所針對的對象，指的是兒童少年已返家並持續追蹤輔導，屬於兒少保護工作中的第三級服務。其處遇目標有四：

1. 積極關切兒童少年的身心狀況，協助他們發展自我保護能力。
2. 擬定個別化家庭處遇計畫並落實執行，讓家庭既有功能得以恢復。
3. 透過團體輔導課程，增進家長的親職能力，並促進親子互動關係。

4. 引進社會資源，包括志工陪伴及家庭夥伴服務模式，穩定家庭功能。

參、介入處遇評估

面對兒童少年有受虐危機的家庭，極需家庭維繫專業服務工作之介入，以協助家庭增進能力，並使家庭功能再度發揮，確保兒少保護個案受到合宜的照顧，並防止個案受虐事件的發生。在規劃進行處遇計畫之前，要先評估兒童少年遭受身心虐待的原因，並針對這些原因，提供相關服務介入。一般而言，進入家庭維繫方案服務的兒童少年及其家庭，除了在處遇過程中可能啟動的緊急保護安置服務措施外，常見的有生活照顧服務、醫療協助服務，心理諮商服務、親職教育服務、教養諮詢服務、相關法律服務等。

在介入處遇評估部分，乃依據服務家庭之個人層面、整體家庭狀況、家庭對於兒童少年的照顧能力、家庭改善狀況及家庭與外在環境的互動等，發掘服務家庭的需求與優勢。

一、個人層面

（一）兒童少年之生、心理發展

1. 評估兒童少年之生理發展狀況，是否符合年齡之發展階段，且評估個案是否有發展遲緩、慢性疾病、重大傷病、身心障礙、過動症狀及其他特殊病症等。

2. 評估兒童少年之精神狀況，包含精神疾病、成癮習性、有自傷的傾向或自殺經驗等。

3. 評估兒童少年是否有非行外顯行為，包含說謊、偷竊、逃學、逃家、暴力、退縮、口出穢言等。

4. 評估兒童少年心理暨社會功能，包含是否曾接受心理輔導服務、與主

要照顧者之依附關係、同儕人際關係、自我概念、情緒管理及人格特質等方面。

（二）主要照顧者之生、心理狀況

1. 評估主要照顧者之生理狀況，包含是否罹患慢性疾病、領有重大傷病卡、身心障礙等。

2. 評估主要照顧者之精神狀況，包含精神疾病、成癮習性、有自傷的傾向或自殺經驗等。

3. 評估主要照顧者之心理狀況，包含是否曾接受心理輔導，以及情緒管理的狀況。

（三）施虐者之生、心理狀況

1. 評估施虐者之生理狀況，包含是否罹患慢性病、領有重大傷病卡、身心障礙等。

2. 評估施虐者之精神狀況，包含精神疾病、人格違常、成癮習性、有自傷傾向或自殺經驗等。

3. 評估施虐者之心理狀況，包含是否曾接受心理輔導及情緒管理等。

4. 評估施虐者之施虐狀況與態度，包含言語怒罵行為、體罰過當、有暴力傾向、控制慾強、迷信、童年有受虐經驗、對於受虐事件的看法、合作意願及親職能力等。

二、整體家庭狀況

1. 家庭關係評估，從服務家庭之生活空間、心理支持、溝通方式、遭遇問題之處理方式及與親友間互動，了解家庭的樣貌。

2. 評估服務家庭面對家庭問題之態度，包含家庭是否具有共同的目標與規則、家庭具有處理問題與壓力事件的能力、家庭是否以正面的態度與行動處理問題或壓力事件、是否以適當的方法與管道紓解壓力或負面的情緒等。

三、家庭對於兒童少年的照顧能力

（一）生活照顧

包含家庭對於兒童及少年之生活照顧能力，包括衣著、飲食、作息安排及就醫等。

（二）親職知識能力

包含能了解兒童少年身心發展的需求；了解兒童少年的特質、能力、喜好與極限，並予以尊重；對兒童少年能有合理的期待；能注意並察覺兒童少年問題的表徵；能運用技巧策略糾正兒童少年行為指導；有能力處理兒童少年行為所遭遇的困難；有能力運用教育、醫療、心理諮商、社會福利等資源協助。

（三）管教狀況

包含管教的態度、管教的方法等，是否具有一致性。

（四）居家環境

是否有適當的空間安排、居住環境符合安全條件、住所乾淨衛生，符合兒童少年居住、居住狀況的穩定性、符合兒童少年生活與學習之環境及與鄰里互動狀況等。

（五）經濟狀況

包含家庭工作收入、經濟來源、經濟能力、債務等，評估是否會將金錢用在兒童少年生活照顧及教育方面，遭遇經濟困難時，尋求資源協助之能力。

四、家庭改善狀況

（一）改變動機

從家庭是否能覺察教養兒少的問題、具有解決問題之意願、願意接受外界的協助，來改善並提升照顧與教養兒童少年的能力或家庭問題，及對外界的協助或服務能有執行力等方面，評估家庭的改善狀況。

（二）合作意願

從是否願意提供相關資訊，幫助專業人員了解家庭狀況與問題、與相關機

構合作之意願，以及願與專業人員共同討論家庭問題，並共同擬定執行計畫等評估家庭之合作意願。

五、家庭與外在環境的互動

評估家庭之非正式資源及正式資源間互動的狀況，包含資源的使用狀況；使用資源的能力、自願與使用頻率；資源對於家庭的支持度，及家庭對於資源協助所持的態度。

肆、處遇計畫、流程與處遇策略

依政府訂定「受虐兒童家庭維繫及家庭重整服務實施計畫」，家庭維繫是經評估原生家庭有能力照顧受虐兒童少年，兒童少年仍留住在家庭者稱之。服務方式有三，包括：社工員安排增強父母或照顧者親職知能的服務；社工員維持家庭訪視或與兒童少年會談，次數隨危機性降低而減少頻率；協助整個家庭接受維持家庭功能之服務。

一、處遇計畫

（一）訪視輔導

一般在接案之後即由社工員進行初評，並開始訂定工作計畫，通常在前六個月期間，每月安排實地訪視兩次及電話會談輔導至少四次，期間亦進行各項福利服務工作。過程中依照個案之狀況及需求，每三個月（季）執行處遇服務摘要一次，根據其家庭功能恢復狀況及受虐危機程度，檢視服務處遇的適切性，並隨時提供家庭所需諮詢及服務。個案服務過程中，均以個案的安全性為優先考量，若兒童少年有疑似再受虐的情形，須評估危機程度並做必要的後續處置。

（二）連結社區各項資源並建立網絡

連結社區資源，包括家庭經濟協助、就業安全諮詢、辦理親職教育、目睹及危機個案輔導、父母效能團體、種子志工培訓、課後輔導服務、團體或個人心理諮商治療、藥毒癮治療等。包括區域內之醫療院所、心理衛生機構、相關社福機構與教育單位等。

（三）心理諮商服務

家庭維繫工作接觸到的個案，常有身心受創或創傷後壓力症候群之兒童少年或家長，連結專業心理師提供服務，一般會安排六至十二次作為一個期程，協助個案走出心理創傷，而在整個過程中，社工員與心理師間應保持密切的討論，共同以尋求個案最佳利益為考量。

（四）團體輔導

依個案行為或問題需求進行團體輔導工作，並依照團體主題邀請兒童少年或家長參與，這種主題式小團體輔導活動包括有：自我成長、人際溝通、情緒調適、親職技巧等，社工員加強運用團體工作理論與操作模式，藉由團體動力來降低個案危機及增進解決問題之能力。

（五）親子營隊活動

在家庭維繫工作中，由於兒童少年及家長通常是共同生活的，但實務上發現仍有許多家庭親子平常少有共同出遊的機會，故適時提供親子共同參與的營隊活動，藉此增進服務家庭的機會。另一方面，社工員可透過活動中觀察親子互動過程，並對應訪視輔導中的各種言行舉止進一步了解，而尋求可能改善家庭親子關係的策略。

（六）提供志工服務

志工的有效運用在家庭維繫工作上是不可或缺的一環，尤其是針對兒童少年個案的需求，提供受過相關訓練之志工參與兒少課業輔導，甚至陪讀、心理支持等，或與家長間建立關懷支持網、家務指導、協助就醫等，都可以增進兒童少年學習知能，或是有助於穩定家長情緒，協助家庭維繫工作更順利推展。

（七）家庭親職教育

　　對於家庭中有親子互動困擾之家長與兒童少年，經常提供團體式或個別性的親職指導，或安排親職教育講習。不過在親職教育的操作上，則呈現多元模式，實務上常見依據個案家庭的實際需求，而安排適合的實作性課程。像是不懂得照顧嬰幼兒者，安排褓母育兒課程並實際示範帶領指導等，而親職教育操作上也不侷限團體式或個別性，家長單獨上課還是親子一起參與，完全依擬定的計畫目的而定。

（八）辦理個案研討及個案評估

　　服務家庭維繫工作的個案經常是較高難度，並需專業團隊夥伴共同討論，透過個案研討的過程，一方面提升專業知能及實務技巧，另一方面也降低輔導過程中工作者所要面臨的困難與挫折。同時，定期進行個案評估，確保個案之服務品質並維護權益。

二、處遇流程

　　家庭處遇工作流程涵蓋家庭維繫與家庭重整，實務上歷經多次討論，力求較明確的規範，下所示：

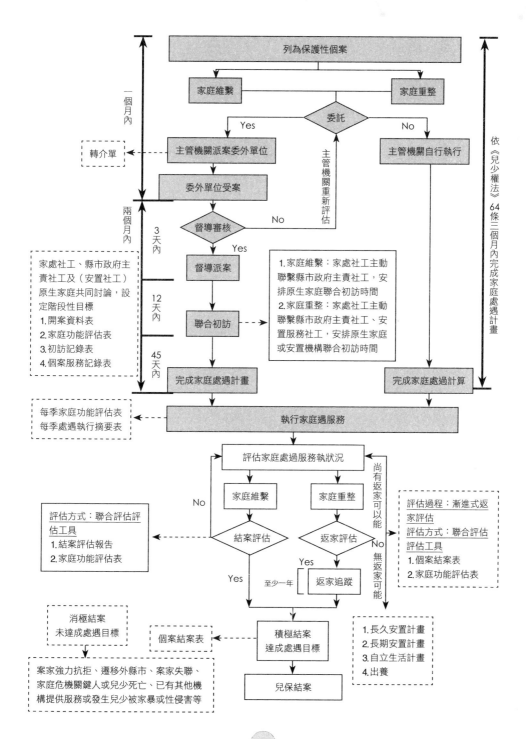

三、處遇策略

兒少保護工作屬於政府明訂得由公權力介入家庭的工作，即使有委託兒童少年福利機構或團體辦理，也屬於公權力的指派任務。故有些遭到通報或調查的家長，對於執行家庭維繫工作的人員，在配合態度上不一定和緩，有時候會顯現抗拒或不理會的姿態。所以社工員必須採取策略讓處遇計畫較順利進行，才能進一步協助整個家庭接受維持家庭功能之服務。

（一）確認施虐者的合作態度

雖然家庭維繫是指經初步評估之後，認為原生家庭還有能力可以照顧受虐兒童少年，故讓兒童少年繼續住在家庭內。但施虐者的心態則有不同，對於社工員的到訪或實行各項處遇計畫，並非每位施虐者都願意配合，如果不願意配合時，社工員必須了解法令上的規範及權力，包括實施強制性親職教育，並透過各種網絡了解兒童少年的安全狀況為首要。社工員若經評估兒童少年之身心可能受到更嚴重威脅時，就應依法採取較為強制性的手段，包括提報裁罰或進行家外安置。當然，也有可能遭遇施虐者表面上配合，實際上卻不作為，甚至持續有施虐的情形發生。社工員必須有高度專業敏銳度，可從施虐者的語言及非語言表露中察覺，是否有任何疑似狀況必須進一步查證。

（二）加強跨專業間的合作

每個兒少保護個案都是獨立個體，所涉及到的問題經常不是單一單位或機構可以獨自處理的，社工員根據個案議題而尋求不同專業間的合作或諮詢是常見的。實務上常見社工員因個案有精神疾患或不當外傷造成的身心症狀，而與醫師、護理師或相關醫事人員召開聯合討論會，甚至組成正式或非正式的個案管理工作小組。另外，也有因個案有較多深層的身心議題，而與臨床心理師或諮商心理師有非常多的討論及工作上的密切合作。其他包括與學校教師或輔導老師、司法人員、警政人員、民政人員等，都因個案遭遇相關問題，而讓社工員有尋求跨專業人員共同合作的可能性，這些都是家庭維繫工作在執行面上必須重視的環節。

（三）與其他親屬連結

　　家庭維繫是以家庭為中心的服務，支持家庭的完整性是大原則。現今社會親屬間的連結度較以前低，通常需要家庭維繫服務的家庭，有許多早已存在管教不當或是經濟弱勢等問題，他們和其他親屬間的關係也較疏離。在處理家庭維繫過程中，除了確認施虐者的合作態度及加強跨專業間的合作外，連結所有有效的資源是處遇策略中非常重要的一環，但因家庭維繫的家庭與親屬間的情感聯繫通常較薄弱，對社工員而言，在連結親屬資源這部分往往是極大的挑戰。不過，在處遇過程中，社工員仍必須試著與其他親屬盡可能建立好關係，這對家庭維繫工作能否有效達成目標非常重要。畢竟，實務上常見這些家庭本身較缺乏正式的親屬支持網絡，且家長平日社交圈也常顯孤立，社工員在執行家庭維繫工作時，仍應盡可能找出與該家庭成員間，是否有比較可信任的親屬，形成一股協助關懷照顧的力量，對穩定家庭功能發生作用。

（四）運用家庭夥伴（Wraparound）服務模式

　　兒少保護工作在策略運用上，不能僅依賴傳統的工作模式，為尋求更有效地處理核心問題，目前發展出一套「家庭夥伴的服務模式」。這是家扶基金會（TFCF）引自美國加州的兒少保護處遇工作服務模式，常稱作「用愛包圍」服務模式，已廣泛運作於臺灣各地。此服務模式的組成成員包括：方案督導及管理者、兒少保護主責社工員、心理師、親代夥伴及子代夥伴（一般統稱為家庭夥伴）等，其中親代夥伴是與父母親（家長）建立溝通管道，而子代夥伴是與兒童少年建立溝通關係。這些家庭夥伴必須接受相關課程訓練，並經媒合後才能分派至服務家庭。透過專業團隊合作的服務模式，同時定期召開「家庭小組會議[1]」，親代與子代夥伴更是密集到家服務，並根據家庭需求，指導與培養兒童少年的生活習慣，協助餐點預備示範及指導、家務管理指導、關懷支持、協助就醫及了解運用社會資源等。

---

1. 家庭小組會議：由個案主責社工員負責召開，同時邀請家庭成員及家庭夥伴（包括親代與子代），以及相關資源網絡成員參與，透過共同討論的形式，描繪出家庭的願景，並訂定可執行的工作目標。

【案例】

　　小華因遭父親不當管教，經縣市政府家庭暴力暨性侵害防治中心調查評估後，提供家庭維繫服務，像是讓父親參加親職教育講座和團體，父親願意改善其管教態度，然因父親仍會因情緒控制力不佳，對小華兄弟不當管教。因父親年紀較長，面臨失業後謀職不易，因此再次出現不當責打小華兄弟的狀況，加上母親在教養小華上也缺乏管教方式，因此媒合家庭夥伴進入家庭，以更密集的服務方式協助父母。

　　家庭夥伴進入的初期，先以跟父母親建立關係為主，運用同理、傾聽等方式，關懷與陪伴家庭，與父母親建立關係後，幫助父親面對孩子哭鬧時的情緒反應，引導其建立正確因應和處理方式。在母親的部分，因親職能力較為薄弱，由家庭夥伴示範教導居家清潔與收納技巧，待家務能力提升後，再引導母親教導孩子與父親分工合作。在夥伴進入服務後，召開家庭會議，運用優勢觀點，及家庭願景的討論，了解家庭的需求及擬定安全計畫等，並且依據會議完成之照顧服務計畫表執行服務，持續的召開家庭會議，邀請家庭共同參與擬定服務目標的過程，並且回顧家庭改變的歷程，因此小華父母親改善管教問題，提升其親職功能，並透過此過程中學習讓家庭正向的因應方式，有助家庭功能的運作。

（五）提供幼兒臨時托育

　　家庭維繫工作中，常需家長配合參與親職課程、團體輔導與心理諮商等，但有許多家長以照顧幼兒為理由，或有其他實際困擾而無法參與。適時安排讓幼兒交由持有合格證之家庭托育人員臨時托育（包括家庭式與機構式），讓家長獲得喘息，而家長與幼兒暫時分開，也能進一步觀察幼兒的活動能量與反應力是否正常成長。

（六）推動兒少保護宣導活動

　　在執行家庭維繫工作中，仍必須依初級預防的概念，經常與社區、學校等單位合作，藉由辦理親職講座、法律常識、兒少保護活動演劇等方式，宣導兒

童少年正確的保護觀念，增進社會大眾對於兒少保護工作的重視。

（七）定期辦理專業訓練課程

從事家庭維繫處遇工作的專業人員，必須經常接受專業訓練課程，包括家庭暴力與家庭動力議題、持續增強兒少保護工作信念與立場、兒少需求文化、創傷輔導處理、相關法律常識、社會資源開拓、非自願案主處遇輔導、人身安全課題、紓壓工作坊等，除吸取新知外，也透過研習訓練強化專業自信及適度紓壓。

伍、結案評估與後續追蹤

家庭維繫服務的目的是確保兒童少年在居住地的安全無虞，同時穩定家庭的功能，依據個別化處遇計畫並建構家庭支持網絡。因此，結案評估也是根據前述目的是否完成來進行安全及風險評估。家庭維繫的服務個案來源有二，包括依《兒少權法》第64條所指的兒童少年家庭處遇計畫，以及第62條第4項所指被安置之兒童少年返家後，應追蹤輔導至少一年。

一、結案評估

家庭維繫處遇工作在服務期程內，會進行多項服務計畫，並根據執行狀況評估是否結案。主要考量有施虐者（家長）是否已完成各項親職教育課程、了解兒童少年身心狀況穩定程度，同時確認支持系統在結案後是否能夠發揮功能等。當然，也可能因其他原因必須結案，如以下說明：

（一）施虐者（家長）已完成各項親職教育課程

處遇過程中有進行各項親職教育課程，施虐者（家長）是否已依照規定完成各項課程，同時須遵守的規範是否能落實於家庭生活中，都是社工員必須評估的指標。尤其是其情緒管理狀況、精神狀態穩定程度、未來照顧計畫等，都

列入結案的評估。同時除主責社工員的意見外，必要時應與督導討論或參酌相關專業意見。

（二）兒童少年身心狀況穩定

了解兒童少年的人格發展、身體、心理等狀態是否已穩定，必要時可請相關專業人員協助，透過心理測量量表等評估。

（三）確認支持系統可發揮功能

處遇過程中除與家庭成員密集接觸外，相關支持系統的建構也同步進行。由於一旦結案之後，專業工作團隊退出，若能有其他親屬支持網絡的支持，對於持續穩定家庭功能並保持溝通管道極有助益。故確認其他支持系統可繼續發揮功能，在結案評估時是重要考量因素。

（四）其他原因

1. 目前在家庭維繫處遇工作的實施對象是指18足歲以下的兒童少年，故年滿18足歲者將列為結案。
2. 兒童少年個案因故死亡，即使其家庭仍有其他需求（經濟、醫療、就業等），在家庭維繫服務方面必須結案，必要時轉介其他服務。
3. 個案因再受虐而被家外安置，若家庭成員中已無18足歲以下兒童少年，則該家庭的維繫服務終止，轉由家庭重聚或其他服務取代。
4. 受制於目前縣市財政劃分與責任委辦，當個案戶籍遷移至其他縣市時，若評估有繼續處遇之必要，原負責縣市的主責社工員應處理轉介程序並追蹤是否繼續開案，但不論後續是否繼續處遇，依現行規定，該個案在原戶籍所在地縣市則辦理結案。
5. 其他經提報個案研討會討論評估應予結案者。

家庭維繫服務工作者的結案評估，須時時謹記確保兒童少年的生活安全無虞，同時穩定家庭功能的服務目的，若察覺個案有任何不安全的狀況時，仍需不斷進行風險上的確保，並反覆檢視服務流程中是否有疏漏之處，讓整個結案過程是在個案安全無虞的情形下完成。

二、後續追蹤

通常依《兒少權法》第62條第4項所指被安置之兒童少年返家後，應追蹤輔導至少一年。在一年輔導期間內，家庭維繫工作者仍須依照工作流程按部就班執行，訂定計畫並規範一年期實施期程，目的除持續關懷兒童少年生活安全之外，最重要是穩定家庭功能，並提供相關必要的協助。

接受家庭維繫服務的家庭，當執行單位完成所有結案程序後，一般而言，並未強制規範是否繼續進行後續追蹤服務。主要是因為社工員在進行結案評估時，已經考量過所有可能影響穩定家庭功能的因素，而且經風險及安全評估過，必須在兒童少年安全無虞的情況下才能正式辦理結案，故與家庭重聚的返家追蹤輔導之概念並不相同。但若該家庭仍有其他待處理議題，例如：經濟壓力、長期醫療、就業安全、法律訴訟及其他原因等，則應由原本家庭維繫執行單位安排最適切的轉介輔導步驟。同時，結案後仍應繼續提供親職教養等諮詢服務，甚至連結學校及社會輔導資源，讓家庭成員有可以後續詢問的管道。

參考文獻

一、中文部分

何素秋主編（2013）。《用愛包圍》。臺中：台灣兒童暨家庭扶助基金會。

二、英文部分

Hurley, K. D., Griffith, A., Ingram, S., Bolivar, C., Mason, W. A., & Trout, A. (2012). An approach to examining the proximal and intermediate outcomes of an intensive family preservation program, *Journal of Child and Family Studies,* 21, 1003-1017.

Zastrow, C., Kirst-Ashman, K.K., (2001). *Understanding Human Behavior and the Social Enviornment* (Fifth Edition)，A Division of Thomson Learning，Inc.

Chapter 8

家庭重聚服務

周雅萍

前言 Foreword

依據《兒少權法》第64條，經直轄市、縣（市）主管機關列為「保護個案者」，該主管機關應於三個月內提出「兒童及少年家庭處遇計畫」，處遇方向可概分為：家庭維繫、家庭重聚、長久安置，後二者都是屬於家外安置後的處遇措施。

其實，兒少保護社工員在家外安置兒童少年後，真正的工作挑戰才開始。因為增進家庭的功能、讓孩子有機會能繼續與家人一起生活，才是兒少保護的工作信念，雖然與原生家庭工作是複雜而長路漫漫的歷程，但為了兒童少年得以返回家庭生活，仍是值得努力的。

壹、家庭重聚服務的內涵

「家庭重聚服務」著重的是家外安置的兒童少年能與家人再度「重聚」，期待社工員在其家外安置期間能透過一系列以家庭為中心的工作原則，同步提升家庭生活功能，讓家庭可以重新成為孩子安全生活的場域，家外安置的兒童少年能夠重新與家庭團聚，返家生活。雖然，兒少保護工作優先要保護的對象是兒童少年，但是要真正讓他們免於疏忽受虐的風險，改變父母、施虐者的行為或提升照顧能力才是根本解決之道。

依據《兒少權法》第四章的保護措施規定，兒童少年的家外安置可以分為緊急安置（依據第56條）和委託安置（依據第62條）。雖然，二者都屬於家外安置，然其立法精神、法定程序及介入立場並不同，但家外安置後都需要同步進行「家庭重聚」的處遇計畫。在實務上，若不當對待事件屬於身體虐待、性侵害的個案，經評估後留在原生家庭並不安全，通常採取「緊急安置」的措施（第56條）。如果是因為家庭發生重大變故，缺乏家庭支持系統或主要照顧者

個人健康狀況等因素，導致無法照顧兒童少年，可以採取「委託安置」；或有經過緊急或繼續、延長安置一段期間後，雖已無立即危險之緊急情況，但家庭照顧功能等相關議題仍待協助，評估其暫時不宜返家者，也會評估轉為委託安置的可行性。簡言之，當兒童或少年處於受虐危機之中，經社工員評估，認為繼續留在家庭中的危機程度高，非家外安置無法保護其人身安全時，家外安置就成了保護兒童少年的重要措施。社工員在兒童少年家外安置期間，應該積極對其原生家庭提供必要之輔導與定期評估，以協助案家問題改善，以利兒童少年得以盡速返回原生家庭重聚。

家庭重聚是有計畫的協助家外安置的兒童少年與其家庭重新連結的服務過程，藉由提供一系列的服務給兒童少年及其家庭、其寄養家庭及其他服務提供者來達到家庭「重聚」的功能，目標在協助兒童少年及其家庭關係的重建，包括讓兒童少年重回家庭系統或返家探訪均屬之（彭淑華，2005）。亦即社工員在執行返家重聚計畫的「家」，是先以兒童少年被帶離開的家為主要工作對象，但如果這個家的家庭成員經過一段時間的處遇工作，仍缺乏改變意願及動力，則可以將返家的範圍擴大到其他的親屬系統。

在國外，安置的同時，除了家庭重聚的計畫外，同時也要規劃長久性的安置處遇計畫，針對未能返回原生家庭的兒童少年擬定多元的長久性家庭處遇計畫，如出養或親屬照顧，但要注意的是同時規劃的永久性家庭處遇並不等同於出養服務（黃瑋瑩、林于婷、楊凱伶譯，2011）。在臺灣，依據《兒少權法》第64條，家庭處遇計畫包括家庭功能評估、兒童少年安全與安置評估、親職教育、心理輔導、精神治療、戒癮治療，或其他與維護兒童少年或其家庭正常功能有關之協助及福利服務方案。而在之後每三個月安置期限將屆的延長安置評估中，也要確認處遇是否達到計畫目標，兒童少年是否有返家的可能性，若評估可能無法返回原生家庭，後續要召開會議評估是否要進行停止親權、出養或其他長期安置的處遇計畫。

兒童少年被安置後，雖然暫時確保其人身安全，安全危機暫時解除，但並不是社工員可以喘息的時候，保護工作的重頭戲才正開始，依據《兒少權法》第64條，社工員需於三個月內提出家庭處遇計畫。這個處遇計畫會以協助兒童

少年返家為主要目標，在安置期間，透過一連串、非單次的服務提供，協助家庭重聚，達到兒童少年返家目標。

要達到家庭重聚的最終目標，過程中的工作目標包括：

1. 找出施虐原因，終止施暴、施虐等不當對待的行為，消除或降低安全風險。
2. 穩定兒童少年的情緒及身心狀態，修復其受創的身心，並協助他們發展自我保護能力。
3. 提升父母育兒、處理兒童少年行為或情緒等照顧、管教的親職能力。
4. 協助父母面對自身心理或情緒狀態對兒童少年照顧的影響。
5. 提供社會資源協助，穩定家庭功能。
6. 評估家庭支持系統，提升其他家庭成員或親屬的照顧意願及能力，成為兒童少年人身安全的保護者或監督者。

貳、處遇計畫與處遇策略

　　社工員因故必須安置兒童少年，但其與家長的關係自此也會經常處於緊張衝突的情況，對於後續與家庭的處遇工作確實是一大挑戰，但家外安置畢竟只是兒少保護工作流程中的一環，且最終的處遇目標還是期待兒童少年能夠回歸家庭。因此，在整個家庭重聚的處遇計畫中，與「家庭」一起工作仍是非常重要的。面對施虐的家長或主要照顧者時，社工員要有能力融合雙重處遇策略，亦即一方面能以高度同理心尊重家長這個人，另一方面又能堅定的表示家長的不當對待行為是不當的，應要有改善，「人和」與「問題」應該要分開（鄭麗珍譯，1998）。但社工員也是有感情的人，如何接納自己對施虐者的「行為」有情緒，但在專業關係上，又不會把這些情緒轉嫁到施虐者「這個人」身上，而能與之維持專業互動的關係，這對社工員來說確實不容易，但卻是處遇工作中很重要的部分。

　　既然讓兒童少年返回家庭是家庭重聚的目標，依據有關介入處遇的評估來擬定具體的處遇計畫，例如兒童少年受到不當對待的嚴重程度、家長（施虐者）配合的意願程度、社會支持系統的疏密來擬定處遇的策略。主責社工員作為個案管理者，大部分這些處遇計畫的執行都是轉介或連結相關的專業資源來協助，但社工員需要知道這些轉介的處遇資源之執行內涵，以便隨時檢視這些處遇是否符合社工員所訂定的計畫目標。另外，社工員所執行的一連串返家的處遇計畫仍須不斷反覆進行安全評估和風險評估，檢視家庭傷害孩子的風險因素是否已經真正降低。最後，值得提醒的是，社工員在評估時，經常將家長（施虐者）的合作態度和風險因素降低、核心問題改善畫上等號，以為兒童少年返家的安全性已提升，可能有過度樂觀之嫌，仍應以實際的進度評估為準。

　　以下是一些家庭重聚服務時所進行的處遇計畫內容，說明如下。

一、家庭處遇計畫的內容

（一）親職教育

　　家長不當對待兒童少年，可能是親職技巧或認知的問題，最直接的作法就是令其接受「親職教育」。但在執行親職教育的處遇計畫時，要避免落入簡化的結論，例如：「安排案父母接受親職教育」或「安排案父母接受親職諮商」，但實際上安排親職教育是依據哪些具體評估的因素？又具體的親職教育實施內容是什麼？現階段的處遇目標是源自親職教育不足的議題嗎？還是因為家長（施虐者）個人的社會心理動力的問題？如果社工員無法說清楚這其中的關係，就不容易看見處遇效果。

　　親職教育的實施方式可以分成非強制性（個案輔導性質的服務）、強制性的親職教育，後者是依據《兒少權法》的親職教育輔導，屬於行政處分，或依據《家庭暴力防治法》聲請保護令，由法院裁定的加害人處遇計畫。社工員若要知道需提供哪些具體的親職教育，就必須確實做好評估，知道施虐原因是什麼，才能對症下處遇。最後，社工員與開立裁罰的行政人員要互相合作，為了讓後續的社工員處遇有可工作空間，雙方各自扮演黑白臉角色可以創造與施虐者工作的可能性。

1. 提升家長（施虐者）管教、教養能力

有些時候，家長的不當對待行為是源自知能的不足，為了增加施虐家長了解及掌握兒童少年身心發展情況，就以直接增進其親職知能為目標。例如家長不熟悉兒童少年的發展遲緩、注意力不集中、過動症等發展障礙議題，可以安排其認識相關的親職教育課程；若是缺乏嬰幼兒照顧技巧的父母，可以結合育兒指導資源，示範照顧嬰幼兒的技巧、如何與幼兒互動、育兒環境規劃等，提升他們嬰幼兒的照顧能力，甚至透過親子會面時示範，更能夠直接協助與提醒父母。例如：社工員介入後，才發現原來父母根本不懂得奶粉的沖泡比例及如何餵食，也不知如何幫嬰兒洗澡或維持居住環境清潔，一般人可能會以為這是基本育兒常識，但即便是社工員，也是需要經過學習後才能了解這些育兒知識，養育子女本屬不易，確實需要足夠的支持系統協助面對照顧過程中的種種困難。另外，有一類的施虐家長為中產階層或具有高社經地位，言語表達很好，在社工員面前會承諾不再施暴，也表現出好的自我控制能力，但回到家中的教養態度或方式並未改變，兒童少年再度受虐的可能性高，社工員應特別留意這類的家長，轉介合適的親職教育方案。

2. 協助施虐者覺察及處理自身情緒控制的議題

有時候，家長的不當對待是源自外部壓力產生的情緒控制問題，一般可以協助其建構社會支持系統及提供親職教育，但需先判斷其照顧壓力的來源為何，一方面協助家長（施虐者）了解壓力來源並舒緩壓力，另一方面也要協助他學習如何處理這些壓力。例如父母（或同居人、繼父母）為了扮演好親職角色，但他過往的生命經驗都是處在被貶抑的狀態，因此為了避免外人批評自己做不好，會更嚴厲要求自己扮演好親職的角色，一旦受照顧的兒童少年出現不聽話或行為問題時，壓力就出現，可能會以責打管教，以試圖降低兒童少年的問題行為或避免其再犯錯，長期互動結果有可能是責打管教的情況越嚴重，而成為兒童少年保護案件。這類型的議題要注意親職教育型式的安排，例如講座式的親職課程就不太適合處理有情緒控制議題的施虐者，建議可以採用支持性的親職團體或個別親職諮商，協助父母（施虐者）理解及學習適當的情緒抒解及親職管教方式。

3. 降低親子衝突

有時候，家長的不當對待來自與年齡較大子女之間的衝突，社工員可以安排親職課程，嚴重的話可以採用親子諮商。前述案例也可能產生親子衝突，隨著兒童少年的年齡越大，反抗互動的機會多，衝突的嚴重性可能越高。此時，除了施虐者要接受親職課程，了解孩子行為原因，學習如何與該階段的孩子溝通互動外，可能也需要協助受虐的兒童少年發展適切的親子互動、溝通方式，必要時，雙方可以一起進行親子諮商。

親職教育類型則依不同需求分別有親職教育講座（基礎課程）、親職教育團體、個別親職教育或夫妻諮商、家族治療。親職教育時數及類型，建議考量兒童少年受到不當對待的程度、問題的核心及家長的特質來安排合適的課程，並善用親子會面時雙方的實際互動去評估改善的情形。

（二）心理諮商（治療）

1. 受虐者

基於受虐兒童少年的身心發展之需要，心理諮商的目的是為了要評估他們的身心發展，深入了解兒童少年的受虐史及照顧史，以利處理兒童少年因受虐所產生的創傷反應。此外，也要協助兒童少年處理安置過程所帶來的壓力與生活、就學環境的改變。一般而言以六至十二次為一個階段，但對於受創嚴重的兒童少年，通常諮商的期程會再延長數個階段。

2. 施虐者

若施虐原因是情緒控制議題，且是因為施虐者本身個人內在心理、情緒議題而引發對兒童少年施虐，尤其是有些施虐者所做的施虐行為已非一般對於未成年者的處罰或管教方式，而超出常理可理解者，則可能需要安排心理諮商（治療），如：「案母（施虐者）因為年幼的案主哭鬧不休，所以將案主雙手綑綁，並以毛巾搗住案主嘴巴⋯⋯。」如此大費周章處理幼兒哭鬧不休的行為，顯然有違常理，需要先處理的可能不是親職教育，而是可以先提供施虐者個別的心理諮商（治療），了解施虐者本身內在的心理狀況是不是發生了什麼事，釐清真正引起施虐行為的原因，才能進一步提供協助。又如有些施虐者是

受到自身經驗影響，而讓受虐的兒童少年成為代罪羔羊，但是這些施虐者並不自知，透過個別諮商的協助，施虐者才說出：「我父母一直是重男輕女，所以他們從來沒給過我好臉色，偏偏我的女兒又跟我很像，常常惹我生氣，看到她我就想起我自己，但是我兒子就很乖……。」

　　社工員在介入初期的訪視會談不僅只是兒童少年保護事件的調查，也不是只有蒐集家庭成員基本資料，更需要觀察家庭動力，從會談資訊中的蛛絲馬跡，掌握這些兒童少年及施虐者或主要照顧者的身心狀況、家庭成員互動情形、家庭與內外在資源的界限關係是封閉或開放，以利成為處遇評估的依據，作為下一階段處遇或轉介其他專業協助時，能更聚焦在核心問題的處理。此外，要提醒的是，兒童少年安置後雖然暫時確保他們的人身安全，但是也因為過去受照顧或受虐經驗，或是本身器質性因素影響，可能會出現許多讓寄養家庭或機構的照顧者疲於應付的行為。因此兒少保護社工員在兒童少年安置後，除了處理施虐者不當的行為或降低家庭安全風險，必須同時與提供安置服務的社工員合作，了解兒童少年安置後的適應情況，針對兒童少年安置後的行為擬定處理策略，包括安排心理諮商（治療），一方面處理兒童少年的心理創傷，讓他們未來有能力保護自己及面對施虐者，若有機會返回原生家庭也可以適應順利。另一方面也要協助安置服務的寄養家庭或機構照顧者，了解這些孩子陷入的身心困境，找到穩定他們身心狀態的方法，避免兒童少年因為這些外顯的行為困境與照顧不易，以致寄養家庭或機構的照顧者無法處理，而不斷的面臨轉換安置處所，這對他們身心復原無疑又是雪上加霜。

（三）連結社會資源，建構家庭支持系統

　　有些家長的不當對待是源自家庭的支持系統薄弱而孤立，以致面對家庭危機或壓力時，缺乏足夠支持系統來因應，或不知道可以運用的社會資源在哪裡，遇到危機事件或問題時就靠自己的經驗或揣想去嘗試。若評估這類型的施虐者是因為缺乏支持系統所衍生的施虐，則可以連結相關社會資源，協助家庭為兒童少年返家做準備，包括生活空間的安排、穩定家庭經濟可以維持生活、教育等費用支出、就學環境安排等，建立支持網絡來提升家庭功能，並安排兒童少年漸進式、短期的返家團聚，作為未來返家重聚的評估與準備。

（四）司法處遇的資源

司法處遇作為兒少保護社會工作處遇計畫的一部份，對很多社工員而言確實不太容易，也容易忽略這是可以善用的資源。家外安置後的司法處遇資源如下：

1. 提起獨立告訴

依據《兒少權法》第112條第2項：「對於兒童及少年犯罪者，主管機關得獨立告訴。」在實務上，遇到重大傷害的兒童少年保護案件，社工員接獲通報後，會啟動驗傷程序，司法警察也會製作傷害筆錄，並由司法偵辦。有些案件須要司法介入調查以釐清傷害案情，但有些案件因為傷害程度甚鉅，且因保護兒童少年的成人未能善盡保護之責，案發後也未能保護或主張兒童少年的權益。站在直轄市、（縣市）主管機關的立場，即使原來就會有司法系統的偵察機制，但是為了更加強兒童少年受虐的事實，以替他們發聲，主張其在司法上的權益，法律賦予主管機關為兒童少年提起獨立告訴之權，讓家長（施虐者）知道公權力保護兒童少年的立場，也確保未來在司法之上訴權。

2. 加害人處遇計畫

有些施虐者有藥酒癮、精神疾病或嚴重暴力行為等問題，但不願意接受治療輔導，暴力行為未能改善，社工員可以善用《家庭暴力防治法》，斟酌受虐情狀，替受虐的兒童少年聲請保護令，建議法院命相對人應完成認知教育輔導、心理輔導、精神治療、戒癮治療（酒精、藥物濫用、毒品）等處遇計畫。

3. 聲請保護令

當受虐程度嚴重、施虐者的情緒高張，表現無合作的意願，在處遇上的困難度最高，社工員所承受的壓力也是最大。此時，直接依法裁罰為最優先要執行。社工員可以針對施虐的情節施予裁罰，也可以依據《兒少權法》第102條開立親職教育輔導，或依據《家庭暴力防治法》聲請保護令，交由法院來裁定施虐者配合相關處遇或治療。一旦如此，此處的親職教育輔導、處遇治療都是屬於法院的強制性要求，一旦施虐者不配合，就會有違法之實，社工員就可以請求法院的支持來促使施虐者配合處遇。

二、親子探視的安排

在兒童少年家外安置後，親子探視的目的是為了維繫兒童少年與家庭成員的親情，透過會面探視來協助父母（家長）建立適當的親子互動方式與增進親職技巧，更重要的是為了促進未來能夠返家重聚的處遇工作。親子探視的重要性包括（黃瑋瑩、林于婷、楊凱伶譯，2011）：

1. 可以消弭家庭分離及失落的痛苦。
2. 可以讓家長或照顧者持續了解當前孩子的發展和生活。
3. 定期探視提高家庭重聚的可能性，減少家外安置時間。
4. 親子探視對於各項個案決策具影響力。在探視時，家長可以學習新的親職行為，也可以示範親職改善的進展，具有介入處遇的作用。
5. 親子探視有助於家庭重聚的可能性，降低重聚的轉折及關係的破壞程度。

兒童少年安置初期，為了穩定他們家外安置後的生活，通常會於安置一段時間（例如一個月）後，評估兒童少年的身心狀況及意願，以及家長配合處遇的情形，開始提供親子會面探視，會面頻率約每週一次，每次一小時。初期的親子探視最好在社工員監督下進行，社工員可以觀察親子互動的情形，包括兒童少年面對家長或施虐者時的身心狀況、家長的親職表現等。會面探視的場地則可以依據孩子的年齡及會面探視的目的安排，例如：嬰幼兒或兒童可以安排在團體室或遊戲室，利用許多輔助的玩具或器材作促進親子互動。社工員在親子會面中，除觀察參與成員的反應外，也可能扮演以下角色：

（一）促進者

在會面過程中，協助促進兒童少年與父母（家長）的互動。舉例來說，有些父母在會面時會一直拿手機跟孩子拍照，或不斷的低頭看手機，這樣的舉動代表的是「互動貧乏、關係疏離」嗎？不見得如此，有可能是他們不知道要如何與孩子互動，再加上有社工員在一旁，父母難免會顯得不自在，此時，社工員就可以適時扮演促進者，建議父母利用團體（遊戲）室裡的玩具或適齡的遊戲跟孩子一起玩，協助增進兒童少年與父母的互動。

（二）監督者

　　有些父母或施虐者在會面探視時會指責或抱怨孩子，或否認、合理化施虐行為，如：「你若聽話，就不會被（社工員）帶走」、「他又不是故意要打你的……」等，影響孩子的情緒及會面探視的處遇，此時，社工員須適時介入制止，提醒父母（家長）把焦點放回與孩子的互動及關注孩子目前的生活情形。

（三）示範者

　　社工員可以在會面中簡單示範親職溝通或互動技巧，或安排育兒指導的親職示範，像是如何餵食及抱小孩，讓父母可以練習並提供立即的指導。在會面探視時的練習，也是作為評估父母是否有機會短期接孩子返家照顧的依據之一。

（四）規範者

　　社工員必須要讓探視的父母（家長）了解探視的注意事項及應遵守的規範，例如：探視前不能喝酒、不質問孩子、不詢問現在住哪裡。倘若父母在探視時的行為或身心狀況可能影響到孩子的情緒或安全時，必要時須先適時中止該次會面探視。

（五）安撫者

　　安置初期的探視，有些孩子可能會出現退縮、焦慮、大哭或拒絕進入會面的場所，這很容易讓父母感到失落跟挫折，社工員可以先請寄養父母或其他工作人員把孩子帶開，先跟父母討論及說明孩子現在的狀態，協助父母理解孩子會抗拒會面是一個過程，並討論透過其他漸進方式維繫親情，如先以書信或電話方式進行，讓父母有耐心的持續與孩子接觸。社工員也要與孩子討論他抗拒的原因，才能協助孩子做好準備，與父母進一步的會面接觸。

　　親子探視的目標跟內容會隨著探視次數及時間的推進、家庭的準備及需求而不同，在社工員監督下的會面探視情況若很穩定，評估父母探視時也都能遵守規範，且父母與孩子互動或照顧的能力也有提升，則可以引導到獨立探視，讓父母單獨與兒童少年相處，或有因應家庭特殊需求的探視安排，如慶生、探病、親人過世的弔唁等。再下一個階段，當親子會面探視的情況都穩定，且家

庭也在相關資源的協助下漸有穩定的支持系統及生活安排,即可以安排短期的假日返家團聚或年節返家,為未來兒童少年返家做準備,但因為每個家庭的狀況不同,所以能進入短期返家的時程也需視個案及家庭的狀況而定。讓父母接回數天的短期照顧結束後,回到寄養家庭或機構時,社工員要了解兒童少年在返家期間的生活情形,或返回安置後有沒有出現情緒或行為狀況,這些問題與在返家探視期間的生活是否有關,以評估返家探視是否穩定,作為未來返回原生家庭生活的評估參考。

以下參考《佛羅里達州監督親子會面中心訓練手冊》(內政部家庭暴力暨性侵害防治委員會譯,1999),提供社工員在家外安置兒童少年親子會面中應注意的重點及策略。

1. 遭受身體虐待的兒童少年的會面探視,應提供安全的環境促成會面,避免讓施虐者感覺到他們在會面中被觀察而受到干擾,同時也必須注意兒童少年之前受到虐待的影響。如果兒童少年在會面時出現痛苦、害怕、退縮或拒絕會面的情況,則要考慮先終止會面。此外,會面結束後,應讓兒童少年先行離開,避免有些家長(施虐者)會企圖跟蹤孩子。

2. 因為疏忽照顧或教養能力問題而造成的家外安置,社工員在親子會面時可以運用適齡的玩具和遊戲,並建議適合的活動給家長;或示範親職技巧,例如:如何餵食和抱小孩、協助家長如何處理兒童在會面中可能出現的調皮、好動等不適行為。

3. 兒童少年與患有精神疾病父母的會面,社工員可以安排在家長有服用藥物、較無壓力的期間,盡可能不擾亂其日常生活規律,並以開放的態度接觸他們,了解他們的優點及能力,也要有耐心並清楚的說明他們被期待會面時所要做的事情。某些家長會因為疾病關係產生易怒、缺乏信任感,社工員要能保持冷靜,以平和的語調跟他們談話,避免噪音跟其他可能在視覺造成分心的事物。更重要的是要觀察孩子是否有感到任何不舒服的表現,並在孩子的情緒狀況與人身安全明顯受到威脅時介入處理。有某些家長因為服藥或正為疾病所苦,會面時可能

不會表現出太多情緒反應，或表現得很被動，甚至完全不與孩子有所互動，在這種情況下，如果孩子年紀夠大，也要讓孩子知道父母是因為生病了，而非缺乏對孩子的感情。

4. 如果親子會面時，父母有正受到藥物濫用或酒精影響的狀況時，應該要評估是否要繼續進行會面探視，或在會面探視前要提醒這些父母要保持清醒的狀態，避免再度讓孩子感到失望或懼怕。

兒童少年被安置後，社工員就必須仔細的評估家庭的支持系統，包括親屬從旁協助的意願、能力，以及當兒童少年的原生父母在社工員的協助下仍然無意願改變，或改變的動力低時，這些親屬資源能否成為他們返回家庭的另一個「家」，如果可以，就針對這些親屬再次執行返家計畫。

三、與夥伴網絡的合作

（一）跨專業與跨機構合作

對社工員而言，面對維持專業與施以裁罰後的緊張關係確實兩難，但為了避免施虐者是表面上配合，但行為仍未有改善的風險，社工員應與網絡機構中的成員一起合作來執行家庭維繫的服務，對於施虐情節已經違法者，仍應移請直轄市、縣（市）主管機關依法裁處。與其他專業合作時，例如轉介心理（諮商）專業人員，應該讓他們更了解兒童少年的狀態，有利於家庭處遇的執行；醫療人員必須知道受虐者已經被緊急安置，家長不能擅自帶回；安置後的就學安排與相關輔導更需要教育單位的協助；若事涉保護令，也需與司法、警政合作。因此，運用與協調資源，在保護性工作中是不可缺少的專業能力。

（二）與其他家庭成員合作

家庭的其他成員在兒少保護工作中是重要的，包括未施虐的一方及其他親屬，雖然很多家庭本身就缺乏非正式的親屬支持系統，即便如此，社工員在執行家庭重聚計畫時，還是需要與兒童少年的父母或家長討論，找出他們信任的親友，作為他們及兒童少年的支持系統，有時這些親友也可以成為重要的監督角色，這也是返家安全計畫重要的一環。但社工員在評估這些支持系統時也會

發現，有些家庭成員本身可能也是暴力的受害者、受影響者，致其因自身的恐懼及壓力而失去保護兒童少年的能力，或因為在家中是處於弱勢被孤立、不被尊重的地位，對施虐者也無可奈何；甚或有些家庭成員是認同施虐者，對兒童少年則是鄙視、貶抑；或覺得施虐者的行為應該會改變或高估了主要照顧者的能力，甚或是因為擔心家庭會瓦解，而表現出願意協助這個家庭，但實際上並無法發揮支持及保護兒童少年的功能，這些都是社工員在評估家庭成員時要留意及提供協助的。

（三）促成寄養家庭或安置機構與原生家庭合作

安置期間，提供兒童少年生活照顧的是寄養家庭或安置機構，他們除了要讓孩子在安置期間可以好好安頓及修復受創的身心，也在返家計畫中扮演了重要的角色。有些時候寄養家庭或安置機構會因為原生家庭對照顧者的指責而感到挫折，例如：原生家庭在探視時出現挑剔寄養家庭或安置機構的照顧品質，不斷檢查孩子身上有無傷痕、表明不喜歡這個，不喜歡那個等。另一方面，寄養家庭或安置機構也可能因為看到孩子被疏忽或受虐，而無法理解原生家庭，甚至指責原生家庭，或可能因為親子會面後，孩子出現的身心反應而質疑父母的能力或建議不要安排會面探視。縣市政府的社工員就要與提供安置服務的社工員合作，讓寄養家庭或安置機構可以理解這些父母是須要被協助，並協助寄養家庭及機構認同他們在維繫親情與返家計畫中扮演很重要角色，使之成為協助原生家庭的重要力量。

參、返家評估與後續追蹤

返家評估是依據安置後一連串的服務介入結果，評估家庭現有的功能是否可以確保兒童少年返家後的安全。社工員可以依據安置前家庭的功能當作評估的基準，對照提供處遇服務後，風險是否已經降到可以確保兒童少年返家的安全。在兒童少年保護工作中，返家評估應以兒童少年最佳利益為優先考量，並邀請提供安置服務的社工員共同參與返家評估的過程，以利協助受安置的兒童少年為返家做準備。

一、返家評估

當整體家庭處遇達到計畫目標，兒童少年沒有不當對待的風險，且親子探視時的互動情形也都穩定、有進展，社工員就可以評估讓兒童少年返家重聚。返家評估包括親職功能提升（安全性提高、施暴原因消失）、兒童少年的身心狀況已趨穩定、已具社會支持系統，再綜合父母（施虐者）的合作態度、親子關係修復程度及短期返家探視的照顧、互動情形，進行結案返家評估。

（一）親職能力改善評估

親職能力改善評估包括二個層面，一是未施虐的一方或主要照顧者已具保護能力，即認知上能理解其身為保護者的角色責任、優先看見兒童少年的需求，更重要的是具有保護的行動能力，而施虐者也無法再接近兒童少年；另一則是評估施虐者的情緒控制能力、藥酒癮改善程度、精神疾病治療、對兒童少年的態度、會面探視及短期返家團聚的成效，以及未來的照顧安排及行動是否具體且符合現實，都可以是兒童少年能否返家的評估參考。要提醒的是，施虐者依法完成親職教育時數，並不代表符合接兒童少年返家的條件，而是必須要經過評估，這點必須一開始就讓家庭了解。社工員可以透過會面探視時觀察父母或施虐者與孩子的互動，再仔細評估其所學到的親職知識、技能落實在具體照顧行動中的成效。

（二）兒童少年受創心理已趨穩定

　　兒童少年因為遭受不當對待所引起的心理創傷程度，會因為其受虐時間長短、年齡而有不同的影響程度。一般而言，兒童少年在安置後，透過安置照顧及接受諮商輔導或心理治療，讓其有機會重新與人建立正向的互動關係，若評估之前因為受虐所引發的退縮、防衛、攻擊、偷竊等行為問題已處理穩定，兒童少年也學到自我保護能力，更重要的是兒童少年也有返家意願，透過漸進式接回探視，與原生父母或親屬的互動情況也都穩定，則可以評估結束安置返家。但要提醒的是，有些受虐兒童少年本身因為擔心遭父母或施虐者遺棄，或因為在安置系統中適應不佳，也會說服自己施虐者已經不敢或不會再對他施暴，而表現出急於返家的態度，此時社工員仍應盡可能協助他們理解暫時無法返家的原因，但實務上確實有些兒童少年會想盡辦法離開寄養家庭或安置機構，自行返回原生家庭。

（三）家庭支持系統可以發揮功能

　　除了透過社會資源的提供協助穩定家庭功能，降低風險因子，要再評估外在相關系統對於未來兒童少年返家安全的協助及監督的可能，有些父母或施虐者為了讓兒童少年盡速返家，會宣稱已經有親屬願意協助照顧，社工員必須針對這些親屬資源進行訪視評估，不能單憑父母或施虐者的說法，有時候父母根本提不出確定的親屬聯繫資訊，或社工員在實際評估後發現親屬其實是沒有意願與能力。此外，也要評估親友的支持系統、學校系統等對於兒童少年受虐原因的看法與觀點，因為這些家庭外部系統有可能會過度淡化施虐者的不當對待行為，而將之視為兒童少年個人的問題，強化了施虐者的不當行為，或因為擔心與施虐者衝突，而說服自己相信施虐者不會（敢）再犯。

　　要提醒的是，在評估父母（施虐者）的合作態度時，需同時檢視他們的能力、擔負親職角色的感受與意願，及其合作背後的動機與壓力。舉例來說：一名母親對於同居人以皮帶勒住年僅1歲案主脖子的行為，是可以清楚地說明並表達出她生氣與憤怒的情緒，同意自己需要保護案主，並配合社工員安排相關親職會談與諮商服務（合作態度），惟進一步去觀察案母合作態度背後的事實

是：案母有她個人能力上的限制，因為她是臨界智能障礙，其個人獨立生活能力較弱（生活能力限制），長年遭受同居人施暴，案母為維持生活，在案主受暴當下其保護能力受限（壓力影響），但對自己需擔負母職角色的認知是清楚的，社工員初步評估案母有能力與案主建立依附關係，會對案主微笑，且尚可回應案主的基本需求，如：為案主打理飲食、換尿布等，案母是有擔任親職的意願與基本能力（親職意願與能力）。社工員反覆與案母討論案主的照顧需求後，案母終於說出是同居人要求案母要立即接回案主，不然同居人會因為兒虐事件被起訴，甚或入獄服刑（配合社工員處遇背後的動機與壓力）。因此，社工員必須要注意願意配合處遇的行為背後，是否真正已經達到提升案主人身安全，還是只是父母（施虐者）為了盡快結束被社工員監督的選擇。

二、後續追蹤

依據《兒少權法》第59條，兒童少年於安置輔導結束後，應續予追蹤輔導至少一年。追蹤輔導得委託兒童少年福利機構或團體為之。因此，當兒童少年結束安置返家後，有些縣市政府會將個案委請民間兒童少年福利機構或團體，協助後續兒童少年受照顧情形及生活追蹤，適時提供家庭相關協助。為了讓後續追蹤可以順利，縣市政府的社工員必須要做好個案轉銜交接，讓兒童少年及家庭能夠接受下一位社工員的追蹤輔導。惟如評估個案及家庭由原來主責社工員繼續追蹤輔導是比較妥適且能達到處遇效果，建議應該維持原社工員輔導。此外，有些父母或家長在孩子返家後，很容易就以各種理由不配合社工員的追蹤輔導，除了前段各面向的結案評估須再更審慎外，有些情況若仍符合保護令聲請，也可以在返家前協助兒童少年聲請，或善用《兒少權法》依法應追蹤規定再告誡父母或家長，雖然依法追蹤的嚇阻力並不是那麼有強制效果。

肆、替代性的長久照顧之安排

　　有些父母或照顧者，不管社工員及相關專業人員怎麼努力都無法改變，而使兒童少年終究無法返家，社工員就要有心理準備要進行永久的替代性照顧安排，並協助兒童少年理解這個過程，以及處理他們可能出現失落等心理適應問題。依據《兒少權法》第65條，依法安置兩年以上之兒童少年，經直轄市、縣（市）主管機關評估其家庭功能不全或無法返家者，應提出長期輔導計畫。實務上若兒童少年安置個案經家庭重聚服務介入後，返回原生家庭或交由親屬照顧已不可行，就會進行出養評估、長期安置處遇、針對長期安置少年會評估提供獨立生活方案服務。

一、出養或親屬照顧

　　若為出生時即遭遺棄的棄嬰個案，且完全無法知悉父母、監護人身分者，依據無依兒童少年安置處理辦法規定，在經過警察機關四個月協尋後仍無所獲者，則應依兒童最佳利益考量，委託經許可之兒童少年收出養媒合服務者辦理出養。

　　若為知悉父母、監護人者，惟自兒童少年安置後，父母、監護人始終行方不明或難以聯繫，社工員請警察機關協尋或透過各種管道查訪半年至一年仍無結果，或施虐者的行為、功能始終未能改善，評估家庭重聚計畫無法進行，則會邀集專家及相關人員召開停止親權、出養評估等會議，向法院聲請停止父母的親權或改定監護權，由直轄市、縣（市）政府取得兒童少年監護權後，再進行出養計畫。雖然法規上並未規定可出養的兒童少年年齡，但是實務上多會針對學齡前或國小階段的兒童進行出養評估，因為年齡越大的孩子出養越不容易。此外，停止親權與出養是攸關兒童少年權益的重大決定，因此實務上會採取更審慎嚴謹的評估，透過評估會議，從多元的面向評估停止親權的必要性，以及出養與否對兒童少年的影響。一旦評估會議及行政程序已決定出養後，社

工員一定要協助兒童少年處理無法返回原生家庭及未來出養的心理準備。

有些兒童少年的親屬也許有意願提供照顧，在評估親屬照顧能力後也可以在安置期間漸進式安排兒童少年返回親屬家，最後由親屬長久照顧，必要時也要協助照顧兒童少年的親屬取得監護權。

二、長期安置

當兒童少年返家已遙不可及，也不適合出養，則可以評估轉長期安置，依《兒少權法》規定，以兩年為評估的期限，長期安置不一定要停止兒童少年父母的親權，但是若為利日後處理兒童少年生活事務有監護權的權限，且評估父母確實也符合停止親權的要件，有些個案仍會採停止父母親權的作法。

長期安置的選擇包括安置機構、寄養家庭安置型態，雖然有些縣市政府的作法是將需長期安置的兒童少年轉至機構安置，以讓寄養家庭的安置床位作為緊急或新個案安置之用，但若安置於寄養家庭對兒童少年的生活及情緒穩定是重要的，仍要依兒童少年最佳利益考量選擇最適合兒童少年的長期安置方式。

當兒童少年轉為長期安置，後續服務工作的焦點也從家庭工作轉為兒童少年的安置生活輔導及追蹤，長期安置後的輔導是須要包含生活照顧、未來升學或就業的生涯輔導。雖然一進入長期安置階段，生活上的輔導會以安置機構為主，原主責社工員可能會轉介、交接個案服務工作，但也不要忘記跟服務的兒童少年做好結（轉）案的準備，因為對兒童少年而言，原主責社工員也是他們生命中的重要他人之一，對他們的生命發展是有意義的。

三、少年自立生活適應協助

為使結束家外安置但因無法順利返家，而必需面對自立生活種種艱難挑戰的少年，能順利自立生活，透過自立生活方案，協助少年自立生活適應、辦理就業輔導，強化少年個人生活能力及結合社會資源網絡，提供少年就業與就學機會，降低少年個人生活風險。

安置的少年在離開機構前即要進行自立生活評估，通常會是結束安置前半年，但自立生活能力的培養應該在安置期間就要開始準備。安置機構社工員與

個管主責社工員要與少年討論，進行自立生活評估，執行自立生活適應方案的主責機構就會擬定個別化自立生活服務計畫，協助少年作結束安置獨立生活的準備。為避免因住所不穩定而影響就學、就業規劃，另有提供三至六個月的短期自立宿舍的住宿服務，通常自立宿舍是在社區中，以提供少年一般社區環境的生活。少年獨立至社區生活後，仍會有轉銜追蹤輔導，以隨時評估少年的生活狀況，提供適時協助。

參考文獻

彭淑華（2005）。〈以家庭處遇為基礎的兒童保護工作之檢視〉。《兒童及少年福利期刊》，9：31-56。

黃瑋瑩、林于婷、楊凱伶譯（2011）。〈家庭介入處遇〉，收錄於鄭麗珍總校閱，《兒童少年保護社會工作》，頁347。臺北：洪葉。

鄭麗珍譯（1998）。〈家庭問題與家庭服務〉，收錄於張英陣、彭淑華、鄭麗珍譯，《社會福利與社會工作》，頁163。臺北：洪葉。

內政部家庭暴力暨性侵害防治委員會譯（1999）。《監督親子會面：佛羅里達州監督親子會面中心訓練手冊1999修訂版》。臺北，內政部。

Chapter 9

認識施虐者的
類型與成因

金融

　　從事兒少保護工作的社工員不可避免的需要與施虐者接觸，不同的施虐者類型會有不同的特色，必須對他們有些認識才好一起工作。本章擬從生態發展的架構和角度來看不同類型的施虐者，希望能夠協助兒少保護社工員看到家庭中兒童及少年虐待與疏忽的問題，並不是單一個人或環境因素所產生的結果。這些問題不但發生在家庭，也發生在社區，更發生在我們的社會文化當中，唯有透過對此現象比較完整的理解，才能看到問題的全貌，也才能應用專業的資源，和這些家庭一起工作，以促發家庭產生正向的改變。

壹、認識不當對待事件中的施虐者

一、發生身體虐待和疏忽照顧事件的家庭

　　實證上的研究已經發現了一些跟發生兒童少年虐待和疏忽有關的因素，也據此發展出相對應的處遇模式。這些因素是放在生態發展（ecological development）的架構來做多層次（multileveled）的詮釋（Cicchetti & Lynch, 1993）。

　　所謂的生態發展的架構包括以下幾方面，第一個是由父母、小孩，以及這兩者的互動所構成的微系統（microsystem），第二個是由父母和小孩的互動與交流中所包括之場所與情境所構成，第三個是包括前兩個部分的社會架構所組成的宏觀系統（macrosystem），生態發展的架構強調兒童少年虐待或是疏忽的發生，是源自於複雜的各個系統間交互作用的結果，並不是單一特質或情境所能完全解釋的，因此兒少保護社工員對於這些家庭的理解和評估，不僅沒有捷徑，也不適合以簡化的方式去對此複雜的現象做思考和判斷。

（一）施虐父母自己的成長歷程與依附關係

在討論發生兒童少年身體虐待和疏忽照顧的家庭時，我們可以先從這些家庭中父母的成長過程，來探討這些父母在其童年時代與自己的父母所形成的依附關係的品質。沒有人天生就具備親職能力，每一個人在學習成為父母的過程中，都受到了觀察自己父母的親職示範的影響，角色模仿（role modeling）是一個重要的親職學習過程。因此，在成長過程中，若父母沒能滿足其身心發展上的需求，長大後為人父母將很難理解兒童少年需求的重要性。

許多研究也顯示，自己在成長經驗中曾經歷父母身體虐待或疏忽照顧的成人，比較容易內化偏頗的教養價值觀，也較容易採取和自己父母類似的教養方式來管教子女。

（二）施虐父母自身的情緒管理功能

不當對待小孩的父母，通常在生活中的其他層面也常常感到自己要失控了，或是對於生活中接二連三的挫敗感到很無力或是憤怒，施虐父母在這種狀況下，若是缺乏有效的方式處理因低控制感產生的焦慮，就比較可能將發生在自己身上不順利的事情做外在歸因，以降低面對自己能力不足的焦慮與自責。這些父母在親子關係中遇到困難，或是與孩子有衝突時，常傾向認為是小孩的問題，對孩子指責和體罰過當時，容易合理化是因為孩子不受教的緣故，比較不會從自己和孩子的互動或是跟孩子的親子關係上去思考。

除此之外，施虐父母也很容易在跟孩子的衝突中，將自己工作或是婚姻生活中所累積的負面情緒投射發洩在小孩身上，施虐父母此時通常沒有意識到自己的情緒來源為何，也沒有察覺到自己處罰和生氣的程度已經超過孩子實際上的脫序行為。

在這種情況下，如果碰巧是難養型小孩（difficult child），或孩子合併有緒、行為上的問題，又或是孩子具有發展上的身心障礙，都會讓親子關係變得複雜，一旦發生衝突，危機性也就跟著提高。

（三）施虐父母酒精或藥物濫用的問題

酒精或藥物濫用的問題，除了顯現一個人在生活上出現的各種適應困難以

外，對親職功能也會有極大的干擾。在親職功能中最基本的是提供孩子一個安全成長的環境，對有藥酒癮問題的父母來說，要做到這點就會有相當大的困難。藥酒癮一旦發作的時候，父母首要之務就是趕快喝酒或吸毒，而無法在此時顧及到小孩的安全或是照顧，也無法按時提供三餐或接送小孩上下學。

在小孩比較年幼的家庭，若是父母有藥酒癮的問題，也較容易出現對小孩的不當對待行為；在父母受到藥酒癮的困擾時，若小孩因年幼哭鬧，容易引發父母情緒化的反應，如果此時孩子極為年幼，危機性就會升高，因為有藥酒癮的父母情緒控制的能力較差，而孩子自我保護或是躲避暴力的能力不足時，發生嚴重兒虐的可能性就會提高。

（四）施虐父母精神疾病的問題

對兒少保護社工員來說，在面對這個議題時，最重要的工作內容並不是要診斷父母的精神和心理問題，也不是要學習治療的方法；而是在接觸施虐父母的過程中，能夠具有敏感度，盡快覺察施虐父母有問題的精神和心理狀態，已經足以影響親職功能。因此，社工員能夠在此時使用資源協助父母就醫，由精神醫療的資源對父母的精神和心理狀況做出評估，並給予適當的治療和建議。

社工員在此時也可藉由醫療系統的協助，依據施虐父母精神疾病的種類和嚴重程度，判斷精神疾病影響親職功能的程度，以及父母是否可提供小孩安全的生長環境，依此對施虐父母的親職功能進行深度的評估。此評估通常關係到社工員在處遇上的重要決定，包括孩子是否安置、安置時間長短以及與家庭的工作內容等。

在做這個重要的評估時，請兒少保護社工員不要把責任都放在自己身上，請務必要尋求精神醫療的協助，請相關專業人員提供資訊，然後再做出重要的決定。

（五）施虐父母和孩子之間的權力衝突（power struggle）

傳統的華人文化中，親職關係是上下結構清楚的人倫界線，彼此的互動也是立基於上對下，以權威為取向的互動關係。當父母在面對孩子的問題時，若習慣以高壓控制的方式來處理孩子的不當行為，又小孩的應對方式是持續顯現

出對立與反抗，在此時父母往往堅信要拿出更多的權威來壓制小孩，假使小孩堅持繼續反抗，親子間的相處模式很容易形成一種惡性循環，雙方都持續以更高壓的方式企圖迫使對方屈服，結果是不斷升高衝突，父母在最後採取具有虐待性質的行為，從而形成虐待行為的循環。

（六）疏忽照顧的父母在親職角色上的退守

有些父母在面對孩子很困難處理的問題行為時，因為處理的成效不佳，導致長期處於挫敗的狀況，最後萬念俱灰，心情也變得非常憂鬱。在習得無助感的狀況下，父母最後以退縮逃避的方式來處理，也就是說，要不就是裝作沒看見，不然就是淡化事情的嚴重性，不再主動關心和處理孩子的問題。

而兒童及青少年在面對父母消極的反應時，不一定會因此減少與父母的衝突。有些孩子反而因此在親子互動中因缺乏安全感而過度要求注意力，與父母形成不安全的依附關係，無法忍受與父母分離，或是展現出憂鬱的症狀。幼童憂鬱的症狀常是以躁動的行為、經常哭鬧、無法維持穩定的飲食作息等行為來呈現，這樣的狀況在一段時日之後，父母越來越害怕處理孩子的問題，孩子因感受到父母的疏離，而更加重自己的問題以迫使父母面對，父母卻因此而更加退縮。

（七）施虐父母經常面對的壓力來源

單一的壓力來源除非會造成非常大的傷害性，不然在一般情況下，人們會具有一定程度的抗壓性。但若同時有好幾個壓力來源，或是壓力一直持續存在，壓力累積的結果就有可能造成適應困難和功能下降等問題。如果父母要面對的壓力來源包括以下這些狀況時，都會對父母的親職功能產生負面的影響。

第一個壓力來源是父母缺乏對其親職角色的支持系統。在現代社會中，教養子女的環境比從前複雜了許多，而當孩子出現一些特殊狀況時，更有不知該向何處、尋求什麼專業協助的困惑，在都會區中尚且如此，在資源較為稀少的地區，面對具有特殊需求（special need）的孩子，父母的處境是很艱難的。

第二個壓力來源是失業。失業不只是沒有經濟收入而已，也代表了在就業市場的被貶低和拒絕，因此也會影響到父母的社會地位、自我價值和自尊。如

果家中父母長期處於失業的狀態，經濟壓力和心情的鬱悶，會讓父母在親子關係中容易發生遷怒的狀況，孩子因而成為父母發洩情緒的出口之一。

第三個壓力來源是父母的低教育程度。父母的教育程度，並非直接與兒童少年不當對待有因果關係，而是父母的教育背景，會與被主流社會接納及取得社會資源的難易程度有所關連。如果家庭本身已較缺乏社會資本（social capital），再加上對於親子衝突採取封閉的方式來處理，拒絕並抗拒外界資源（或是公權力）的進入，這才是比較讓人憂心的狀況。

第四個壓力來源是經常性地搬遷。父母經常搬遷的理由很多種，可能是因為工作或伴侶的轉換，這樣的轉換對兒童少年的成長環境來說，有可能表示個案身邊的主要照顧者變動性高，缺乏固定的依附對象；對於學齡兒童來說，亦是增加了就學環境及同儕人際關係的變動性。搬遷的影響也造成父母本身適應上的困難，減少父母保護及照顧小孩的能力；另一方面，不穩定的支持系統，也增加了個案成為家庭內外不當對待受害者的可能性。因為孩子處於較缺乏保護的環境，較為脆弱（vulnerable），容易成為加害人侵害的對象。

第五個壓力來源是貧窮。成為兒少保護系統個案的家庭經常出現的狀況是單親媽媽，或是沒有工作的爸爸、家庭持續接受政府補助或是居住在貧窮的社區等情況。然而，實際上大部分的貧窮家庭並沒有出現兒童少年不當對待的情況，雖然經濟匱乏是兒童少年身體虐待和疏忽照顧的預測指標，但我們在思考處遇方向時應該將貧窮與其他危險因子合起來考慮，而不是假設解決經濟問題就可以解決兒童少年不當對待的問題，畢竟貧窮只是系統中一個影響的變項，兒童少年虐待與疏忽基本上是很多因素交互作用下的結果。

（八）親生父親或母親與其伴侶共同組成的家庭

在兒童少年不當對待的案件中，父親的角色也是一個重要的變項。在其中最值得一提的是，當親生母親不在，由父親和其他女性伴侶一起組成的家庭中，若是發生了兒童少年虐待，其中有很高的比例是屬於嚴重的或是致命的兒童少年虐待，詳細原因目前還不是非常的清楚，但實務上的發現是這樣的家庭在動力上比較容易發生嚴重的虐待事件，而不是一般的管教不當，父親和其伴

侶間的衝突，孩子常常會過度涉入，因此增加了兒虐的可能性與嚴重性。

而以女性為家長的家庭，出現兒童少年不當對待的比例也較高，相對於其他的家庭，這些母親明顯在情緒和經濟的支持系統較薄弱。此外，這些母親和他們自己伴侶的關係，也在親子關係裡是否出現不當對待扮演一個重要的角色，其中最常見到的相關因素就是親密關係中的暴力。

親密關係中的暴力不只是經常和兒童少年虐待及疏忽照顧合併發生，事實上更是常常比兒童少年不當對待還早發生，所以此種暴力的存在事實上是增加了兒童少年虐待在家庭中發生的可能性，是以親密關係中的暴力也因而成為兒童少年虐待的重要預測指標之一。

（九）家庭所處的社會網絡和社區

家庭所處的社會網絡和所居住社區的特質，也和兒童少年不當對待的發生有所關連，父母所處的社會網絡會影響父母如何展現親職行為，父母會以社會網絡中被普遍接受的方式和價值觀來教養小孩。

而在家庭所處社區的情況來看，如果社區中的家庭普遍生活比較不穩定，各種暴力事件較常發生，也比較容易產生兒童少年不當對待的情況，在這樣的社區中，大家對暴力有較高的容忍度和較低的敏感度，兒童及少年被不當對待的情況容易被忽略，也比較不被認真看待。

（十）文化的影響

文化所扮演的角色在於規範父母親職行為的常模，在生活中所禁止及允許的親職行為。不同的文化架構裡，對於兒童少年應該如何被照顧管教、照顧和管教的內容及界線，或如何提供小孩醫療和教育，都會有不同的看法與規範。

當兒童少年保護的相關法律是由主流文化的價值所決定時，就更需要留意兒童少年不當對待在不同文化架構下被賦予的意義，在對這些家庭進行處遇和提供建議的時候，要能夠在這些家庭的文化脈絡中看到問題的形成和演變，並思考適合這些家庭的服務方式，以協助其改變。

二、亂倫家庭中的施虐者樣貌

亂倫是一種既複雜又多樣性的家庭動力的問題。亂倫的發生表示家庭中的互動已經出現了極大的問題，亂倫會扭曲家庭成員彼此的人倫關係，所以對亂倫的家庭進行理解時，必須要在家庭的架構裡去看家人間的真實互動，而不是單純由彼此的稱謂就先行假設其關係，也就是說，亂倫家庭中的父親和女兒可能不是一般的親子關係，而是扭曲的親密關係，而媽媽和女兒之間也不只是親子關係，而是親密關係中的競爭對手。

從生態的觀點來看，會影響一個家庭是否會出現亂倫的系統因素，包括施虐者內在的心理狀態、施虐與受虐者的家庭動力關係、施虐與受虐者的身心發展的狀況等，而另一個發生亂倫的可能因素，是亂倫的父母在小時候曾有被自己父母虐待的經驗。

（一）施虐者內在的心理狀態

從施虐者的心理狀況來分析，施虐者通常缺乏處理自己情緒的能力，比較沒有同理心，無法理解別人的行為，值得注意的是亂倫施虐者有時在情緒上被照顧的需求，會比性的需求更為強烈，所以在評估亂倫家庭的危機程度時，若單純以猥褻或性侵害此單一項目來判定危機或嚴重的程度，是相當不適切的。

在Williams和Finkelhor（1992）的研究裡，亂倫的父親被分類成五種。第一種類型是以性為主體的（sexually preoccupied），第二種是青少年退化型（adolescent regressive），第三種是工具性的性滿足（instrumental sexual gratifiers），第四種是情緒依賴的施虐者（emotionally dependent offenders），最後一種是憤怒關係型（angry retaliators）。

第一種類型的施虐者，對受害人有很明顯性的興趣，通常在受害人年紀很小的時候就開始加害的行為。這類型的施虐者通常在受害人6歲以前就開始對其性侵害，然後一直持續到青春期。

第二種類型的施虐者，很清楚知道自己對受害人有性的興趣，但會等到受害人開始發展第二性徵，或是到了青春期之後，才會開始性侵害的行為，但在那之前受害人可能已經忍受了數年加害人會用異樣的眼光看自己的身體，或是

加害人會在言語間有意無意地透露出性的訊息。

第三種類型的施虐者利用受害者做為滿足自己性幻想的工具，這些施虐者的加害行為在加害時間上是比較分散隨機的，比較沒有固定的頻率，特別的是這類型的施虐者會對自己的加害行為感到後悔，並會試圖控制或減少自己的加害行為，在受害人明確的反抗時，也比較有可能會停止進一步的加害行為。

第四種施虐者的特徵是強烈的寂寞和憂鬱，性的滿足並不是他們亂倫行為的主要動機，他們通常是將自己對親密關係的需求浪漫化，然後投射在自己女兒身上。在這一類型的亂倫關係中，比較可能在持續一段時間後，仍舊停留在猥褻的階段，不一定會發展至性侵害的程度，但這並不代表這種狀況對受害人的負面影響比較小，事實上這樣的受害人在事情揭露後，對社工員的負面情緒很高，社工員被認為是破壞其家庭的始作俑者，因為受害人長久處於這種扭曲的關係中，對加害人是認同的，並不一定認為自己在亂倫關係中有受到傷害。

第五種施虐者事實上對受害者並不一定有太多性的期待，或是以性的滿足為主，他們的性侵害行為主要是在表達跟發洩自己的憤怒。在這種類型裡，通常施虐者在實際生活上或是在自己的想像中被配偶（親密關係的對象）拋棄，或是懷疑配偶對自己有不忠的行為，而施虐者就將對配偶的憤怒投射在與女兒的關係裡。比較常見到的例子是指責女兒跟媽媽一樣，所以女兒要代替媽媽之類的情況。

雖然在臨床工作上，這樣子的分類可以幫助我們理解亂倫父親的動機，以提供加害及被害人比較有效的處遇。但亂倫施虐者不太可能完全符合每個分類的描述，大部分的施虐者擁有兩種以上類型的特質，每一個亂倫家庭都還是必須要實務工作者對其進行個別化的評估。

（二）亂倫家庭裡的動力關係

除了施虐者個人的心理狀況外，亂倫家庭裡的動力關係也是一個需要被了解的重要項目。亂倫家庭通常存在橫跨兩代間的各種問題，以及與社會隔離、家庭成員的功能低落等狀況。

亂倫家庭缺乏個別的家庭成員間或是兩代間的適當界線，兒童少年經常和

父母互換角色，常常被要求成為替代性的父親或母親，來照顧自己的父母或是整個家庭。而在這種功能異常的家庭，兒童少年通常得自己照顧自己，缺乏成人的保護看管，因而這些孩子生存於非常容易在家庭內外被不當對待的危機環境中。

在這樣的亂倫家庭中，剝奪情緒和身體自主權的互動模式占了主導地位。通常家庭成員不是因為愛和關懷去接觸彼此的身體，而是用性的方式來表達自己的感情和需求，在這樣的互動模式下，兒童少年可能因為在依附關係中對愛和情感的渴求，而把性侵害行為當成是家庭生活中感情與關心的唯一來源，而為了得到父母的關心和愛，漸漸認同以性行為來交換感情的互動方式。

有一些亂倫家庭表面上看起來是很正常的。父母通常維持了長期穩定的婚姻，且父母在社交行為和經濟上維持穩定，且在社區中受到認同，但是這樣的家庭實際上並不像表面上所看到的那樣穩定，父母通常無法在情緒上有足夠的能力對彼此表達關懷，更不用說是對自己的小孩，因此父母親雙方都在情緒上有高度被照顧的需求。此時如果家庭中有藥酒癮或是其他問題出現時，母親可能在此時要求女兒一起來處理家務和支持整個家，父親就可能轉向女兒來要求其滿足自己的情緒和性需求。

兒童少年在這個時候通常會因為深愛家人，而試圖滿足他們的情緒或是其他需求，往往彼此的親子關係發展下去就開始沾染了性的成分，家庭成員對亂倫逐漸形成一種有默契及互相依存的關係。因此當亂倫事件被外界發現的時候，這種家庭的反應常常會否認有這樣的事情，或是認為這根本沒什麼大不了的，而且又沒有干擾到別人，這是自己家裡面的事情，因而無法支持受害人，或是受害人本身也會在此時顯現對家庭極高的忠誠度，拒絕兒童少年保護系統的介入與協助。

（三）施虐者與受虐者的心理特質

在亂倫家庭中，父母親職功能的缺損，讓父母對小孩的反應變得不一致和不穩定，有時候父母因某件事情對子女表達讚美和關心，而過了一天同樣的事情卻會讓父母表達拒絕和忽略。兒童少年為了讓自己適應這種不一致，會學習

到不信任別人，並試圖使用一些拒絕和否認自己情緒的方式，讓自己在當下避免進一步情感的傷害。

在極端的例子裡，兒童少年開始從現實退縮，無法接受自己的負面情緒，最終無法統整自我，造成自我的分裂，如果沒有外界的干預來打破這種循環的話，即使兒童少年長大，性侵害行為已不再發生，亂倫的影響會讓受害者的行為模式變得固著且缺乏彈性，或甚而在其長大組成的家庭中重複亂倫的悲劇。

（四）同輩的亂倫（peer incest）

目前在實務工作中，出現越來越多施虐者與受害人年齡相仿的案例，因此我們也有必要對同輩的亂倫進行多一點的了解。同輩亂倫是指年齡相近的人之間的性接觸，大部分的手足和堂表兄弟姊妹間的亂倫都屬於這個分類。許多亂倫的青少年施虐者因為自己有被不當的性對待的經驗，或是在自己家裡面有這樣的學習對象，因此會性虐待家庭或家族中比較小的孩子來重演自己的創傷侵害經驗。

雖然青少年施虐者的年齡較小，但在已發展出性侵害加害行為模式後，就必須審慎考慮採行施虐者處遇的必要性，基本上是否採行施虐者處遇與施虐者的年齡並沒有直接關連，若是因為施虐者年齡較小，而不考慮實施施虐者處遇，這會是在亂倫家庭處遇中一個很大的破洞。

三、發生情緒虐待事件的家庭

有一些父母會因為像是缺乏親職技能、社會孤立、缺乏資源或是對小孩有不合理的期待等原因，而在情緒上或心理上傷害自己的孩子。

情緒虐待的父母常常在自己的成長歷程中有類似的被照顧經驗，這些情緒虐待的父母部分在自己還是孩子時，被父母情緒虐待或是身體虐待過，因而在長大成為父母後持續以類似的方式情緒虐待自己的孩子。

單獨存在的情緒虐待是所有兒童少年虐待型式中最難被發現和終止的，這是因為兒少保護人員必須舉出具體例證來說明父母對孩子的傷害，否則無法以公權力介入，但是因為情緒虐待不會對兒童少年造成身體上的傷害，所以很難

被確認。因此，專業人員在遇到疑似有情緒虐待的家庭時，必須了解家庭中存在的危險因子，詳細詢問家庭的歷史和目前家庭中有哪些需要留意的行為，並且提供適當的資源來幫忙父母或是主要照顧者，為兒童少年創造安全和穩定的環境。

有些兒童少年可能只有被情緒虐待，而沒有其他形式的虐待。然而，情緒虐待通常和其他形式的虐待和疏忽相關，這使得情緒虐待成為其他兒童少年虐待發生時的危險指標之一。事實上情緒虐待的本質存在於所有形式的兒童少年不當對待中，情緒虐待可說是各種形式虐待的基本組成因素之一。因此即使在實務工作上不常見到單獨存在情緒虐待的家庭，但還是必須在所有形式的虐待和忽略中，評估是否存在情緒虐待，以及情緒虐待對孩子所造成的傷害，並協助處理相關的問題。

四、發生多重虐待事件的家庭

多重虐待的形式有各種可能性，但在這裡要特別提醒大家留意以下的這種情況。有些兒童少年保護案件被通報時，是因為身體虐待或是疏忽照顧，因此我們容易忽略這樣的個案受到家內和家外性侵害的可能性是高的，尤其某些縣市單位的兒童少年保護和性侵害是不同的組別，所以習慣將兒童少年保護案和亂倫案分開處理，但其實這兩類案件有極高之共生關係，很難明確將兩者加以區分。因此，不管是在對這些家庭的評估處遇，以及思考能夠符合這些家庭的工作模式，都是我們需要再持續努力的。

貳、與非自願案主之工作原則
——從建立可工作的關係談起

基於施虐者的特殊性，社工員經常感覺與施虐者工作具有一定的困難度，本節試圖提出一些與非自願案主的工作方法與態度上的建議。

施虐者常因缺乏改變的動機或是沒認知到自己有改變的需要，而抗拒公權

力進入自己和家庭的私領域，如此充滿壓力和衝突的狀況需要兒少保護社工員在工作過程中對自己和個案的狀態有敏銳的覺察，而這個部分許多是需要從自己的內在去反省，而無法只是靠文字的理解來學習，因此這一章在此部分僅提供大家一個思考的方向和起點，此專業成長的過程還需要每個人根據親身的體驗，不斷在過程中進行修正與蛻變。

透過對接受服務家庭個別化的評估，再據此來制訂處遇的目標與方法，對實務工作者來說，最期待的就是在這之後能夠看到家庭的改變。而在這改變的歷程中，一個不可或缺的基本先決條件，就是能夠將實務工作者與非自願案主的關係調整成是可工作的狀態。實務工作者與個案工作關係的建立，是一個動態和雙向的過程，Compton和Galaway（1999）將這個過程定義為一個相互溝通互動的歷程（engagement），它開始於實務工作者與個案的第一次接觸，結束於雙方對一起工作的方向達到初步的共識。

一個可工作的狀態對於與非自願案主的工作來說，是非常重要的，這是改變是否會發生的先決條件，因此實務工作者是不是能夠身處於非自願案主的憤怒與攻擊中，將個案的抗拒視為人們對領域被侵犯的正常反應，而不是針對實務工作者的個人攻擊，在此情況下若實務工作者能夠做到在關係中不憤怒或是退縮，並表達自己對於個案處境與心情的理解，以及持續不斷與案主溝通，以達成對未來工作目標的共識，這些就成為個案能否開始改變的契機。

對於案主的理解與同理，實務工作者必須採取行動，跳脫自己原本的價值觀去靠近案主，體會每一個家庭中對親職所特有的價值、信念和態度，以及這些想法和價值觀之所以會形成的歷程與原因。實務工作者進入案主家庭的文化成長脈絡中，了解個案如何以其價值觀與大環境互動，以及評估在哪些地方需要做調整，以降低個案的親職行為與社會期待的過大差距。也就是說，實務工作者必須要協助案主在自己原本的親職角色與社會法律上的要求當中，取得一個可被接受的平衡點，而在這磨合的過程中，實務工作者表達對個案文化的尊重是必須的，但也必須同時清楚表示哪些行為在法律上是不被接受的。

此外，社工員所被賦予的公權力，在一開始很容易被案主誤會，或是被社工員誤用為濫用權力的工具，因此社工員必須示範合理使用權力及分享權力，

來協助案主學習使用社會及法律可以接受的方式，來執行家庭中的照顧行為及設立管教孩子的規範。在這樣的工作中，實務工作者的反省與增加對自我的了解是很重要的關鍵，即便是實務工作者，也常常會有自己的盲點與偏執，實務工作者必須能夠體察自己過去的經驗是否對目前的工作形成一些干擾，這樣的反思是實務工作者在專業成長上一直持續被鼓勵進行的工作。

簡單綜合以上討論的部分，實務工作者在與非自願案主工作時，若能培養自己對案主深度同理的能力，對自己的想法與感受保持可以敏銳察覺與自我接納的狀態，並且在口語及非口語的溝通中傳達對個案的尊重與關注，以及對案主改變的可能性的期待，一個與非自願案主可工作的關係就可盼望其慢慢的形成，而這個過程需要的絕對不只是實務工作者的能力與技巧，更重要的還包含了實務工作者對自己和案主身為一個人的接納與尊重。

參、親職教育服務

本章最後介紹目前經常提供施虐家長的「親職教育」服務，目的並不在增進兒少保護社工員有關親職輔導的實質操作能力，而是期待社工員在擔任個案管理的角色時，需要對這些親職教育資源的轉介與使用做到良好的管理。換言之，當社工員進行個案管理工作時，社工員在對家庭做出個別化評估及規劃後，決定轉介適合個案所需的專業親職教育協助，確實能掌握個案在親職教育的服務過程中，是否能朝預期目標進行改變，並在此過程中的適當時機提供支持性的協助，排除施虐者朝向正向改變的阻礙。

親職教育所服務的對象是因為缺乏教養經驗或知識，因而無法以較正向的方式來面對小孩發展過程中的困難的父母。親職教育此項處遇的假設是，如果父母擁有足夠關於兒童少年行為發展的知識，那麼在親職能力上就能發展符合社會文化規範的恰當行為。簡單來說，親職教育提供的內容就是教導父母如何養育自己的小孩，因此這種教育性的課程大部分設計成提供家庭或個別父母，

關於教養小孩的具體各種技能，期待能夠促發親子間較為理想的互動。

除了上述此種固定教學內容的親職教育課程之外，對於不是因為缺乏經驗和知識，而是因為環境因素或是父母的特質，因而處於危機狀態的家庭或個人，實務工作者就有必要將親職教育的課程設計成符合個別家庭的需要。在這種滿足個別化需求的親職教育中（可以是個別的或者是團體的形式），治療師使用和父母一起觀察和討論家庭互動的方式，提供父母關於親子互動的回饋。提供父母回饋的目的是希望能夠促進父母對自己孩子發展歷程的理解，體認導致親子互動不愉快的互動模式為何，以及有哪些親子互動的行為增強了父母不適當的親職行為。透過對這些親子互動歷程的了解，希望父母能夠增加正向的親職行為，以促進良好的親子互動。這樣的親職教育強調家庭成員的實際參與，因此改變的過程相當程度是奠基在家庭現有的優勢，在課程中治療師會強調如何加強現有的良好互動及調節的模式，並鼓勵父母學習新的親職行為。

目前大部分的親職教育是團體式的，團體形式的一個優點就是可協助危機中的父母克服社會孤立這個問題，透過團體中的人際網絡和溝通，協助父母建立非正式的支持系統，增強對團體成員彼此情緒的支持，以及增加得到相關資訊及資源的管道。

參考文獻

Cicchetti, D., & Lynch, M. (1993). Toward an ecological/transactional model of community violence and child maltreatment: Consequences for children's development, *Psychiatry*, 53, 96-118.

Compton, B.,& Galaway, B. (1999). *Social work process, sixth ed*. Belmont, CA: Wadsworth.

Williams, L. M., & Finkelhor, D. (1992). *The characteristics of incestuous fathers: Final report* (National Center on Child Abuse and Neglect, Grant CA-90-1377), Washington, DC: Clearinghouse on Child Abuse and Neglect Information.

Chapter 10

兒童少年
保護工作的倫理議題

廖美蓮

寫在前言之前

　　兒少保護社工員時常需要使用「倫理」準則作為行動依據，撰寫本章前，我重新思考兒少保護工作中的倫理困境（ethical dilemma），對兒少保護實務工作者而言，究竟什麼最能成為社工員面對判案時之最佳準則？倫理議題隨著整個社會文化價值的變遷而有不同的思辨，兒少保護社工員在進行倫理決策時，不可能單靠一元標準作業程序，來避免其做出失當或是無效的決定。很顯然，倫理原則背後擁有一套價值體系，而兒少保護問題也不可能植基於科學性知識的一元看法（陳榮亮，2008）。所以本章的重點不在於技術上怎麼做，而是在於倫理上怎麼思考，透過案例提供幾種倫理理論取向作為理據基礎，提升兒少保護社工員的自我覺察及自我運用能力。

壹、前言

　　兒童少年保護（以下簡稱兒少保護）是一項符合三高特性的專業工作，包括案量高、危險性高與壓力高。所以，兒少保護被公認為專業實踐極度挑戰和困難的實務領域之一（Lonne et al, 2009），也一直是媒體與社會所矚目的焦點，陸續有兒少保護案件放大社工員的失誤。兒童局民國100年研究委託報告[1]指出「每一個兒少生命因兒虐而消逝都代表成人社會的失職，代表國家公權力未善盡職守，每一次重大兒虐事件的發生，都給社會帶來極大的震撼，也給第一線的兒保社工帶來相當的壓力」（劉淑瓊、楊佩榮，2011：2）。可見，兒少保護社工員面對法律規範，不僅必須對兒童少年安全評估做出立即回應，還要於同一時間做出維持兒童少年最佳福祉的研判決定，這恐怕是兒少保護社工

---

1. 國家組織結構於民國102年7月23日改組，兒童及少年保護業務現已併入衛生福利部保護服務司的業務。

員最考驗又最煎熬之處。只可惜，通常倫理的討論都側重在工作者對應服務使用者，卻鮮少提及國家對於社工員本身的作用。儘管已經有明確的實證研究發現保護性社工員人數不足、專業知識不夠以及督導品質待提升，但工作負荷量卻仍明顯超出標準值（許如悅與鄭麗珍，2003；翁慧圓，2006；郭靜晃，2007；劉淑瓊與彭淑華，2008；黃明玉與郭俊巖，2009；趙善如，2009；簡慧娟與林資芮，2010；劉淑瓊、楊佩榮，2011）。矛盾的是，國家一方面對一線社工員在勞動市場被嚴重壓迫的處境表達關切，另一方面卻落入一種「去脈絡」的立場來論述其失誤？這些失誤或失職「問題」是否都根源於一線兒少保護社工員未能進行專業倫理的理解和反省？

本章透過案例和反思的方式來檢視自我的價值觀是如何在成長過程中形成，以及其對現在自我的影響，並藉由對文化、權力與特權的覺察能力，理解兒少保護專業服務的義務、目的、法律、公權力及個人內在美德對於處遇過程所產生的效力之影響，目的不在於提供倫理的準則，而是在培養獨立思考與判斷的能力和做決定的自主性，並具批判能力去理解理論背後的論述，而不致盲目複製倫理守則，以應付當前實務現場各種複雜多變的兒少保護情境（徐震、李明政，2004）。

以下案例截取自一個真實故事作為本章討論的素材。研究者以敘事的取徑引述一位失業單親爸爸（以下簡稱單爸）遇上兒少保護社工員的過程與價值衝撞，作為一種專業反思以突顯科學典範之不同，問題切入的角度也就不同。

【案例】失業單爸：生計與養育孰重孰輕？

　　有一天為了下一頓飯，已遲暮之年的單爸，不得不趁著孩子熟睡之深夜，跑到市場幫忙殺雞，卻被人通報疏忽給家暴中心，社工員將孩子直接送進機構安置，他心有餘悸的解釋這段經過：「……殺雞的工作，它肢解的那種工作，然後它晚上還可以，有到凌晨那個五點鐘左右，啊晚上大概十點左右就要去了，到凌晨的大概五點左右，啊就是那個工作後來就是有人去檢舉啦！但我到現在還不曉得知道是誰，她說我把小孩子留在家裡睡覺，因為只有她們兩個啊！我父母都不在

了啊！她說這樣子不行，然後就被家暴中心把她們兩個帶走了，我不知道這樣可以的啦！他就敲敲門，然後騙兩個小孩開門，然後就把她們兩個帶走。……她們（本來）在家睡覺睡得好好的，我是安排她們洗完澡、吃完飯、她們睡覺了……。」他是清晨回家才發現孩子不在，急的不知如何是好，大樓管理員說是被警察帶走了！他才恍然心想：孩子安全就好！準備將孩子帶回家，沒想到事情很複雜：

「我就直接打電話到家暴中心，……然後他（社工員）就約我在派出所，他說他不願跟我單獨談，他怕我很生氣，我確實很生氣啊！然後我就到派出所去，然後我就跟他講，我說：『我要現在立刻帶小孩回家，我要立刻帶小孩回家。』他說：『不可以，要留置七天。』然後我跟他說：『我不同意啊！』我說：『他們只是在家睡覺而已。』然後他們也是，把安置的地方，也是一個房間讓他們兩個在裡面玩，在裡面睡覺，我就問他說：『那你們昨天晚上有人陪他睡覺嗎？』他說：『沒有，就他們兩個自己睡。』那我說：『那跟在我家自己睡有什麼不一樣？』他說他們樓下有管理員，我說：『我家樓下也有管理員啊！有什麼不一樣？你告訴我。我們找這個房子之前，就是因為它有鐵窗、它有什麼東西，都沒有問題，我也不擔心他們爬窗戶，我才決定住這間房子的，……』」顯然地，這位曾經是專業經理人員的中年男人真的不知道，當今政府對兒童安全與福利的保障已有嚴肅的法理立場，他還覺得這位社工員沒有經過他的同意將孩子帶走是「違法」的侵入行為，殊不知為了生計半夜工作，而將孩子留在家中的單親家長已構成「觸法」的虐待行為，然後他以自己的背景來理解與應對政府的作為：

「我覺得說有點那種。雖然沒有經歷過白色恐怖，可是我覺得就是，好像類似那種年代，那種書看了以後就是那種感覺，莫名其妙突然間有人到我家來把我什麼人抓走了這樣，我們並沒有違法啊！然後他說：『不可以，這是依現在的法律。』好，這個我接受，可是我沒有辦法，我有個苦衷在，……後來我就跟他提，我說：『你要我做什

麼，我現在都願意簽給你，都切結給你，我就是要把小孩子帶回去。』這是個哀求，你今天還是不讓我把小孩子帶回去的話，啊我只好去加油站啊！我去買汽油來跟你、陪伴你，我就直接在家暴中心，後來就派出所談完，他不放，我就直接衝到家暴中心去，我說，我們犯了什麼罪？要這樣子來讓我來受到這種，我覺得一種委屈吧！還有一種不滿這樣，然後後來他們的組長吧！還是什麼人，一個長官吧！就來講了，說：『為什麼一定要這麼堅持去帶？』啊你們把人帶走了，第一個沒有法院的……貼條也沒有貼，什麼也沒有就把人帶走了。」（摘錄自王行、廖美蓮，2011）。

貳、兒少保護倫理相關理論取向（Theoretical approaches to ethics）

　　社會工作的實施原理仰賴專業價值的導航。兒少保護工作訓練的核心精神是秉持以「兒童最佳利益」[2]（the best interest of the child）做為最高價值實踐的指導原則，然而甚少文獻資料討論有關兒童福利實踐的倫理框架。在兒少保護工作中所談的「倫理架構」，多半是指一些被界定為執行者在處遇過程中被期待的責任與行為。雖然抽象的倫理意識形態是從日常真實生活中提煉而來，但是當抽象的意識形態轉化成實務操作的倫理守則時，卻充滿爭議、弔詭、衝撞、矛盾及誤解。康德曾說：「無法被經驗的思想是空洞的；而沒有思想的經驗是盲目的。」（徐震、李明政，2004），所以唯有回到思想最源頭的理論處理倫理困境，才能夠盡可能避免盲目。

---

2. 《兒童及少年福利與權益保障法》的第5條規定：「政府及公私立機構、團體處理兒童及少年相關事務時，應以兒童及少年之最佳利益為優先考量，並依其心智成熟程度權衡其意見；有關其保護及救助，並應優先處理。」強調以兒童及少年之「最佳利益」做為倫理實踐的精神。

一、倫理學理論

　　兒少保護工作是一個跨專業評估的服務，在服務過程中經常要思考各種難題，包括確認誰是我們的服務使用者？我們要對誰負責任？最佳利益的選擇是依據服務使用者的意願或是依據其需求？有些社工員或許會認為自己的工作與道德理論（moral theory）範疇沒有關連，而只是找出實用方法來解決當事人生活上的難題（real problem）；然而倫理實務不能只靠普通常識：不論是生活中的實例，或系統化的實務訓練，都必須對道德理論有一定程度的掌握，因此工作者的知識條件是關鍵。在做決策之前，應該先思考決策過程背後的哲學取向，因為知識的條件就是具備「倫理道德理論」相關的基本知識。倫理學相關理論有義務論、目的論（結果論）、德行論理學、關懷倫理、正義倫理等，不過在所有的社會中，人們做決策的過程較常以前三個理論做為主要倫理道德價值取向的思考框架（Thompson et al, 2000），分述如下：

（一）義務論取向（Deontological〔principalist〕approaches）

　　倫理守則與法律是強烈的義務論（Cournoyer著，萬育維譯，2012），例如：總是要說實話（always tell the truth）。義務論者認為倫理決定源自一套定義兒少保護社工員義務與權利的規則，包括：始終優先考慮孩子的權利，或總是做出對孩子最有利的決定。若以義務論的立場思考，倫理決定其實就是回答自己：「哪些規則是我必須履行？」因此，兒少保護社工員若能完全依照規則或原則決定其行動方向，則其結果沒有所謂好壞之分，也不是本取向所關注的重點。舉本章失業單爸的案例來說，社工員接獲通報後依法安置他的小孩，再聯繫案父違反《兒少權法》，不論單爸告訴社工員他基於什麼理由把小孩獨留家中與家庭的劣勢經濟條件等脈絡，社工員還是完全依規定辦理，因為兒少保護工作有一套強制性的法律條文，清楚的指引處理流程，只要所做的判斷完全根據法條的規定而來，就不會受到社會責難，這卻讓實務工作者夾在理想與現實的生活之中，像是該不該帶走？該不該立刻安置？該不該提起獨立告訴？

（二）目的論（結果論）取向（Teleological〔consequentialist〕approaches）

　　這個倫理取向在意事情的結果（outcome），鼓勵每位一線社工靠自己

的專業知識與實務智慧抉擇，以達成最佳生產成效的路徑。任何倫理決定行動的背後都立基於對個人帶來最大的利益以及最小的傷害；有時候無法完全達到此目標，則兩害相權取其輕，以情境當下最佳利益為衡量。因此，這個取向以強調當前的倫理議題和風險評估為主，而較少使用長期的觀點思考，考驗兒少保護社工員的實務經驗，選擇利多或害少的干預方法。以本章的案例，打零工的單爸把12歲的孩子獨留家中，明顯於法不合，然而帶走孩子讓單爸糊口的工作受到影響，白天還得請假去家防中心處理，對孩子而言也莫名地被安置在一處陌生環境，這樣的結果真的對這兩個兒童比較好嗎？若從結果論來看，真的是以兒童的最大利益為出發點嗎？

（三）德行倫理學取向（Virtue ethics）

這個取向強調美德的培養以及決策者的內在品德，兩者都是健全倫理決策的必要條件（McBeath and Webb, 2002 cited in Lonne et al, 2009）。亞里斯多德認為具備這樣品德修養的人才能在兩個極端之間做出平衡的選擇，這種識別能力，需要仰賴成熟的性格和審慎能力，而不光只是倚靠規則（rules）的清晰程度就能解決。德行倫理學的決策奠基於豐富的專業知識和熟練的專業判斷或實用智慧（practical wisdom），單靠抽象的規則或是預期未來後果無法達到，必須從真實體驗中累積。因此，德性倫理決策和行動質量取決於兒少保護社工員本身的正直（integrity）、實務知識和經驗能力三者之間的角力；強調的是社工員「對美善的理解」、「對自我的理解」以及「自我對美善的理解」是否有足夠的認識。換言之，個人的人格特質仍然是重要的關鍵變數（廖美蓮等，2010），難怪有人說：倫理議題根本就在處理「人性問題」的議題，最後就是面對自己而己，因為公權力的準則就是社工員自己，最後過不過得了自己這一關。身為兒少保護社工員恐怕不能迴避先檢視自己的成見、價值意識與偏好。

綜上所述，社工員的教育訓練經常規範社工員不要違法，卻很少思考法律的意義與正當性，以及法律對自身專業的影響。值得進一步思考的是，兒少保護社工員往往視法律為唯一依循的圭臬，只是即使現有的法條是倫理道德的最大公約數、是每個人同意的最低限度規範，卻未必保障人權、服膺社會正義（吳建豪，2012）。

應用一套簡單的、盲目的、官僚的規則和程序不可能作出「好」的倫理決策。當理論深耕不足，實用智慧不夠，僅存的只有倫理道德框架時，就很可能以個人主觀感受決定監管程序，由於個人價值的建構不免受到自身經驗、家庭和環境成長的限制，如何為自己找到脫困的方法，將在下一節繼續討論。在此之前，兒少保護社工員必須先進一步分析與了解個人帶著什麼思維框架看待當事人的問題，問題意識反而更加重要。

二、兒少保護社會工作倫理的拉扯：價值取向與思維框架

「倫理」是一種實踐哲學或道德哲學，經常與「道德」相提並論。社會工作被普遍認為是一種「倫理活動」，倫理則是一種「價值行動」（Parrott, 2006），價值（value）的重要性在於幫助個人判斷何種信念才是適當的。社工員選擇的處遇方法影響深遠，因此必須謹慎。當前兒少保護社工員在考慮其倫理責任時，思考層面往往涉及法律、倫理及專業情境的道德操守。面對錯綜複雜的倫理議題，Beckett及Maynard於2005年提出，社工員在倫理抉擇的十字路口，通常受到四種價值系統左右（圖10-1），包括：社會文化價值、機構價值、專業價值與個人價值（廖美蓮等，2010）。在捍衛兒童少年權益時，社工員經常是兒少保護執行過程中的靈魂人物，除了要具備高度挑戰的精神與危機處理的應變能力外，還必須站在第一線守護兒童少年的生命安全。因此，社工員需要對價值與倫理有充分的覺知，當原則彼此衝突時，也就是出現價值間的拉扯（Values in tension）時，要有能力指出其困境才能予以解決。

實務上，有的社工員受到專業價值的影響較深，有的受到其文化背景的價值所影響，有的優先考量機構的核心價值等。總之四項價值並非各自單獨存在，而是相互扣連影響。當四種價值體系越分歧，做決定的壓力也會相對升高。然而，個人的人格特質仍然是重要的關鍵變數，在實務場域中違反倫理操守的情境時有聽聞，又或是兒少保護社工員本身受到違背倫理的對待等情事，此時，下列的專業反思更顯重要：

1. 了解社會工作基本倫理與價值的內涵，不同價值相互衝突時，排出優先順序，釐清座標上（圖10-1）每個位置的道德問題，免於自相矛盾。

2. 熟悉兒少保護社工員的法定責任、義務與期待。了解道德問題的複雜性，免於獨斷、自我中心，從而養成開闊的胸襟。同時，社工員有義務提出記載行使公權力過程的重要倫理決策理據的完整記錄。

3. 掌握兒少保護案件的倫理特殊性，具備多元文化能力（cultural competence），以敏感服務使用者的社會文化背景，因為兒少最佳利益之標準與合理性受文化差異影響。正視道德和孩子福祉之間的關係，妥適地安排和規劃孩子的人生。

4. 理解兒少保護社工員生存法則中的政治，敏感專業關係中的權力運作，並將上述三點理解充分運用到服務。

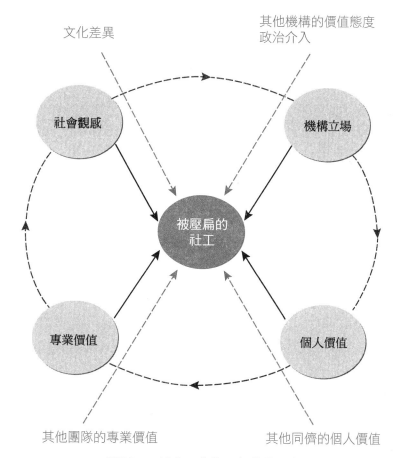

圖10-1　社會工作倫理價值的壓力座標

參、解決倫理困境的思考原則

　　兒少保護處遇服務過程有其時間的急迫性、資源的可及性與有限性，要協調不同專業的合作，但又要快速決定下一步處遇要如何進展。每個環節的決定都影響當事人及其家庭。這裡面有許多可討論的議題，但兒少保護社工員無法一一確認每個步驟才啟動，因此，如同上一節德行倫理學取向所強調一線工作者的實務智慧累積，並透過時常澄清與反省自己的工作信念，讓每次的決定都經過自我覺察的歷程。下面提出三種思考方向：

一、破除迷思：倫理道德不是教科書規則，而是生活實踐

　　專業自主與自我負責是一體的兩面（Liu, 2007）。我曾經在課堂[3]與社工系學生討論「倫理困境」議題，設計若干社工人員在實務現場可能會碰到的情境，讓同學思考、討論與模擬，其中一個題目相對接近學生的生活經驗：「假如學生遇到一個被父親痛打並趕出家門的少年，當晚無家可歸，少年當下又不願接受寄養或安置服務，時間分秒過去，少年肚子餓想吃晚餐而向你借兩百元，身為少年社工的你會不會借兩百元給少年，並安排睡在哪的問題？」

　　實務經驗越少的社工，越能夠參照工作守則行事。當代學生遇到倫理困頓時，也都會說：應該以「案主自決」做為處遇原則。有趣的是，當天有一組同學不知是想挑戰體制抑或是單純熱心，她們不把專業倫理守則視為理所當然的法典，而提出先把少年帶回家再說，其他組同學雖然搬不出專業的大道理，卻直觀反應帶少年回家過夜絕對有違專業倫理，所以反對這個作為。被反對的學生不斷質疑帶少年回家過夜到底有什麼不妥？

　　課堂辯證令我印象深刻之處在於終究沒有、也不可能產出一套穩定、具體的解方或標準化作業流程（SOP），一則是課本上永遠不會找到所謂的標準答

---

3. 社會工作系的必修課——社會個案工作。

案；再則是任何處遇背後都必然隱藏服務提供者的個人價值偏好或實踐經驗法則。行走江湖，曾經聽聞一些兒童少年社福機構的社工員把小孩帶回家；學校輔導老師因為常碰到零功能的家長，或是一家人共享一個便當、一週只能洗一次澡的弱勢家庭，因此，買便當給學生帶回家吃或是帶學生回家清洗，在某些地區的學校是常見的事。這或許違反社會工作專業倫理強調的法令、守則、經濟與政治，而這限制可能是好的，但也許會阻撓實務工作者的抱負，讓其無法提供當事人想要的服務，或是提供以他們專業判斷認為必要的服務（如本書案例）。在兒少保護案件遭遇死胡同的時候，回到最基本的規範，就是法律上的規定，某程度而言其實是阻力最小的路，因為如果符合法律上面的規定，社工員運用公權力時就有所依據。值得思考之處在於，到底是社工員運用法律的規定，尋找發揮的空間，還是社工員被法律所工具化。

二、思考原則：去除盲點和偏見，體會道德沒有專家

社會工作專業一直對社會正義與公平做出承諾（Reamer, 2006）。執行兒少保護公權力正能清楚反映出這樣的倫理價值信念與實踐。因此一線社工員不單運用理論知識，更依據實務累積的情境經驗、同儕與督導的專業意見，以及個人的實務智慧，不論知覺與否均引導著服務使用者前進；有時對服務使用者產生正面的意義，但有時則造成負面的影響。倫理道德出現左右為難，多半的時候在組織場域中權力政治的衝突、專業價值間的拔河，以及資源不足以合理分配的窘境，因此需要考量專業範疇、合法規範、合乎倫理三個目標向度（江季璇，2004）。如本書第四章介紹，兒少保護核心的工作任務及目標包括四個部分：第一，確保兒童少年的人身安全；其次，採取以「兒童少年為核心、家庭為焦點」的工作取向；第三，家是適宜兒童少年生長的環境；以及第四，結合社區資源及網絡，提供周延而完整的服務，值得檢視的是這些任務與目標背後的工作核心價值意識。

兒少保護社工員在服務個案時經常面臨家庭問題的複雜性，處遇服務過程中有時間框架的迫切性、資源的可及性及有限性，要協調不同專業夥伴之間的合作，同時又要快速決定下一步處遇的進展。德行倫理學主張道德的功能在於

培養人的德行，也就是有價值的品格特質，有別於義務論與目的論（結果論）論取向將焦點放在行為的對與錯上面，德行倫理學更重視行為人。因此，道德該關注的問題是「我應該是什麼樣的人？」而非「我應該做什麼行為？」一線社工員時時刻刻都必須面對實務現場每個案件的決定，無法迴避當中涉及的倫理議題，下面提出五個重要核心價值信念作為助人工作專業倫理過程的抉擇思考原則，如下：

1. 人在情境中的考量，不能抽離當事人的社會、法律、經濟、政治文化脈絡。
2. 覺察並正視不平等的社會結構對當事人所造成的意義。
3. 批判社會所建構對當事人的偏見與歧視。
4. 極小化傷害與極大化處遇效果。
5. 以當事人或其他相關人的安全、福祉與權益為優先考量，其次是維持當事人的自我決定。（Parrott, 2006；廖美蓮等，2010）

在多元教育思潮充斥的時代，大家可曾在實務現場深切體認與回應，專業助人者與受服務對象之間的關係型態受到後現代主義的衝擊。過去的知識強調理性、客觀、普遍性，但典範轉移使得知識的立場改變，當代以科學或經驗知識為知識典範[4]，道德知識被視為最無法辯護的知識，而這樣的困境在於有懷疑論的危險，所有知識宣稱都是歷史化與偶然的，不然就要接受科學典範；然而，道德知識如何可能「被證實成真實信念」？以此定義思考，道德「真理」是否存在？而此「真理」可被證實與否？道德理論應該以最佳的「道德理論」、最佳的「社會理論」還是「事實知識」為基礎？如何決定「最佳」呢？用來決定「最佳」的風險又是什麼？以往的教育多採講授式教學，教給學生一定的課程內容，個別性差異性常被忽略；而後現代的教育強調人類思想的多元性與複雜性，沒有一成不變的思想，因此教育方式必須多元，以符合個別學習者的需求。然而，實務現場的多元思維與服務措施遍佈荊棘，加上政治因素與

---

4. Kuhn將典範界定為：為一個學科研究社群所共同接受的一套具有最高指導原則功能的科學成就，它包括了定律、學說、應用方法、實驗工具與方法，應用或理論的累積成果，以及指導這些內容的哲學基礎（Kuhn, 1970:10-11）。

壓迫而異化工作者，以及教育缺少對個人道德勇氣的培養，實務工作者要更誠實正視結構性的議題。Bourdieu（1993）認為，大學只是再製文化特權，並且隱藏宰制工具的地方，其主要功能是複製社會階層化所既存的不平等。值得辯證的是其道德論述的脈絡性，若道德是由世界規定，道德知識是在良知中獲得，而良知不只是個人的實踐，同時也被社會形塑，我們恐怕要先省思實務現場所提供給兒少保護社工員的教育訓練方法與過程是否運用得當。

三、界定問題就能滿足當事人的需求嗎？

兒少保護社工員在進行處遇的過程中，牽涉到其如何思考、如何看待兒少虐待或暴力行為，以及其所持的社會工作理念，亦即知識的多元化與應用性是否意味社會平等向上提升的可能？知識論述是否能避免教育成為文化再製合法化的機器而使知識價值降低？資訊科技的發達是否意味大學教授宰制性專業受到動搖？

民國八十年代第一波兒童福利法修法後，許多傳統觀念套上新的理解，包括家庭不再被視為是私領域的場所，打孩子從家務事開始轉變為公共議題。從法律觀點切入，社會大眾被教育當父母親不具親職照顧能力時，國家理應共同承擔對兒童照顧、養育之責。一線社工員從此承擔起國家保衛兒童少年的使命，國家同時期待社工員於執行公權力的過程中不得有任何失誤；近年還有監察委員扮演起監督兒少保護社工員行使公權力之執行與效力的角色。

《兒少權法》第53條修訂「直轄市、縣（市）主管機關於知悉或接獲通報前二項案件時，應立即進行分級分類處理，至遲不得超過二十四小時。直轄市、縣（市）主管機關受理第一項第五款案件後，應於四日內提出調查報告；受理第一項其他各款案件後，應於三十日內提出調查報告。」從義務論取向的觀點，前述的法律規則就是一種倫理架構；然而，依賴社會既有的規則和指引所做出的倫理決定，不必然就是道德的，因為這些規則可能存在中產的思維，不道德、不公義，甚至可能會傷害另外一群人的福祉（Guttmann, D.著，田秀蘭、彭孟堯譯，2011）。另一方面，實務現場的資源配置傾向以「問題導向」或「年齡對象」來分門別類，不可諱言，社會工作教育體制中的教科書、訓練

教材、學術／實務期刊著作仍暗示服務對象的特質是造成問題的主因；同時，改變服務對象是服務提供的主要目的（Kagle & Cowger,1980；柯麗評，2009）。

社會工作是實踐性格很強的專業，因此社工教育不能侷限於專業技能之傳授，也要幫助所有社工慕道者理解與體認規範性的原則無法直接置入實務工作者的頭腦，而必須經過前言（P.222）所提到的獨立思考歷程，方能將這些的倫理準則一點一滴的轉化在助人情境中，並慢慢被活化起來，成為助人者的實務智慧。以我個人為例，曾經身為國家兒保精兵的我，在離開兒保職場的若干年後成為社工系的老師，當我進入田野做研究，聽到本章案例的單爸半夜為著生計跑到殺雞場打零工的那一幕，當時腦海反射性地閃過這個爸爸應該違反《兒童及少年福利法》[5]的規定；後來整理訪談錄音逐字稿時，我有著迥然不同的反省，在這個故事文本中，各位也許可以深切反身思考社工教育平常如何訓練學生，原來社工教育一直強調做個案與撰寫記錄時的「界定問題與需求評估」，這些規格會不會令社工員感到案件問題的樣貌被「去脈絡化」、被「分類」與被「問題個人化」？社會學家米爾斯（Mills Wright）提出對於一個事件的發生不應該僅侷限於個人情境的分析，而必須與所處的社會相結合，「社會學想像」連結社會體制與個人行為，強調分析個人失業處境與失業身分時，不要忽略從社會脈絡中尋求解釋與說明（同時參照本章前述所提之助人工作專業倫理過程的抉擇思考原則一）。所以在考慮法律所賦予一線兒少保護社工員的權力，加上主流文化在臺灣所推崇的兒童照顧指標時，我突然有一種在社工員角色身分之外的深切體認，原來不是所有把孩子單獨留在家的父母都是一樣的，這種「兒童最佳利益」的準則對於經濟條件不足的家庭，可能會成為另一種生活壓迫。不是要推翻保護兒童人權價值之立場，而是若有機會理解更多故事脈絡，是否能夠在行使公權力的過程有更細緻的安置操作與差異格局的服務輸送。

在這種佈滿路障的田野中，如何真正到達雙向理解（dialogical understandings）的合作關係，並且擺脫專家身分的視框與時代限制，方能設

---

5. 100年11月30日已更名為《兒童及少年福利與權益保障法》。

身處地（阮新邦，2000）。讓人質疑的是，知識向來與權力一同被建構出來，知識從來不屬於弱勢的人；然而知識論述卻必須在這群失業男人的脈絡與實踐中透過逐步地互動而產生。我們對於不同族群的理解程度，與對「他者」在差異結構之社會處境的洞察，以及如何提升自己後設[6]（meta）處遇模式與意識的檢視能力，值得延伸討論與反思。

肆、結語

某種知識之所以被視為科學知識，其實反映當時所處科學社群的既有概念（或偏見），而科學家常自以為客觀、中立地接受證據，事實上，這些證據背後已為既定的典範概念所框住。然而，哲學家康德強調道德倫理沒有專家，意即其實一般人都知道自己應該做什麼，只是不知道為什麼。在各種價值並陳，卻又充滿焦慮、不安、不確定的社會情境裡工作與生活，兒少保護社工員必須透過自我探究以獲得自我發現、自我突破，才能在彈性和變動中仍保持堅定。如果不能釐清自己該做何種選擇，面對各種新的核心信念和專業知識，就難以透過兒少保護的信念、價值加以轉化，於是只能一味追逐問題，卻難以真正看到服務使用者的全貌，最後所謂兒童及少年的「最佳利益」或「最佳福祉」，也只是被扭曲、變調或被政治策略所異化。社會工作專業服務模式乃是從西方社會植入，期間難以避免出現文化適應的議題，因此，植根於本土社會文化脈絡和現實生活處境下的兒少保護社會工作倫理思考，關懷臺灣社會工作在華人社會文化背景下之倫理與價值的特殊性，是尋求面對倫理困境與追求發展不可忽略的途徑。

一直以來，兒少保護工作在任何自由民主的社會，都必定會面臨一種進退兩難的挑戰，就像司法成為一種權力工具，以保護兒童少年之名而得到介入屬

---

6. meta其意思是：關於什麼的什麼？即是對於處遇的一種反思。

於私領域的家庭內的合法性，應思考如何保護兒童少年而又不傷害到家庭
（Parton, 1991 cited in Lonne et al, 2009）。因此，未來的兒少保護工作將衍生
出三個相互影響的議題，恐怕是所有一線兒少保護社工員都要持續思考與面對
的挑戰：第一個議題是父母親的隱私權與兒童少年的保護系統；第二個議題是
政府介入兒少保護的範圍；以及第三個議題是政府干預兒少保護的本質
（Waldfogel, 1998）。所以，一線兒少保護社工員的角色典範與省思仍然需要
不斷檢視與前進，也但願社工員教育訓練能夠繼續著力意識覺醒的反思性學習
方法，以便輔助前項任務，培力具有批判力、反省力的兒少保護實務工作者，
才能在這種複雜與變動又隱藏政治角力的情境中找到出路。倫理抉擇的過程，
也千萬不要遺忘了讓服務使用者參與，一同決定其人生。

參考文獻

一、中文部分

王行、廖美蓮（2011）。〈從男性失業者的生活敘事文本探究社會處境中的性
別意義〉。東吳大學人文社會學院整合型研究計畫「知識權力與社會實
踐」子計畫。

Guttmann, D.著，田秀蘭、彭孟堯譯（2011）。《社會工作倫理》。臺北：學
富（原著出版年：2006）。

江季璇（2004）。〈社工人員對兒童保護保密倫理的價值與抉擇～捍衛孩子隱
私說與不說的擺盪～〉（未出版之碩士論文）。東吳大學社會工作研究
所，臺北。

阮新邦（2000）。〈邁向詮釋取向定的社會工作實踐（上）實證主義的迷思與
強烈價值介入論〉。載於賀玉英、阮新邦，《詮釋學取向的社會工作實
踐》，頁1-60。香港：八方文化。

吳建豪（2012年4月）。〈人「違法」？還是法「違/圍」人？〉，「制服下
的兩難：當老師、助人工作者面對兒少的性座談會」，臺北。

柯麗評（2009）。〈社會工作者與服務對象互動過程權力關係之運作〉。《應

用心理研究》，43：149-175。

徐震、李明政（2004）。《社會工作思想與倫理》。臺北：松慧。

陳美華（2008）。〈不可告人的秘密？一個關於性工作研究中的性、性別與知識生產的反思〉。《臺灣社會研究季刊》，71：1-38。

陳榮亮（2008）。〈從社會服務機構的角度看社工教育〉。載於梁麗清、陳啟芳，《知而行行而知：香港社會工作教育的反思與探索》，頁203-210，香港：中文大學。

劉淑瓊、楊佩榮（2011）。〈100年度兒童及少年保護結構化決策模式工具發展計畫〉。兒童局委託研究報告。

廖美蓮、王惠宜、郭明珠（2010）。《99年度兒少保護及高風險家庭社工基礎課程專業訓練及套裝教材開發計畫專業服務——套裝教材：兒童少年保護工作的相關倫理議題》。臺中：內政部兒童局編印。

Barry Cournoyer著，萬育維譯（2012）。《社會工作實務手冊》。臺北：洪葉。

二、英文部分

Bourdieu, P. (1993). *The field of cultural production*. Cambridge: Polity Press.

Lonne, B., Parton, N., Thomson, J. & Harries, M. (2009) *Reforming child protection*. London: Routledge.

Liu, Miriam M. L. (2007) *Issues in Father-Daughter Incest Intervention in Taiwan. Unpublished Doctoral Dissertation*, University of Hull, East Yorkshire, UK.

Parrott, L. (2006). *Values and ethics in social work practice*. Exeter: Learning Matters.

Reamer, F. G. (2006) *Social work values and ethics*, 2nd. New York: Columbia University Press.

Thompson, I., Melia, K. and Boyd, K. (2000) Nursing Ethics, 4th. Edinburg: Churchill Livingtone.

Waldfogel, J. (1998) *The future of child protection: how to break the cycle of abuse and neglect*. Cambridge, MA: Harvard University Press.

Chapter **11**

兒童少年保護
工作的挑戰與因應

徐雅嵐

　　兒少保護工作面臨不少挑戰，無論是在工作過程中、與機構或系統合作過程中，或是社會鉅視層次中，社工員都面臨許多的挑戰，在在凸顯兒少保護工作是一個不容易的工作（鄭麗珍等譯，2011）。本章將介紹兒童少年保護社工員在職場上的各項挑戰，並提出一些因應的建議。

壹、兒童少年保護工作的挑戰

　　不同於其他社會工作領域，兒少保護工作在實務上面臨很多挑戰。首先，兒少保護社工員的實務角色及工作流程，完全必須依據法律規範來執行，專業自主性無法凸顯；接著，因為公權力介入家庭私領域，社工員天天與具有敵意、抗拒性的非自願性案主工作，沒有「助人為快樂之本」的感受；最後，社會大眾對兒童少年保護工作有較高的期待，社工員的工作執行只要不符合社會期待，立刻換來排山倒海的罵名和懲處。以下細述社工員遭遇的各項挑戰。

一、工作過程中的挑戰

　　在實際的工作場域，社工員經常遇到具有敵意而抗拒改變的案主，這和學校所學的「社工是一門助人的專業」大相逕庭，專業知識很難轉化成為有用的介入。雖然，案主的敵意、抗拒對於強制介入是正常的反應，但案主的不合作、沉默以對、顧左右而言他等，都會讓社工員感到挫折萬分，甚至開始質疑自己的能力。但是，統計數字和實際案例確實呈現兒童少年遭受家長或照顧者不當的對待，甚至致死，社工員揹負兒少保護工作的重大責任，隨時必須為遭受不當對待的兒童少年做出重大的決定，這些決定經常是困難且令人為難的，社工員所承擔的壓力之重不可言喻。

二、工作角色轉換的挑戰

有時候社工員可能希望以「關心、幫忙」的角色與案家接觸，並且減少家庭的抗拒，而實質上我們可能只是調查，並未實際給予解決問題的協助（例如：親子衝突的家庭最希望知道如何擺平狂飆的少年），又或者以關心介入，最後卻要求家長配合親職教育課程或安置小孩，家長感到被處罰，就會開始指責社工員言行不一致，社工員常在這樣的拉扯中不斷變換角色。

有人以「穿著羊皮的狼與穿著狼皮的羊」來形容兒少保護社工員，實在是趣味又符實的說法，因為兒少保護社工員一方面要提供服務協助案家，一方面又執行法定事項，社工員不斷在公權力角色與助人者角色間來回變化，有時候會面臨角色上的衝突，如何穿脫自如於狼皮與羊皮之間，確實是社工員相當大的難題（臺北市政府社會局家庭暴力暨性侵害防治中心，2009）。

三、工作結構上的挑戰

（一）工作者普遍年輕無法久任

兒少保護工作是一個具有三高特性的工作領域，即高勞動、高負荷、高危險的工作，目前兒少保護體系的工作條件不足以吸引有志從事此領域的社工員投入或久待。許多兒少保護的社工員在工作兩到三年後，經常因婚姻、升遷、意向的生涯考量轉職或離職，甚至有社工員因為沒有獲得足夠的支持去改變現況而崩潰撤退，導致高離職率，工作職場出現了年資上的斷層。目前，兒少保護的領域中，社工員普遍年齡太輕、年資過低，除了無法累積實務經驗外，施虐者也無法信服於一個年輕的工作者，造成專業關係建立困難。

（二）工作性質特殊導致心理負荷沉重

撇開高個案量不談，社工員接觸家庭中最不堪的一面，看到的是兒童少年身體的傷痛、負面的情緒、心理的創傷等，還有家庭關係的糾結、家庭陳年的沉痾。社工員每天接觸這些人事物，不免受到這些情緒或問題的影響，無意識的受到替代性創傷或投射，可能造成社工員專業能量的耗竭、身心不健康。

（三）通報量高工作負荷大

經由113的大量宣導及發生重大兒童虐待案件的推波助瀾，社會大眾對兒少保護的意識抬頭，相應而來的就是通報案件如雪花般的飛來，從受案諮詢窗口到後端的調查處遇服務，每位社工員的工作負荷量逐年增加，加上法律規定而衍生出來的文件表單眾多，實在很難一邊回應危機案件，一邊還完全如期完成所有的行政或文書庶務工作。

（四）職場流動率高

最令前線社工員感到困擾的就是人力流失過快，導致永遠有社工員的空缺待補。在人力暫時缺乏的情況下，留任的社工員只好辛苦的撐著，案件量就這樣一件件累積起來，剛剛調查完昨天新進的個案，今天已經變成舊個案，因為新個案又來了。高流動率造成個案無法獲得有品質的服務，社工員的經驗也無法累積及傳承，新手社工沒辦法得到好的培育及照顧，在沒有裝備的狀況下很快就上戰場，當然也很快的就消耗掉了，對於兒少保護工作是最大的戕傷。

（五）安置資源分配不均

社工員在前線衝鋒，明知兒童少年有安全上的疑慮，卻可能因為沒有安置床位而放棄安置決策，又有可能因為安置中的個案有非行行為，沒有安置的處所願意收容，而導致必須無奈地做出返家的決策。

常常聽到工作者抱怨「我的小孩找不到床位」，其實安置的資源並不一定真的不夠，而是縣市分布不均、安置型態分配不均的問題，如果再加上安置機構或寄養家庭篩選個案，那麼兒少保護個案獲得一個合適安置床位的機會就又大大降低了。實務上常見社工員安置完孩子後，忙碌聯繫各單位拜託對方收容孩子，但只求有的前提下，往往就忽略了考量孩子的氣質及需求，安置後的適應問題反覆出現，這些都不利於孩子的身心發展，也苦了社工員。

（六）專業分組間分工問題溝通不易

各縣市對兒少保護工作的專業分工方式不同，有些依案件性質專業分工（例如：兒少、性侵、成保），有的依區域不同分工，有的依任務階段不同分工，倘各單位間缺乏分工討論及共識，容易淪為自認「應該是他的工作」的爭

論；又或者同一家庭有不同單位服務，沒有分工溝通下也容易變成各做各的，缺乏對家庭的一致性評估及整體的處遇計畫，與其他社政單位或專業分組間的溝通常是第一線社工員在案件處遇過程中相當耗時及耗神的工作。

四、社會意識上的挑戰

在傳統文化中，「不打不成器」的觀念仍然根深蒂固，家長一句「我們以前都是被打大的，現在還不是沒怎麼樣」，有時候讓新手社工員不知道如何回應。加上「法不入家門」的傳統信念，兒童少年的家長或照顧者可不是開著大門迎接社工員的拜訪，雙方的拉扯幾乎天天上演。更耐人尋味的是，政策的宣導成效高，大眾通報意識抬頭，導致通報量大大的提高，但民眾（有時甚至是責任通報人員）通報後又怕造成自己的不便，以致社工員進行調查評估時，經常獲得「不要來吵我」的回應，而無法確認通報的真實性。

貳、兒童少年保護工作的因應

以下是作者個人因應上述挑戰的一些作法，提供社工員們參考。

一、社工員的自我照顧

社工員要認識兒少保護工作所可能引發的多面向衝擊、開啟自我探索與覺察，透過不斷反思探究，才能知道這份工作之於自己的意義，如此才有可能提升自我照顧的能力。在工作上，社工員應該培養第二、三類專長或嗜好，來嘗試轉換目前工作的視野或框架，而在生活上不妨試著找一些適合自己的宣洩方法，好好大睡一場、看場電影大哭大笑、出外旅遊轉換心情或單純在家休息沉澱心情，給自己一個充電的機會，然後再出發。

每一個助人者要有能力評估自己的平衡狀態，參考別人自我照顧的方法，

並為自己量身訂做一套自我照顧計畫，在要求自己有效且成功保護兒童少年的同時，不斷檢視自己維持專業活力（劉小菁，2001），別忘了工作者自己也是需要被滋養及保護的。

二、工作者具備正向且積極的態度

社工員隨時向內探索自己的工作態度和意義，培養正向積極的工作態度，讓自己不被困難絆住，與其他人溝通時，也能夠讓對方感到活力以及投入。對於安置機構或寄養家庭而言，合作上的困難往往與了解不足有關，這些需要很多時間調整合作步調，以及建立彼此信賴的關係。

三、督導的支持及協助

社工員隨時向外尋求協助，例如面對困難個案、高危機個案或面臨案家的不合作，應該要與督導討論不同的工作策略，同時督導也可以協助社工員角色轉換上的困難，以及探索工作與自我價值間的衝突。運用督導資源可以協助社工員在工作上的矛盾與衝突，記住，你不是孤獨的，不需要一個人鑽牛角尖，也不要自己一個人扛起所有的責任。

四、職前及在職訓練

社工員促成機構提供新手社工員有關工作流程、注意事項、依法行政、會談技巧、工作策略及工具、人身安全、行政規定等全面性的職前訓練，安排新手社工員有足夠的機會見習個案。每年也應定期舉辦各種特定議題的訓練，提升社工員的專業知能。

五、資源的開發

「巧婦難為無米之炊」，社工員要開發和累積相關的資源，安置資源或友善兒童少年資源的不足，恐怕是兒少保護社工員最常遇到的問題。小孩安置了卻沒合適的地方可以去，想幫忙找個配合家長工作時間的臨托處所相當困難，這些需求都要社工員反映，並請各個管轄科室開發媒合。若社工員在服務過程

中發現可以運用的資源，例如醫療或福利資源，也可以盡可能將訊息傳遞給其他工作者，一起分享這些資源。

六、提升職場的支持度及合理的工作條件

目前政府所聘用的兒少保護工作人員包括正式公務員、約聘人員以及委外的方案人員等，人事組成複雜，薪資條件略有不同，兒少保護工作的風險性高，所以應該給予合理的薪資待遇，並且增加其他福利措施，讓工作者獲得實質性的回饋，增加工作動機。在職場上，不論是同儕、督導、長官都要一起營造友善及支持的工作環境，陪伴每一位工作者度過大大小小不同的案件及各種高低起伏的情緒，人性及友善的職場其實是兒少保護社工員久任的關鍵因素。

七、宣導兒少保護的觀念及正確的通報觀念

政府仍然需要持續透過社會教育的方式來宣導，諸如「父母需在合理範圍內管教子女」、「父母有責任學習非體罰的管教方法，以有利於子女的身心發展」等兒童保護的概念（彭淑華等，2007），進行初級的預防性服務。此外，針對責任通報人員進行兒少保護相關的訓練課程，將可以協助相關人員認識何謂通報、如何通報以及通報什麼，除了增加通報的精準度外，亦可以增加責任通報人員對我們的認識，避免彼此間的本位主義，影響了服務輸送。

參考書目

彭淑華等（2007）。第13章〈兒童福利〉，《兒童虐待與防治》。臺北：華杏。

臺北市政府社會局家庭暴力暨性侵害防治中心（2009）。〈兒少保護社工介入兒少保個案之角色與功能——以臺北市為例〉。發表於臺北市家庭暴力暨性侵害防治中心成立十週年研討會。

劉小菁譯（2001）。《助人工作者自助手冊——活力充沛的秘訣》。臺北：張老師文化。

鄭麗珍（總校閱）（2011）。《兒少保護社會工作》。臺北：洪葉。

附錄一

兒童及少年保護通報及處理辦法

修正日期：民國101年05月30日

第1條　本辦法依兒童及少年福利與權益保障法（以下簡稱本法）第五十三條第四項規定訂定之。

第2條　醫事人員、社會工作人員、教育人員、保育人員、警察、司法人員、村（里）幹事及其他執行兒童及少年福利業務人員，於執行業務時知悉有應保護之兒童及少年時，應立即填具通報表以網際網路、電信傳真或其他科技設備傳送等方式通報直轄市、縣（市）主管機關，至遲不得逾二十四小時；情況緊急時，得先以言詞、電話通訊方式通報，並於知悉起二十四小時內填具通報表，送直轄市、縣（市）主管機關。前項通報人員通報內容應包含通報事由、違反本法第五十三條第一項各款情形、兒童及少年基本資料及其他相關資訊。

第3條　前條以外之任何人知悉有應保護之兒童及少年時，得以前條規定方式或其他任何方式通報直轄市、縣（市）主管機關。

第4條　直轄市、縣（市）主管機關於知悉或接獲前二條通報時，應視需要立即指派社政、衛政、教育或警政單位等處理，至遲不得超過二十四小時。前項處理應以當面訪視到兒童及少年為原則。直轄市、縣（市）主管機關依第一項處理後，應指派社會工作人員訪視兒童及少年進行安全性評估，並於受理案件後上班日四日內提出調查報告。

第5條　直轄市、縣（市）主管機關於知悉或接獲本法第五十三條第一項第一款及第二款情事之通報，應立即會同當地警察機關進行調查，並視案情需要，提供必要處理及協助。前項通報屬警察機關查獲之案件者，由直轄市、縣（市）主管機關逕依本法第五十五條、第七十一條、第九十一條、第九十六條及第一百零二條規定辦理。

第6條　兒童及少年依本法第五十六條第一項需緊急安置者，直轄市、縣（市）主管機關應以書面通報當地地方法院及警察機關，並通知兒童及少年之父母、監護人。但其無父母、監護人或通知顯有困難時，得不通知之。經直轄市、縣（市）主管機關緊急安置之兒童及少年為在學學生，應另以書面通知其學籍所在學校及教育主管機關。兒童及少年經法院裁定繼續安置期間，依法執行監護事務之人應定期作成兒童及少年照顧輔導報告，送由直轄市、縣（市）主管機關按個案進展作成報告，送交地方法院備查。

第7條　緊急安置之兒童及少年於七十二小時期限屆滿前，直轄市、縣（市）主管機關應評估繼續安置之必要性；其安置原因未消滅暫不適重返家庭者，得聲請法院裁定繼續安置；安置原因消滅時，應將兒童及少年交付其父母、監護人或其他實際照顧者。前項兒童及少年如為在學學生，直轄市、縣（市）主管機關應將安置情形或結果，以書面通知其學籍所在之學校及教育主管機關。

第8條　緊急安置之兒童及少年在法院裁定繼續安置期間，直轄市、縣（市）主管機關最遲應於安置期間期滿前十五日完成延長安置必要性之評估，其有延長安置之必要者，並應於期間屆滿前七日向法院提出聲請。聲請再延長安置者，亦同。

第9條　直轄市、縣（市）主管機關對於安置期間期滿或撤銷安置之兒童及少年，應續予追蹤輔導至少一年，並定期作成追蹤輔導報告。

第10條　直轄市、縣（市）主管機關依本法第六十四條第一項規定提出之兒童及少年家庭處遇計畫，應由社會工作人員實施個案管理，結合相關資源，提供兒童及少年及其家庭相關處遇服務。

第11條　直轄市、縣（市）主管機關對於受安置之兒童及少年，依前條規定實施之家庭處遇計畫滿二年，經評估其家庭無法重建或重建無成效，致兒童及少年無法返家者，應依本法第六十五條規定，提出兒童及少年長期輔導計畫。前項長期輔導計畫應由社會工作人員實施個案管理，提供包括長期安置、長久安置、出養或少年自立生活方案。

第12條　依本辦法保護之兒童及少年轉學時，直轄市、縣（市）教育主管機關應予協助，必要時，得以不遷徙戶籍方式辦理轉學籍，兒童及少年轉出及轉入之學校應予配合，並注意個案身分資訊保密。

第13條　依本辦法保護之兒童及少年有適用家庭暴力防治法者，直轄市、縣（市）主管機關得視兒童及少年需要代為其聲請民事保護令。

第14條　第二條第一項情況緊急之通報案件，由兒童及少年所在地之直轄市、縣（市）主管機關處理。兒童及少年因移動或行蹤不明者，以受理通報在先之直轄市、縣（市）主管機關處理。前項以外之通報案件，由受理通報之直轄市、縣（市）主管機關處理。但同一兒童及少年通報案件有二以上直轄市、縣（市）主管機關受理通報者，以兒童及少年住居所在地之直轄市、縣（市）主管機關處理。通報案件依前二項處理後，得視案件需要，移轉由兒童及少年住居所在地之直轄市、縣（市）主管機關為後續處遇或輔導；兒童及少年無住居所者，得移轉由兒童及少年所在地之直轄市、縣（市）主管機關為後續處遇或輔導。

第15條　兒童及少年有本法第五十三條第一項情形者，於直轄市、縣（市）主管機關處理前，警察機關、兒童及少年福利機構、醫療院所或學校，應提供兒童及少年適當保護及照顧；其有接受診治之必要者，應立即送醫；其有觸犯刑罰法律之行為或觸犯之虞，或有被害情形者，應通報警察機關，警察機關經查處將案件移送司法機關者，並應通知直轄市、縣（市）主管機關。

第16條　本辦法所定書、表格式，由中央主管機關定之。

第17條　本辦法自發布日施行。

附錄二

1-6歲兒童發展歷程簡表

項目 \ 年齡（月）	12-14個月	14-16個月	16-19個月	19-21個月
粗動作	・可維持跪姿 ・會側行數步 ・走得很穩會轉身	・可獨自由趴著而手扶地站起 ・隨音樂而作簡單跳舞動作 ・扶欄杆可上下三層樓梯	・自己坐上嬰兒椅 ・扶著可單腳站立 ・一腳站立，另一腳踢大球	・能彎腰撿東西不跌倒 ・手心朝上拋球 ・由蹲姿不扶物站起
精細動作	・一隻手同時揀起兩個小東西 ・可重疊兩塊積木 ・可將瓶中物倒出	・會打開盒蓋 ・自動拿筆亂塗 ・已固定較喜歡用那邊手	・可疊三塊積木 ・模仿畫直線 ・可認出圓形，並放入模形板上	・模仿摺紙動作 ・會上玩具發條 ・模仿畫直線或圓形線條
語言表達	・模仿未聽過的音 ・會用一些單字	・會說十個單字 ・會說一些兩個字的名詞	・會哼哼唱唱 ・至少會用十個單字	・會說謝謝 ・會用語言來要求別人做什麼
語言理解	・知道大部分物品名稱 ・熟悉且位置固定的東西不見了會找	・在要求下，會指出熟悉的東西 ・會遵從簡單的指示	・了解一般動作，如親親、抱抱	・回答一般問話，如「那是什麼」 ・了解動詞＋名詞的句子，如「丟球」
社會性	・堅持要自己吃東西 ・模仿成人簡單動作，如打人、抱哄洋娃娃等	・睡覺時要抱心愛的玩具或衣物 ・出去散步時，能注意路上各種東西	・被欺侮時會設法抵抗或還手 ・有能力主動拒絕別人的命令	・對其他孩子會表示同情或安慰

年齡（月） 項目	12-14個月	14-16個月	16-19個月	19-21個月
生活自理能力	• 會脫襪子 • 嘗試自己穿鞋（不一定能穿好）	• 自己拿杯子喝水 • 自己用湯匙進食（會灑出）	• 會表示尿片濕了或大便了 • 午睡不尿床	• 會區分東西可不可以吃 • 會打開糖果包裝紙

年齡（月） 項目	21-24個月	24-27個月	28-31個月	32-36個月
粗動作	• 自己單獨上下椅子 • 原地雙腳離地跳躍 • 以腳著地的方式帶動小三輪車	• 用整個腳掌跑步並可避開障礙物 • 可倒退走十呎 • 不扶物單腳站一秒以上	• 雙腳較遠距離跳躍，向前翻筋斗 • 單腳可跳躍兩次以上	• 一腳一階上下樓梯 • 單腳可平衡站立 • 會騎小三輪車 • 會過肩投球
精細動作	• 球丟給他會去捕捉 • 可一頁一頁翻厚書 • 疊高六到七個積木	• 模仿畫橫線 • 可依樣用三塊積木排直線 • 可一頁一頁翻薄書	• 疊高八塊積木 • 會用打蛋器 • 玩黏土時，會給自己成品命名	• 模仿畫圓形 • 用小剪刀不一定剪得好
語言表達	• 會重覆字句的最後一兩個字 • 會講五十個字彙	• 懂得簡單數量（多、少）、所有權（誰的）、地點（裡面、上面）的觀念 • 稍微有一點「過去」的觀念	• 會問「誰」「哪裡」「做什麼」…句子 • 會用「這個」「那個」…冠詞	• 會正確使用「我們」、「你們」、「他們」 • 會用「什麼」、「怎麼會」、「如果」、「因為」、「但是」

年齡（月） 項目	21-24個月	24-27個月	28-31個月	32-36個月
語言理解	• 知道玩伴的名字 • 認得出電視上常見之物	• 了解「上、下、裡面、旁邊」等位置觀念 • 知道在什麼場合通常都做什麼事	• 知道「明天」意味著不是「現在」 • 會回答「誰在做什麼」的問句	• 會回答有關位置、所有權及數量的問話 • 會接熟悉的語句或故事
社會性	• 幫忙做一些簡單的家事 • 會咒罵玩伴、玩具等	• 會去幫助別人 • 會和其他孩子合作，做一件事或造一個東西	• 對幼小的孩子會保護 • 會告狀	• 會找藉口比逃避責罰 • 自己能去鄰居小朋友家玩
生活自理能力	• 會脫下未扣釦子的外套 • 會用語言或姿勢表示要尿尿或大便	• 在幫忙下，會用肥皂洗手，並擦乾	• 白天可控制大、小便 • 會拉下褲子，準備大、小便	• 自己大小便 • 能解開一個或一個以上之鈕釦

年齡 項目	3歲-3歲6個月	3歲6個月-4歲	4歲-4歲6個月
粗動作	• 走路時兩手交互擺動 • 可繞障礙物跑過去 • 丟球可丟十呎遠 • 想辦法用手臂接球 • 單腳站立五秒	• 可接住反彈球 • 以腳趾接腳跟向前走直線 • 原地單腳跳	• 以單腳向前跳 • 向上攀、爬垂直的階梯 • 過肩丟球十二呎 • 單腳站立十秒
精細動作	• 會蓋、開小罐子 • 可完成菱形圖◇的連連看 • 模仿畫十字形	• 自己畫十字形 • 模仿畫×形	• 照樣寫自己名字、簡單的字 • 二十五秒中可把十個珠子放入瓶中 • 用剪刀剪直線 • 跟著摺紙正方形□→三角形△

項目＼年齡	3歲-3歲6個月	3歲6個月-4歲	4歲-4歲6個月
語言表達	• 會用否定命令句，如：不要做…… • 會用「這是……」來表達 • 會用「什麼時候」……的問句	• 可解釋簡單圖畫 • 圖畫字彙至少可說出十四種或以上	• 正確使用「為什麼」 • 為引起別人注意，會用誇張的語調及簡單語句 • 至少能唱一首完整的兒歌 • 會用「××和××」、「靠近××」、在「××旁邊」
語言理解	• 了解「大」、「小」、「上」、「下」、「前」、「後」、「裡」、「外」 • 能回答「這是誰的？」、「為什麼」等問題	• 能回答「有多少」、「多久」的問題 • 了解昨天、今天	• 了解「多遠」 • 會區分相同或不同的形狀
社會性	• 會道歉，當做錯事會說「對不起」 • 已有一個要好的同伴 • 會給小朋友一些暗示	• 會與其他小孩在遊戲中比賽 • 能自己過斑馬線或過街	• 在沒人照管下在住家附近蹓躂 • 會在遊戲中稱讚或批評別的小朋友的行為
生活自理能力	• 從水壺倒水喝，不會潑得到處都是 • 自己脫衣服 • 晚上不會尿床	• 會穿長筒鞋子 • 自己洗臉、刷牙（但洗得還不好）	• 穿鞋不會弄錯腳 • 自己上廁所（包括清潔、穿好褲子） • 自己洗臉洗得很好

年齡 項目	4歲6個月～5歲	5歲～5歲6個月	5歲6個月～6歲
粗動作	• 單腳連續向前跳二至三碼 • 騎三輪車繞過障礙物 • 雙腳跳在五秒內可跳七到八次	• 腳尖平衡站立十秒 • 用雙手接住反彈的乒乓球 • 主動且技巧地攀爬、滑、溜、搖擺	• 有韻律地兩腳交換跳躍，如跳繩 • 跑得很好 • 可用手接住丟來的球（五吋大） • 以腳趾頭接腳跟退走直線
精細動作	• 會寫自己的名字 • 會畫正方形口但還不太好 • 用剪刀剪曲線 • 會用繩索打結、繫鞋帶 • 會扣及解釦子 • 能畫出身體三個部分	• 自己會寫一些字 • 二十秒中將十個珠子放入瓶中 • 會寫1到5的數字 • 會畫三角形△	• 以拇指有順序觸碰其他四指 • 將鞋子、鞋帶穿好 • 能畫身體六個部分
語言表達	• 會用「一個××」 • 會說出相反詞（三種中對兩種） • 會由1數到10或以上	• 可說出物體的用途，如「帽子是戴在頭上」 • 會說六個單字的意思 • 會說出三種物體的成分	• 能很流利地表達 • 可經由點數而區分兩堆東西是不是一樣多
語言理解	• 懂得「多加一點」及「減少一點」 • 會在要求下指出一系列東西中第幾個是哪一個	• 會區分「最接近」、「最遠」、「整個」、「一半」 • 依要求能正確找出1到10所要的數字	• 瞭解「以前」、「以後」 • 會區分左、右 • 能認得一些注音符號及國字

項目 \ 年齡	4歲6個月～5歲	5歲～5歲6個月	5歲6個月～6歲
社會性	• 會同情，用語言安慰同伴 • 和同伴計畫將來玩什麼	• 在遊戲中有些性別區分了 • 會選擇要好的朋友 • 遊戲中會遵守公平及規則	• 會玩簡單桌上遊戲和撲克牌 • 和同伴分享祕密（不告訴大人）
生活自理能力	• 會穿襪子 • 扣襯衫、褲子或外套的釦子 • 晚上睡醒會自己上廁所	• 自己換上睡衣或脫下衣服 • 能將食物組合在一起，如三明治	• 會用刀子切東西 • 自己會梳頭髮 • 自己繫鞋帶

資料來源：台灣兒童暨家庭扶助基金會（2006）監護權調查訪視工作手冊。

附錄三

社政機關辦理兒童及少年保護案件通報及調查處理作業程序

101年1月20日童保字第1010053026號函頒

一、受理通報案件處理程序

（一）主管機關應設立統一受理通報窗口，指派專人接收依法（兒童及少年福利與權益保障法第53條第1、2項）通報案件。

（二）受理通報後，應即陳送督導、職務代理人或相當層級人員處理，並記錄受理通報及處理過程。

（三）受理通報、派案及社工收案處理流程，應建立管控機制，或依公文文書處理規定辦理。

（四）主管機關應建立可及時掌握非上班時間緊急案件通報資訊之處理機制。

（五）跨縣市兒少保護個案之通報及處理，由兒童及少年所在地主管機關管轄，受理通報個案因移動、行蹤不明，仍應由受理通報在先之主管機關管轄，不得改變或移轉。

二、接案調查程序

（一）接案後應先確認通報事件是否符合兒少保護法定範疇及危險程度，並立即處理，至遲不得超過24小時。以上決定應經陳報督導認可，並建立相關書面紀錄。

（二）彙整所有通報資料，確認通報表內容完整及將通報資料於內政部家庭暴力、性侵害暨兒童少年保護資訊系統建檔。

（三）同時進行案件初步篩檢，檢視通報內容，建議可聯繫以下對象，俾以確認相關資訊：

　　1. 通報人：針對通報內容有訊息確認之必要。

　　2. 家長或主要照顧者：了解兒少現況、確認通報內容之正確性、了解家

庭支持系統、聯繫方便訪視之時間地點。

3. 學校老師：若為學齡兒少，與學校老師確認就學及兒少狀況、請求協助關懷兒少並檢視身體有無外傷，聯繫是否方便到校訪視之時間地點。

4. 施虐者：通常在於確認兒少無重大風險後才聯繫，如有生命安全之虞，會先進行緊急安置等措施才通知施虐者，與施虐者聯繫應提醒施虐者避免再次施暴，並了解其對兒少保護事件之態度。

（四）得進一步蒐集及檢視相關資料

1. 有關通報事件人、事、時、地、物之內容了解。

2. 受保護事件歷史資料蒐集：查詢內政部家庭暴力、性侵害暨兒童少年保護資訊系統、高風險家庭資訊系統，調閱所有保護系統相關通報及開案資料，獲知案主以往是否被通報或開案服務之紀錄。

（五）緊急案件之回應

1. 接獲責任通報人員之緊急通報案件（附件1兒童及少年保護案件緊急通報指標），兒少保護社工員應立即啟動保護措施。如暴力事件正在發生，應即聯繫警方前往救援及制止暴力行為。

2. 針對施虐者對兒少有嚴重身體傷害之案件，例如：顱內出血、內器臟破裂、四肢骨折，應通知警察同時啟動犯罪調查之措施，以達到證據保全及維護兒少免於身體嚴重暴力之制止效果。

3. 緊急暨危險案件（兒少有生命、身體及自由危險之虞），如被通報之受虐兒少人在學校、醫院、警局等地，請該單位人員先行保護兒童少年安全；如受虐兒童少年需立即就醫，請該單位人員先行送兒童少年就醫。

4. 有自殺或可能被強迫自殺者，應立即通報自殺防治系統。

5. 針對跨轄區個案，兒少所在地主管機關於危機處理階段，如知悉兒童及少年住居所地或戶籍地時，管轄主管機關得通知各該主管機關進行家訪及提供相關資料，住居所地或戶籍地主管機關應於接獲通知24小時內處理並將查訪結果回報管轄主管機關。

三、調查評估內涵

（一）訪視時應確實核對通報表所載情事進行調查

（二）與兒童、少年及其家庭進行初步接觸，對兒少進行安全性評估，並以當面訪視到兒童及少年為原則，評估重點：

1. 兒少受虐（傷）之嚴重程度，受虐經過：

   (1) 請父母或照顧者協助仔細檢視傷痕。

   (2) 拍照以記錄受害之面積、形狀、部位、顏色等觀察之證據。

   (3) 如果需要看衣物覆蓋的受傷部位，檢視孩子的受傷部位時，宜有成年人在場。

   (4) 對兒少傷勢如有疑慮，諮詢專業醫師意見，必要時送醫進行驗傷程序。

2. 兒少所處環境中所遭受或可能遭受傷害之因素是否持續存在。

3. 兒少的年齡、身體及心理狀況是否足以自我保護。

4. 兒少生活受照顧情形：

   (1) 兒少是否缺乏適當的照顧者（照顧者長期不在、離家出走、失蹤、…等）。

   (2) 照顧者是否因情緒、心理、認知、身體狀況不佳、物質濫用影響照顧能力。

   (3) 照顧者是否滿足兒少食、衣、住或醫療基本生活需求。

   (4) 當兒少遭到嚴重傷害或威脅時，照顧者是否可提供適切保護。

   (5) 照顧者是否以符合兒少年齡應有的監督與管教。

   (6) 照顧者是否曾口頭威脅傷害或殺死兒少。

5. 家中其他手足或家人有無家庭暴力事件或其他受保護事件之歷史。

6. 調閱戶籍資料、財產所得、社會救助及相關福利補助資料，以了解家庭成員狀況、經濟狀況等。

7. 疑似施虐者與兒少接觸及互動情形，是否同住。

8. 照顧者對兒少受傷原因之解釋是否受傷程度不符，案家是否有阻礙社

工進行調查。

9. 兒少環境條件是否對兒少造成立即性之危險及安全之威脅，如環境髒亂不堪、沒有任何食物。

10. 其他足以威脅兒少安全之因素。

（三）訪視相關人員，以充份蒐集及評估資料

1. 必要訪視對象：遭受虐待之兒童或少年、主要照顧者。

2. 其他可能需訪視對象：

　　通報者（如果知道通報者的身分及連絡方式）、遭到指控的當事人、學校人員、兄弟姊妹、親戚、醫療人員、諮詢顧問人員、執法機關、提供過服務之社工員、可能熟知事件之人。

3. 訪視方式儘可能分別與各方進行面談，必要時兒童及少年應與家長分開面談。

四、提出調查報告

（一）依兒童及少年通報及處理辦法第4條規定於受理案件後上班4日內提出調查報告（附件2兒童少年保護個案——調查報告）：

1. 於內政部家庭暴力、性侵害暨兒童少年保護資訊系統建檔。

2. 依層級陳送核閱。

（二）調查報告撰寫注意事項

1. 記錄每個受訪者姓名和受訪日期。兒童方面則另外包括年齡、就讀學校以及受訪地點（學校、家庭和辦公室等）。

2. 如果與孩子在學校碰面，記錄孩子受訪時一起陪同的學校人士代表（校長、教師、護士和輔導老師等）。

3. 記錄兒童的發育狀況以及任何特殊需求。

4. 描述並記錄受害的面積、形狀、部位、顏色等（依實際適用情況）。如果檢視孩子的受傷部位時，有成年人在場，應記錄其姓名。

5. 調查報告呈現的結果應與通報表所載問題相關。

6. 在無法找到受害兒童、家長或專責通報人員的情況下，應詳細記錄所有嘗試找尋的作為、時間及過程。

五、成案決定

（一）依據調查結果，決定個案列為兒少保護個案，擬訂初步介入之保護服務：

1. 緊急保護安置

依據「兒少福利與權益保障法第56條」的規定，如果兒少有「非立即給予保護、安置或為其他處置，其生命、身體或自由有立即之危險或有危險之虞者」，各直轄市、縣（市）主管機關應即予以「緊急安置」。

2. 家庭處遇計畫

依「兒少福利與權益保障法第64條」規定，提出「兒少保護個案」的「家庭處遇計畫」，家庭處遇計畫內容，包括家庭功能評估、兒少安全與安置評估、親職教育、心理輔導、精神治療、戒癮治療或其他維護兒少或其家庭正常功能有關之扶助及福利服務方案。而處遇計畫含括的對象可包括兒少本人、父母、監護人、實際照顧兒少之人或其他有關之人。

3. 親職教育輔導

依據「兒童及少年福利及權益保障福利法」第91條、97條第1項、101條、102規定，直轄市或縣（市）主管機關得令其接受八小時以上、五十小時以下之親職教育輔導。

（二）依據調查結果，決定為不成案之處理

1. 依責任通報人員之需要，將結果告知通報人。

2. 轉介家庭相關的服務資源，如高風險家庭服務、經濟扶助、社福或家庭福利服務等。

3. 無需轉介任何服務逕行結案。

六、評估工具

於需要時，使用下列評估工具，以儘可能瞭解兒童及少年個案目前所處之概況：

1. 使用「兒童少年受虐待暨被疏忽研判指標簡明版表格」（附件3），協助判定兒少是否為保護個案，於第一次家訪及單獨與孩子會談時完成，有具體事件的人、事、時、地、物應詳載。最後的評估欄務必填寫。

2. 使用兒童及少年受虐待暨被疏忽危機診斷表（附件4），協助評估兒少受虐之危機程度，於第一次家訪並單獨與孩子會談時完成。有具體事件的人、事、時、地、物應詳載，最後的評估欄務必填寫。

附件1
兒童及少年保護案件緊急通報指標

內政部兒童局99年12月30日童保字第0990053362號函修訂

一、定義

「緊急通報」係指「兒童及少年福利法」第34條及「兒童及少年護通報及處理辦法」第2條規定：各責任通報人員知悉有應保護之兒童及少年，情況緊急時，得先以言詞、電話通訊方式通報，並於24小時內填具通報表，送直轄市、縣（市）主管機關。

二、緊急通報方式

（一）上班時間：以行政電話進行通報。

（二）非上班時間：以地方主管機關所提供值機人員緊急連絡電話進行通報，並以連繫上值機人員為完成通報。

三、管轄

責任通報人員應依「兒童、少年所在地」通報當地主管機關。

四、緊急通報指標

（一）兒童、少年受不當照顧或遭受嚴重疏忽、虐待，需社工員協助處理。

（二）兒童、少年遭受監護權人疏忽或虐待，對無監護權之父、母或其他親戚願出面協助照顧者，需社工員評估是否適合託付照顧。

（三）兒童、少年遭受嚴重疏忽、虐待甚已致死，須社工員評估家中是否有其他兒童少年可能受虐。

（四）兒童、少年遭受性侵害，須陪同偵訊。

（五）兒童、少年從事性交易或有從事之虞，須陪同偵訊。

（六）兒童、少年因家庭暴力或與父母發生口角、爭執等，不敢回家，無其他

支持網絡可立即協助，需社工員協助處理。

（七）接獲三歲以下或無法明確表意之無依兒童通報，需社工員評估處理並請
員警協尋；其餘無依兒童經員警協尋無人出面指認，需社工員協助處
理。

（八）兒童、少年夜間在外遊蕩，無法聯絡到家屬或聯絡後家屬不願領回，需
社工員協助處理。

（九）兒童、少年於街頭行乞，需社工員協助處理。

（十）兒童、少年之父母或照顧者表示無法照顧，需社工員評估協助安置。

（十一）兒童及少年有再受暴之虞，並有可能危及其生命。

（十二）強迫、引誘、容留或媒介兒童及少年為自殺行為，致兒童少年生命、
身體或自由有立即之危險或危險之虞需社工員協助處理。

（十三）對兒童及少年或利用兒童及少年犯罪或為不正當之行為（如觸犯刑法
殺人、傷害、妨害性自主）致兒童少年生命、身體或自由有立即之危
險或危險之虞需社工員協助處理。

（十四）其他經評估兒童少年生命、身體或自由有立即之危險或危險之虞，需
要社工員出勤協助或評估後續處理方式之案件。

附件2
兒童少年保護個案──調查報告（範例）

保密文件

案號	

● 通報來源（同通報表）

責任通報	□醫事人員　□社會工作人員　□教育人員　□保育人員　□警察□司法人員
	□其他執行兒童少年福利業務人員
一般通報	□父或母　□親友　□案主主動求助　□村里長　□村里幹事
	□公寓大廈管理人員　□鄰居其社會人士　□其他：

● 通報人（同通報表）

姓名：　　　性別：□男　□女　身份關係：　　　連絡電話：
單位名稱：　　　　　　　　　　　　職稱：

● 受理通報（同通報表）

通報日期：　　年　月　日　　時　　分　主責社工：
受案日期：　　年　月　日　　時　　分　轉案（結案）日期：　年　月　日

● 初步處理

初次處理時間：　　年　　　月　　　日　　　時　　　分
處理方式：□電話連繫　□家訪　□校訪　□其他（請說明）：
連繫／訪視對象：□案主　□案父　□案母　□其他（請說明）：
處理內容摘要：（請於下方以文字說明）
初次見到案主的時間：□同上　□不同上列時間（　年　月　日　時　分）
處理內容摘要：□同上　□不同上開處理內容摘要（請於下方以文字說明）

● 案主基本資料

| 姓名： | 性別：□男 □女 | 出生日期： | 年 月 日 |

身分證統一編號（或護照號碼）： 電話：（ ） 手機：

戶籍地址：

居住地址：

年齡：□0-未滿3歲 □3-未滿6歲 □6-未滿9歲 □9-未滿12歲
　　　□12-未滿15歲 □15-未滿18歲

就學狀況：□未入學 □學前教育 □就學中 □輟學 □休學
　　　　　□未再升學

教育程度：□學齡前 □國小 □國中 □高中（職）
　　　　　□專科就讀學校： 學校 年級 班級

居住狀況：□原生家庭 □親屬處 □朋友同學住所 □其他

	姓名	年齡	國籍別	職業	地址	電話
父			請填下方代碼或以文字說明		同兒少 □戶籍地址 □居住地址 其他連絡地址：	
母			請填下方代碼或以文字說明		同兒少 □戶籍地址 □居住地址 其他連絡地址：	

婚姻關係：□離婚 □分居 □其他（請於下方以文字說明）

1 本國籍非原住民／ 2 本國籍原住民：201布農202排灣203賽夏204阿美205魯凱206泰雅207卑南208達悟（雅美）209鄒210邵211噶瑪蘭212太魯閣213撒奇萊雅214賽德克215其他（請敘明）
3 大陸籍／4港澳籍／5外國籍：501泰國502印尼503菲律賓504越南505柬埔寨506蒙古507其他（請敘明）6無國籍／7資料不明

● 通報紀錄史　□前無通報紀錄□前有通報紀錄（請填下表）

次序	通報日期及時間	通報來源	通報事由	受案日期及時間	處遇過程摘要	目前處遇狀態（是否結案／結案原因（日期）／其他補充說明）
1						
2						
3						

● 被通報者基本資料

姓名：　　　　　性別：□男　□女　出生日期：　　　年　　月　　日	
身分證字號：　　　　地址：　　　　　　　　　電話：	
年齡：□未滿20歲　□20-未滿30歲　□30-未滿40歲　□40-未滿50歲 　　　□50-未滿60歲　□60歲以上	
身份：□父母　□照顧者　□親戚　□機構　□同居者　□其他	
教育程度：□不識字　□國小以下　□國中　□高中職　□大專以上 　　　　　□不詳　□其他	
職業：□家管　□軍　□公　□教　□商　□農　□服務業　□自由業 　　　□學生　□其他　□無	
婚姻狀況：□未婚　□已婚　□離婚　□分居　□同居　□喪偶　□其他	
居住狀況：□與被害人同住　□在外租屋　□獨居　□與親友同住 　　　　　□與同居人同住　□不知去向　□其他	

● 實際照顧者資料

姓名：　　　性別：□男　□女　出生日期：　　年　月　日　身份關係：	
地址：　　　　　　　　　　　　電話：	

● 調查結果

□無遭受虐待或遭疏忽之事實　案情描述：
□有遭受虐待或遭疏忽之事實 受虐類型：□身體虐待　□精神虐待　□性虐待　□疏忽　□遺棄（□棄嬰：未滿1歲者　□棄兒：1歲以上者）□流浪　　□行乞　□不予就學　□不予醫療　□其他 案情描述：
□管教不當 頻率：□單次偶發事件　□曾發生過數次　□經常發生 案情描述：
□曾目睹家暴 頻率：□單次偶發事件　□曾發生過數次　□經常發生 案情描述：
□其他　　　　　　　　案情描述：

● 本案初步調查處遇結果

處遇模式	後續轉介分工
□家外安置	□兒童少年緊急安置： 由　　　　　　單位　　　　　　社工員後續追蹤輔導 □委託安置 由　　　　　　單位　　　　　　社工員後續追蹤輔導
□家庭維繫	□短期服務 由　　　　　　單位　　　　　　社工員後續追蹤輔導 □長期服務 轉由　　　　　　單位後續追蹤輔導
□不成案	□轉介（請說明） □未轉介其他單位（請說明原因）

	結案原因
	□結束72小時緊急安置重返家庭　□受虐原因消失
	□案家搬遷他處
□結案	□管轄權移轉至　　　縣（市）政府
	□兒童及少年保護個案死亡（死亡原因：□受虐致死
	□遭父母或其他照顧者攜同自殺者 □因生病或意外死亡者）
	□其他（請於下方以文字說明）

社工員（核章）	督導意見
請於受理案件後上班日4日內提出調查報告	
年　月　日 時　分	年　　月　　日 時　　分

附件3
兒童及少年受虐暨被疏忽研判指標簡明版

兒童少年受虐待暨被疏忽研判指標簡明版表格使用說明

一、目的

便於各直轄縣（市）政府社會工作人員使用，於第一次訪視時依此判定訪視之個案是否為兒童少年保護個案。

二、內容架構

1. 以兒童少年受虐待暨被疏忽研判指標架構為主，有：兒童少年身體傷害情況、受不當對待狀況、行為狀況、心理／精神／情緒狀況、施虐者／父母／主要照顧者行為與特質。
2. 各個類別與項目皆為我國兒童及少年福利法相關規定，或我國常出現的兒童少年受虐個案特質，提供社會工作人員評估的線索，以判定此案是否為兒童少年受虐待個案。

三、使用時機

接案後第一次訪視。

四、使用要件

1. 社會工作人員已接受兒童少年受虐待暨被疏忽研判指標相關的教育訓練。
2. 社會工作人員對於兒童少年受虐待暨被疏忽研判指標與兒童及少年福利法非常熟悉、瞭解。
3. 社會工作人員具有豐富的兒童少年保護工作相關經驗。

五、使用方式

1. 各類別與項目中，符合此案件之選項先行勾選，若無適合之勾選欄位，請於該類別後以文字敘述方式補充說明。
2. 項目中的各個選項可重複勾選。

兒童少年受虐待暨被疏忽研判指標簡明版表格

兒童少年 姓　　名		個案號		兒童少年 年　　齡	
兒童少年 性　　別	□男　　□女	疑　似 施虐者		與兒童少 年關係	
主要照顧者		與兒童少 年關係		填表人	
調查日期		調查方式	□面訪 □電訪	填表日期 　　年　　月　　日	

類別	項　　目	
一、兒童少年身體傷害狀況	□瘀傷：	部位，可能器具：
	□燒燙傷：	部位，可能器具：
	□骨折：	部位，可能器具：
	□割裂擦刺傷：	部位，可能器具：
	□臟器傷害：	器官，可能器具：
	□性傷害：	部位，可能器具：
	□其他：	
	1. 傷害造成原因：□意外　□非意外　□不詳　□暫時無法判斷 2. 傷害程度：□有生命危險　□無生命危險 3. 是否須就醫：□有就醫之必要　□無就醫之必要 4. 有無舊傷痕：□有舊傷痕　□無舊傷痕 5. 其他：	
	補充說明	

類別	項　　目
二、兒童少年受不當對待情形	☐被遺棄（完全或長期遺棄）　☐遭不當體罰 ☐被利用行乞　☐被強迫婚嫁 ☐被拐騙、綁架、買賣、質押　☐以兒少為擔保之行為 ☐獨處於易發生危險或傷害之環境　☐被利用犯罪或為不正當之行為 ☐目睹家庭暴力　☐訴說被傷害或性侵害 ☐無戶籍　☐長期被禁閉屋內 ☐不合理的期待與要求　☐常年身體污穢不潔 ☐缺乏足夠的食物，經常三餐不繼　☐經常食用腐敗食物 ☐無固定或適當之居住處所　☐住屋環境不潔 ☐被利用從事有害健康等危險性活動或欺騙的行為 ☐因身心障礙或特殊形體而被利用供人參觀 ☐被剝奪或妨礙接受國民義務教育的機會 ☐被強迫、引誘、容留或媒介為猥褻行為或性交 ☐被供應毒藥、毒品、麻醉藥品、刀械、槍砲、彈藥或其他危險物品 ☐被利用拍攝或錄製暴力、猥褻、色情之出版品、圖畫、錄影帶、錄音帶、影片、光碟、磁片、電子訊號、遊戲軟體、網際網路等 ☐被提供或播送有害其身心發展之出版品、圖畫、錄影帶、影片、光碟、電子訊號、網際網路等 ☐被帶領、誘使進入有礙其身心健康之場所 ☐六歲以下兒童或需要特別看護之兒少由不適當的人代為照顧 ☐有立即接受診治之必要，但未就醫或延誤就醫 ☐被迫長時間工作，或從事體力難以應付之工作 ☐被給予不必要之醫療檢查或不當處置 ☐其他： 補充說明

別　類	事實狀況及說明
三、兒童少年行為狀況	□就學情形異常（如：缺課、中輟）　□學業成績低落 □同儕關係不良　□有偏差行為 □在外遊蕩　□有攻擊或暴力行為 □不合年齡的性知識或性行為　□性濫交 □從事性交易（含上網媒介性交易）　□參與或從事飆車活動 □吸菸、飲酒、嚼檳榔 □施用毒品、非法施用管制藥品或其他有害身心健康之物質 □擔任酒家、特種咖啡茶室、限制級電子遊戲場及其他涉及賭博、色情、暴力等經主管機關認定足以危害其身心健康場所之侍應 □觀看、收聽或使用足以妨害其身心健康之暴力、色情、猥褻、賭博之出版品、圖畫、錄影帶、錄音帶、影片、光碟、磁片、電子訊號、遊戲軟體、網際網路或其他物品 □其他： 補充說明
四、兒童少年心理／精神／情緒狀況	□有自我毀傷、自虐的想法或行動　□有自殺的想法或行動 □睡眠困擾　□飲食障礙 □自我概念不佳、自我形象低落　□對他人不信任 □不願接近施虐者　□意圖遮掩傷口 □退化行為　□超乎常態的黏父母或照顧者 □自卑　□不敢或不願回家 □身心障礙　□發展遲緩 □憂鬱　□恐懼 □焦慮　□情緒困擾 □沉默，沒有情感　□不安全感 □自責、內疚　□罪惡感 □失去活力、精神不集中 □其他： 補充說明

類　別	事實狀況及說明
五、疑似施虐者／父母／主要照顧者行為與特質	□精神疾病　　　　　　　　　　□身心障礙 □自我概念不佳、自我形象低落　□控制衝動的能力差 □因應能力不足　　　　　　　　□攻擊、暴力行為 □情緒不穩定　　　　　　　　　□酗酒、藥物濫用 □幼年有受虐經驗　　　　　　　□迷信 □讓兒童少年目睹家庭暴力　　　□婚姻困難 □經濟困難　　　　　　　　　　□失業中 □社會支持或社會資源不足　　　□拒絕社會支持或社會資源 □否認兒童少年受虐　　　　　　□不願說明施虐狀況 □對兒童少年的傷有不合理解釋　□對兒童少年有負面評價 □對兒童少年有不合理的期待與要求 □威脅兒童少年（如：自殘、不要你、不可以說出去） □其他： 補充說明
整體評估	

附件4
兒童少年受虐待暨被疏忽危機診斷表

一、目的

研判兒童及少年繼續留在家中未來是否會有持續受傷害的風險。

二、使用時機

第一次家訪並單獨與孩子會談時完成。

三、決策原則

兒童少年受虐待暨被疏忽的「低度危機」決策原則

一、危機診斷表中只有少數要項為「中度危機」項目內。

二、危機診斷表中沒有任何要項落在「高度危機」項目內。

三、危機診斷表中大部分要項為「低度危機」項目內。

兒童少年受虐待暨被疏忽的「中度危機」決策原則

一、危機診斷表中有近一半要項落在「中度危機」項目內。

二、危機診斷表中沒有任何要項落在「高度危機」項目內。

兒童少年受虐待暨被疏忽的「高度危機」決策原則

一、當「兒童少年因素」中第2、3、4因素有一項落在「高度危機」項目內。

二、當「受虐待狀況」中任何一項因素落在「高度危機」項目內。

三、當「照顧者因素」或「施虐者因素」中有任何一項因素落在「高度危機」項目內。

四、危機診斷表中大部分的要項都落在「中度危機」項目內。

四、內容架構

兒童少年受虐待暨被疏忽危機診斷表架構

類別	項次
兒童少年因素	1.年齡
	2.身心狀況
	3.自我保護能力
	4.問題行為
兒童少年受虐待狀況	1.受虐史
	2.受傷部位
	3.受傷程度
	4.受虐頻率
	5.受生活照顧程度
	6.受施虐者威脅程度
照顧者因素	1.生理、智力或情緒能力
	2.對兒童少年受虐的態度
	3.合作意願
	4.酗酒或藥物濫用狀況
	5.親職能力
施虐者因素	1.生理、智力或情緒能力
	2.對兒童少年受虐的態度
	3.合作意願
	4.酗酒或藥物濫用狀況
	5.親職能力

類別	項次
家庭因素	1.壓力與危機
	2.支持系統
	3.生活環境

兒童少年受虐待暨被疏忽危機診斷表

兒童少年 姓　　名		個案號		兒童少年 年　　齡	
兒童少年 性　　別	□男　□女	疑似施 虐　者		與兒童少 年關係	
主　　要 照顧者		填表人		填表日期 　　年　　月　　日	

	項次	低度危機	中度危機	高度危機
兒童少年因素	1.年齡	□ 12歲至未滿18歲	□ 7歲至未滿12歲	□ 未滿7歲
	2.身心狀況	□ 沒有生理或心理缺陷或限制	□ 具輕微之身體疾病、身體障礙、心智障礙或發展遲緩	□ 有嚴重之身體疾病 □ 中重度身體障礙、心智障礙或發展遲緩
	3.自我保護能力	□ 有自我求助能力且可自我照顧和保護，不需要成人協助	□ 雖有自我求助能力，但需要成人協助才能照顧和保護自己	□ 完全無求助能力且一定需要成人的協助、保護及照顧

	項次	低度危機	中度危機	高度危機
兒童少年因素	4.問題行為	□輕微情緒問題或過動 □偶爾有缺課記錄 □偶爾上學遲到 □目前在家但曾有離家紀錄 □輕微行為偏差 □其他	□明顯情緒問題或過動 □經常有缺課記錄 □經常上學遲到 □偶爾離家未歸 □嚴重行為偏差 □其他	□中輟 □嚴重學校適應問題 □經常離家或目前離家 □違法行為 □自殺的想法或行動 □酗酒或藥物濫用 □極端的敵意、暴力、攻擊 □性濫交、性交易或性交易之虞 □其他
兒童少年受虐待狀況	1.受虐史	□第一次被舉發	□曾被舉發 □兒童少年與其家庭曾接受兒童少年保護服務	□目前為兒童少年保護之個案 □多次受虐記錄 □家中曾有其他子女因受虐致死或四肢器官遭受永久傷害 □經常目睹家庭暴力
	2.受傷部位	□膝蓋、手肘、屁股	□軀幹（體）、四肢	□頭部、臉部或生殖器、臟器
	3.受傷程度	□無傷害或輕微受傷，無需要送醫治療	□輕微身體外傷，需送醫治療	□兒童少年需要立即送醫處理或住院 □已有生命危險
	4.受虐頻率	□兩個月一次 □單一傷害事件（偶爾打，但不是同一因素或同一方式）	□偶爾發生一次（約一個月一次）	□未滿一週一次 □持續受虐事件（約一週一次）

	項次	低度危機	中度危機	高度危機
兒童少年受虐待狀況	5.受生活照顧狀況	☐未對兒童少年造成明顯影響	☐照顧者提供兒童少年基本的醫療、衣、食、居住安全有不足之虞	☐照顧者未提供兒童少年醫療、衣、食、居住安全
	6.受施虐者威脅程度	☐施虐者已經離家，沒有機會接近兒童少年 ☐施虐者對兒童少年沒有危害狀況	☐施虐者在家，雖有機會接近兒童少年，但兒童少年受到其他成人保護	☐施虐者在家，能隨時接近兒童少年，且不確定有其他成人保護兒童少年
照顧者因素	1.生理、智力、精神或情緒能力	☐無生理疾病 ☐無智能問題 ☐情緒穩定	☐輕微智障 ☐疑似或曾有精神病 ☐慢性疾病 ☐有時無法控制情緒	☐中重度殘 ☐中重度智障 ☐罹患精神疾病 ☐經常無法控制情緒 ☐罹患重大疾病
	2.對兒童少年受虐的態度	☐對兒童少年期待合理 ☐承認有兒童少年受虐	☐偶爾對兒童少年不合理，不實際期待 ☐對兒童少年受虐事件避重就輕	☐持續對兒童少年有不合理、不實際的期待與要求 ☐拒絕承認有兒童少年受虐待的問題
	3.合作意願	☐有高度意願與機構合作解決問題	☐表面順從但配合度不夠	☐拒絕或無意願與機構合作
	4.酗酒與藥物濫用狀況	☐無	☐曾經酗酒或藥物濫用	☐持續有過量酗酒或藥物濫用（此酒癮或藥癮對兒童少年產生安全威脅）
	5.親職能力	☐適當的照顧或管教知識及能力	☐不一致的照顧或管教知識與能力	☐嚴重缺乏照顧或管教能力

	項次	低度危機	中度危機	高度危機
施虐者因素	1.生理、智力、精神或情緒能力	□無生理疾病 □無智能問題 □情緒穩定	□輕微智障 □疑似或曾有精神病 □慢性疾病 □有時無法控制情緒	□中重度殘 □中重度智障 □罹患精神疾病 □經常無法控制情緒 □罹患重大疾病
	2.對兒童少年受虐的態度	□對兒童少年期待合理 □承認有兒童少年受虐	□偶爾對兒童少年不合理，不實際期待 □對兒童少年受虐事件避重就輕	□持續對兒童少年有不合理、不實際的期待與要求 □拒絕承認有兒童少年受虐待的問題
	3.合作意願	□有高度意願與機構合作解決問題	□表面順從但配合度不夠	□拒絕或無意願與機構合作
	4.酗酒與藥物濫用狀況	□無	□曾經酗酒或藥物濫用	□持續有過量酗酒或藥物濫用（此酒癮或藥癮對兒童少年產生安全威脅）
	5.親職能力	□適當的照顧或管教知識及能力	□不一致的照顧或管教知識與能力	□嚴重缺乏照顧或管教能力
家庭因素	1.壓力與危機	□家庭生活穩定 □有固定工作與收入	□收入不足 □缺乏家庭管理技巧 □家中有人患重大疾病 □家中有失業人口	□嚴重婚姻衝突 □混亂生活方式 □半年內家中有人過世 □經濟困難
	2.支持系統	□親友關係佳，且能充分提供協助	□有親友願意協助，但能力有限 □親友僅能提供有限的協助	□與親友、鄰里不相往來或關係交惡

	項次	低度危機	中度危機	高度危機
家庭因素	3.生活環境	□家中顯出整潔且無危害安全及健康之物品或設施	□有未處理之垃圾、水電不通 □螞蟻、蟑螂、老鼠及其他蟲類橫行 □居住條件不良，危害健康：如違章建築、貨櫃屋等	□居住於環境惡劣或危險之處所 □無固定住所
其他				
整體評估				